贵州省文化遗产数字化保护与开发利用全省重点实验室
(合同编号：黔科合平台 ZSYS〔2025〕012) 成果之一

编委会

编委会主任： 李 强　李 飞

编委会成员（按姓氏笔画排名）：

王新金	宁健荣	全 锐	朱良津	刘秀丹
刘明琼	米 兰	苏洪彪	李黔滨	吴一方
吴正光	吴进阳	宋世坤	张 婵	张合荣
张桂林	陈顺祥	陈维他	敖天海	袁 炜
唐 艳	唐文元	梁太鹤	曾 嵘	简小艳
蔡回阳	蔡思夫	潘成义		

顾　　问： 胡 进

李 甫

生于1977年1月，贵州省博物馆副馆长，贵州省博物馆学会副会长，贵州省博物馆学术委员会副主任，研究馆员。研究方向：博物馆管理与运营。2020年，主持贵州省博物馆基本陈列"多彩贵州——民族文化陈列"申报第十七届全国博物馆十大陈列展览精品推介活动，获国家文物局、中国文物报社颁发的2019年度"全国博物馆十大陈列展览精品推介·精品奖"。发表相关学术文章近30篇。

龚正英

1948年出生于贵州省兴义县。1969年贵州省艺术学校毕业，1972年至2007年在贵州省博物馆从事古籍图书管理、研究、版本鉴定等工作，历任保管部副主任、图书资料室主任及贵州省古籍保护工作专家委员会委员等职，副研究馆员。参与《中国善本书总目》《贵州古旧文献提要目录》《贵州省古籍联合目录（上下册）》等书的编撰。编辑出版历史文献50万字，在省级以上专业刊物及书籍发表研究馆藏文献的文章12万余字。

贵州省博物馆 主编

我们的70年
贵州省博物馆 记事

| 1953—2024 |

李 甫　龚正英 著

广西师范大学出版社
·桂林·

我们的 70 年
WOMEN DE 70 NIAN

出版统筹：张　明
责任编辑：唐　燕
书籍设计：阳玳玮［广大迅风艺术］
内文制作：唐秋萍 at 广大图文
责任技编：伍先林

图书在版编目（CIP）数据

我们的 70 年：贵州省博物馆记事：1953—2024 / 李甫，龚正英著. -- 桂林：广西师范大学出版社，2025.5. -- ISBN 978-7-5598-8055-0

Ⅰ．G269.277.3

中国国家版本馆 CIP 数据核字第 2025RE6273 号

广西师范大学出版社出版发行

（广西桂林市五里店路 9 号　邮政编码：541004）

网址：http://www.bbtpress.com

出版人：黄轩庄

全国新华书店经销

广西广大印务有限责任公司印刷

（桂林市临桂区秧塘工业园西城大道北侧广西师范大学出版社集团有限公司创意产业园内　邮政编码：541199）

开本：787 mm×1 092 mm　1/16

印张：21.25　　字数：352 千

2025 年 5 月第 1 版　　2025 年 5 月第 1 次印刷

定价：148.00 元

如发现印装质量问题，影响阅读，请与出版社发行部门联系调换。

序

习近平总书记指出："一个博物馆就是一所大学校。"博物馆，宛如一座城市的灵魂栖息地，深情地承载着国家或地区厚重的历史文化底蕴。它不仅是人类文化发展长河中的一座座丰碑，饱含深情地诠释着过往的辉煌与沧桑、当下的活力与创新，更是未来文化走向的预言者，为攀登人类文明的阶梯源源不断地注入新的活力与动力。

贵州省博物馆的前身，可追溯至贵州省人民科学馆与艺术馆。自1953年1月1日，贵州省博物馆筹备委员会向社会有关单位郑重发函，宣告正式成立以来，至2024年，贵州省博物馆已走过了72个春秋。作为贵州公共文化生活中不可或缺的重要组成部分，它始终在传承、保护、宣传多彩贵州历史文化方面发挥着不可替代的历史作用。从某种意义上说，这72年的贵州省博物馆成长史，就是一部浓缩的贵州政治、经济、文化发展史，它见证了贵州的沧桑巨变与辉煌成就，承载着无数贵州人的情感与记忆。推开贵州省博物馆展厅的大门，扑面而来的不仅是历史的风尘，更是一份跨越千年的温热。这里收藏的每一件器物都带着先民的体温，每一张泛黄的文书都浸染着匠人的心血。这座博物馆从来不只是文物的仓库，而是一方用时光煨煮着文化温度的精神故园。

1956年，贵州省博物馆在贵阳市北京路开启了馆舍建设的征程，经过两年的精心筹备与建设，1958年，一座具有苏式风格的展馆拔地而起。同年5月4日，"贵州矿产资源""贵州出土文物""贵州少数民族美术工艺品""历代书画"等4个专题陈列展览隆重开展，这一激动人心的时刻标志着贵州省博物馆正式诞生，开启了贵州文博事业的新篇章。然而，随着时代的飞速发展，旧馆舍已无法满足人民日益增长的文化需求。2013年6月21日，贵州省博物馆新馆在贵阳市观山湖区林城东路异地重建，历经数年的精心打造，2015年初，新馆馆舍建成。2017年9月30日，基本陈列"多彩贵州"盛大开展，标志着新馆正式开馆，以全新的面貌迎接四方来客，续写着贵州文博事业的新辉煌，激发了无数人心中的自豪与热情。

72年来，贵州省博物馆前后历经了17届领导班子的更迭，职工队伍从筹备委员会成立之初的14人，发展壮大至如今的96人，人才济济，充满活力。文物藏品也从1953年省文教厅文物保管室并入时的2000余件（套），增长至如今的36万余件（套），馆藏丰富，种类繁多。展览活动从1954年12月2日筹备委员会借用中苏友好协会贵州分会的场地举办第一个展览"文物展览"起步，至今已举办、承办及协办各类展览800余个，精彩纷呈，令人目不暇接。此外，博物馆还出版了各类研究图书近200本（套），开展了数千场次文物知识普及及社教宣传活动，开发文创产品类别超5000个，这些成绩的背后，是一代又一代贵州博物馆人前仆后继、辛勤付出的汗水与智慧，凝聚着他们对文博事业深深的热爱与执着。

一座座博物馆，是中华文明绵长文脉的见证者与传承者。贵州省博物馆通过收藏、研究、展示、教育、文创等多种方式，不断提升公共服务水平，在传承、保护贵州历史文化方面不断自我超越。72年来，历任馆领导班子齐心协力，带领全馆职工筚路蓝缕、砥砺前行，发扬艰苦奋斗、勇于创新的创业精神，使藏品征集、研究、保护、展示、社教等各项核心业务工作齐头并进，为贵州省博物馆的发展奠定了坚实的基础。尤其是老一辈博物馆工作者，在博物馆初创时期，面对一穷二白的困境，他们怀着对文博事业的无限热爱，不计名利，奔波于贵州各地，开展了艰苦卓绝的调查、考古发掘、文物征集工作，积累了数十万件的文物藏品，为博物馆的发展奠定了坚实的物质基础，他们的情怀与奉献精神将永远激励着后人。

历史就像一面倒车镜，我们回望过去，是为了更好地前行。特别感谢龚正英女士与李甫先生两位作者，他们埋首故纸堆中数个春秋，终于为我们完整呈现了贵州省博物馆走过的72年时光。七秩春秋积跬致远，九万里风鹏正举。在新时代的浩荡东风里，贵州省博物馆以72载文化积淀为底蕴，擎起"让文物说话，让历史发声"的时代火炬。我们既要做夜郎古韵的解语人，也要当红色基因的传承者，既要让古生物化石重绽生命之光，更要令"三线精神"绽放时代华彩，以文博之光照亮多彩贵州文化强省之路，让每一件文物都成为讲好中国故事的生动注脚，在中华文明的长河中书写荡气回肠的贵州华章。

这座用72年温情煨煮的博物馆，早已成为贵州大地的精神火塘。当春风再次吹过林城东路，青铜器上的绿锈正在萌发新的生机，蜡染布上的靛蓝正晕染着时代的光彩。这里的故事永远带着温度，等待每一颗炽热的文化之心前来相认。

2025年3月

目　录

第一章	1953年以前	1
第二章	1953—1995年	9
第三章	1996—2024年	147
附　录	贵州省博物馆历届馆领导任职表	324
后　记		326

第一章

1953年以前

贵州的公共博物馆活动大致可追溯到民国初期，这些活动不仅丰富了人民群众的文化生活，而且为中华人民共和国成立后推动贵州文博工作的发展奠定了良好的基础。

1953

民国十九年（1930年）

3月，贵州省政府第24次政务会议决定，举办"贵州全省实业展览会"，省主席毛光翔任会长。展览会由建设厅、农矿厅直接领导，面向全省征集展品。经过7个月的筹备，于同年10月9日在贵阳中山公园开幕，至11月13日结束。设工业馆、农业馆、交通馆、卫生馆、商业馆、矿业馆、动物馆、美术馆8个馆，其中美术馆的金石书画、历史博物类展品687件。展出期间，伴以戏剧、电影、杂耍和具有民族特点的"土风"表演，规模宏大，盛况空前。这是贵州历史上第一次举办的全省性展览。

民国二十四年（1935年）

9月，为推行社会文化教育，省立贵阳民众教育馆建立，是贵州建立最早的民众教育馆，馆址设在贵阳省府西路。至民国三十四年（1945年），全省共建省立民众教育馆8所。县立民众教育馆自民国二十五年（1936年）起陆续建立，至民国三十七年（1948年），全省建立县立民众教育馆83所。

民国二十五年（1936年）

7月，贵州省政府会议决定，创办贵州省立图书馆，任命省政府委员周恭寿（周铭久）兼任馆长。

民国二十七年（1938年）

1月31日，北平故宫博物院文物精品80箱由湖南运抵贵阳，暂行存入贵阳毛公馆保管，后移南郊观音洞保管。

是年，根据贵州省政府186次常务会的决定，成立"贵州省会名胜处所保管委员会"，由贵阳警备司令部、民政厅、财政厅、教育厅、保安处和贵阳县政府组成。直属民政厅领导，省会警察局负责日常管理。同年，省政府发布了《贵州省会名胜处所保护管理办法》和实施规则。

民国二十八年（1939年）

7月18日，省政府556次常务会通过，在贵阳设立贵州省立科学馆，以蓝春池为筹备委员会主任。选定在贵阳市棉花街（后改名科学路）修建馆舍，同时派人采购仪器设备。1941年10月馆舍落成，10月10日正式开馆。蓝春池任馆长，下设生物、化学、物理3个业务部。后来根据教育部颁发的《科学馆组织法》，将原来的业务部解散另行组合，加上行政人员，分为展览、推广、研究、总务4部，以普及科学知识为办馆宗旨。每逢重要节日及纪念日举办各种展览，接待观众，还辟有固定的陈列室5个。到1949年，有职员8人，工役2人。中华人民共和国成立后，更名为"贵州省人民科学馆"。

10月10日，贵州物品展览会在贵阳开幕。

20世纪30年代，贵阳中山公园（即梦草公园）先后设有"国货陈列馆"和"商品陈列所"，展出全国各地工业品、手工业品和工艺美术品。

民国三十年（1941年）

1月，由贵州企业股份有限公司和中国西南实业协会贵州分会倡议创办的贵州物产陈列馆成立。选在科学路修建馆舍，10月10日正式开馆，谭春霖任馆长，下设征集、陈列、保管、总务4组。收藏省内各地出产的工业品、手工业品、农产品和矿产品标本，进行轮换陈列，接待了数以万计的观众。

民国三十二年（1943年）

文化界知名人士谢六逸在贵阳各报撰文，倡导设立艺术馆。经省政府批准，拨筹建费50万元，于年初由何辑五、郑道儒、周贻春等人组成"贵州省立艺术馆筹备委员会"。因经费不敷支出，经筹委会秘书陈恒安疏通，获得贵阳各界人士资助，于是年10月10日馆舍落成，馆址建在贵阳旧粮道署内（今科学路省文联处），陈恒安以省政府秘书兼馆长。省立艺术馆负责征集、收藏历代古物、碑刻和书画作品，并举办陈列展览。

民国三十三年（1944年）

4月，在贵阳科学路贵州省立艺术馆举办"故宫博物院在筑书画展览会"，展出书画精品171件。抗战时期，故宫博物院为策万全，分批将馆藏历代珍贵文物藏品转移贵州保藏数年之久。时任贵州省立艺术馆馆长的陈恒安为了让贵阳人民饱览民族文化宝库中许多稀世之宝，与故宫博物院商议在贵阳举办一次书画展。经教育部、故宫博物院、贵州省政府三方反复研究，采取有效措施，保证文物万无一失。展出方案由故宫博物院院长马衡批准，展出全过程由博物院专业人员和保卫人员监督、指导。

1949年

11月15日，贵阳解放，中国人民解放军贵阳市军事管制委员会文教接管部社会教育处先后接管国民政府遗留下来的图书馆、民众教育馆、艺术馆等文化事业单位。

1950年

5月，贵阳市军事管制委员会文教接管部改为贵州省人民政府文教厅。

1951年

3月28日，西南军政委员会文教部给贵州省人民政府文教厅代电指出："当此反霸减租退押行将结束，逐渐开始土地改革过程中，切实防止文物散失，争取各地文物工作开展，希你厅从速成立省立博物馆筹备委员会，以便掌握可能散失的文物。"

6月11日，贵州省人民政府文教厅拟定了《为发动各界人士捐献各种文物通知》，在《新黔日报》连续刊登20次，通知发出后，得到各界人士的支持。

6月23日，贵州省人民政府文教厅致函贵州大学、贵阳师范学院（今贵州师范大学）、贵阳医学院（今贵州医科大学）、贵州民族学院（今贵州民族大学）、省科普协会等单位，要求推荐对于博物馆素有研究者为省博物馆筹备委员会委员。之后各单位共提出29位专家教授或有关专业人员为聘请对象。

6月，贵州省人民政府文教厅设立文物科，并明确一人保管文物。在此之前，贵阳唐姓、高姓、凌姓等捐献的文物、图书由文教厅秘书室总务股接收保管。

8月1日，贵州省人民政府文教厅成立文物审定委员会，负责文物鉴定、评价工作。委员有桂百铸、胡崇尧、李紫光、李独清、周春元、周德忠、柴晓莲、向知方、宋吟可、王渔父、李俶元、陈恒安、张有铭、肖家驹，推选吴雪俦为主任委员，向知方为副主任委员，肖家驹为秘书。

8月11日，贵州省人民政府文教厅以贵州开化较迟、文物较少为由，向西南文教部报告，不拟设立文物保管委员会。

9月，贵州省人民政府文教厅保送简菊华到西南师范学院（今西南大学）图博科学习两年。

9月14日，贵州省人民政府文教厅根据贵阳师范学院黄国华教授将博物馆建于河滨公园并在园内增建动植物园之构想，制定了博物馆建筑计划略图，图上写有建于河滨公园之理由十条。

10月，中央人民政府文化部发出《对地方博物馆的方针、任务、性质及发展方向的意见》文件强调："据各地工作报告中了解，目前全国已有若干省市成立博物馆的筹备机构，或正在改造旧有的博物馆。但对博物馆的方针、任务、性质及发展方向，还缺乏明确一致的认识。为了在改造或筹建期间打稳基础起见，特作以下指示……"其中第二条明确指出："鉴于目前国家经济情况，博物馆事业仍应以改造原有的为主，仅在个别有条件地区得筹建新的博物馆。其筹建，须报经本部批准。"贵州省博物馆的筹备工作因中央指示而停顿。

10月，贵州省人民政府文教厅增聘方为范、陈恒圃二人，连同原聘之李紫光、胡亚民共四人，组成文物保管室，负责整理、登记及保管文物。10月19日，文物保管室迁贵州省人民科学馆办公，并将存放在文教厅及吴雪俦家中的图书、文物陆续运往科学馆集中保管。

12月5日，西南文教部来文指出："贵州文物虽少，古迹甚多，极需加以保护管理，而审定委员会的工作范围狭窄，不足完成土改期间保护民族文物之任务。"并强调指出："成立全省文物保管委员会问题，仍请再行考虑。如成立文物保管委员会，则必由厅长或副厅长兼主任委员，其他专家任副职。"

年底，李紫光、胡亚民、陈恒圃三人改聘，方为范调文教厅文物科工作，文物保管室和文物审定委员会的工作因无人管理而停顿。

是年，各界共捐献图书38275册，实物264件，碑帖、墓志印本1157件，拓片325件，字画503件。其中，由文物保管室收藏的图书74种，经文物审定委员会鉴选，共收购各种文献848册，字画72件，实物13件。

1952年

1月9日，中共龙里县委办公室将土改中收集的部分古代契约送文教厅文物保管室收藏。

7月，贵州省文化事业管理处成立（后于1953年1月改为贵州省文化事业管理局），统一管理全省的文物工作。

7月，贵州省文化事业管理处送陈默溪到北京参加文化部举办的第一期考古训练班学习。

10月5日，省文化事业管理处在贵阳医学院接收该院体育场出土的明代张姓墓志两套。

10月10日，省文化事业管理处在科学馆召开文物审定委员会会议。

10月30日，民革贵州省分部筹委会将该会成员张涛保存的两箱何应钦及汪精卫之物交贵州省人民政府文教厅，其中一箱为何应钦之物，内装有书画、银烟盒、石章等物；另一箱为汪精卫之物，内装有古籍、经卷、碑帖等物。

12月5日，贵州省仓库物资清理调配委员会将保存在贵阳环城南路仓库的6件古铜器，计1099公斤交省文化事业管理处。

12月11日，镇远青龙洞维修工程开工。12月底，工程至半，因经费冻结而停工。

12月19日，省文化事业管理处派方为范去余庆调查了解化石的出土情况。

12月26日，根据西南区文化行政会议通过的调整人民科学馆的决定（草案），结合我省具体情况，贵州省人民科学馆于一九五二年十二月廿六日结束，贵州省博物馆筹备委员会秘书处亦于同日正式办公。

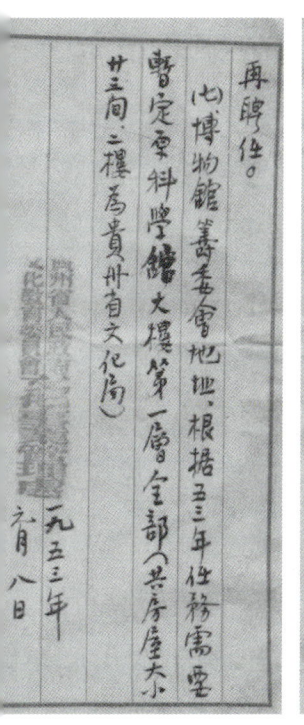

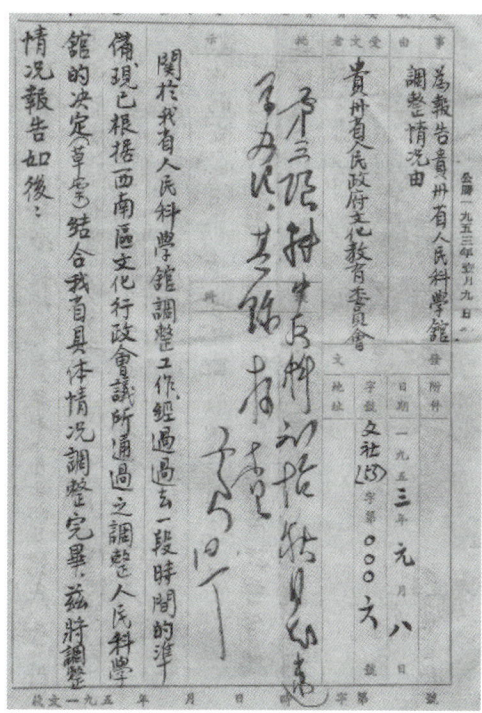

1952年，贵州省博物馆筹备委员会正式成立的政府文件（梁太鹤 提供）

第二章

1953—1995年

1953

1995

1953年，贵州省博物馆开始筹备，贵州的文博工作进入一个新的历史阶段。

1953年

1月1日，贵州省博物馆筹备委员会向社会有关单位发函宣布正式成立。地址在贵阳市科学路16号（原贵州省人民科学馆大楼第一层）。

科学馆的档案、物资、家具等移交省博物馆筹备委员会，科学仪器等物品分别移交教育厅及贵州省科普协会筹委会。

省文教厅文物保管室的人员及全部文物（2000多件）、图书亦并入省博物馆筹备委员会。

省博物馆筹备委员会主任由原科学馆副馆长熊其仁担任，罗会仁任秘书，下设办公室；历史调查征集组，陈默溪任组长；民主建设资料征集组，唐耀康任组长；保管组（包括文物及图书资料），张宗屏任组长。

贵州省博物馆筹备委员会办公楼大门

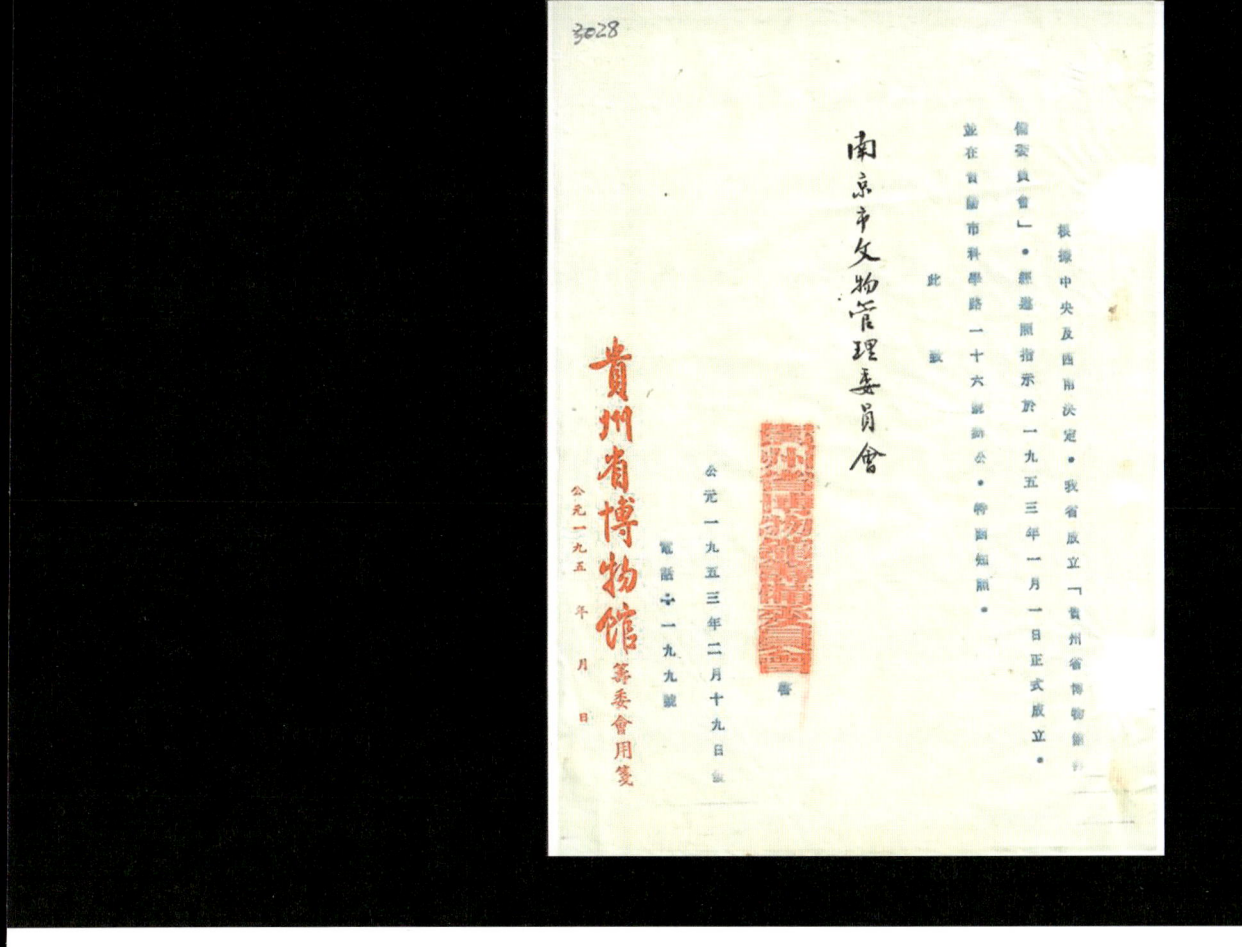

1953年贵州省博物馆筹备委员会发出的信函（李飞 提供）

省博物馆筹备委员会负责全省文物的收集、整理、研究、考古发掘、陈列展览及兼管地面文物的调查、保护和具体管理等工作。

省博物馆筹备委员会成立之初，有职工14人，其中业务人员9人（大专学生6人），年经费总额2万元。

2月2日，西南文教部指示，本年度文物工作以宣传保护政策为主，博物馆工作以调查保护为主。

2至3月，方为范、赵集云赴普安罐子窑、铁厂、海龙观、和尚塔及平坝天台山、白岩等地进行文物调查，宣传文物保护政策。

2至3月及1963、1974年间，先后有罗会仁、唐耀康、邹崇华、张宗屏、吴仕忠、袁凤桐、屈景烈等分别赴普安两路口、平坝猫猫洞、安顺旧州、天柱高酿及贵阳、湄潭、金沙、威宁、大方、黎平等地征集土改文物。获得土改文件、农民协会印章、地主田契、鱼鳞册、收租簿、高利贷账簿、农民卖身契及庆祝土改胜利的纪念物等文物200余件。有关插牌分田地、焚烧契约的照片数十张。

4月，省文化局及省博物馆筹备委员会编印《文物法令汇编》5000册，发至各专区、县（市），并由省博物馆筹备委员会工作组带到各地，直接向群众宣传文物保护政策。

4至6月，方为范、邹崇华、赵集云赴镇远、天柱、黄平、余庆调查名胜古迹及征集文物，着重调查了镇远青龙洞及黄平飞云崖，对于破坏严重的青龙洞、中元洞的建筑，向省文化局写了拨款维修报告，并协助镇远制定了青龙洞的维修计划。

4至7月，罗会仁、陈默溪等赴炉山、雷山、台江等地调查征集少数民族文物，其中在台江县获得清代苗族起义时的铁盔甲及民族文物多件。

7月，简菊华、袁有真从西南师范学院图书博物专修科（简称"图博科"）毕业，到省博物馆筹备委员会工作。

8月8日至18日，邹崇华去盘县（今盘州市）运回《大藏经》一部，计7174册（后转交省图书馆）。

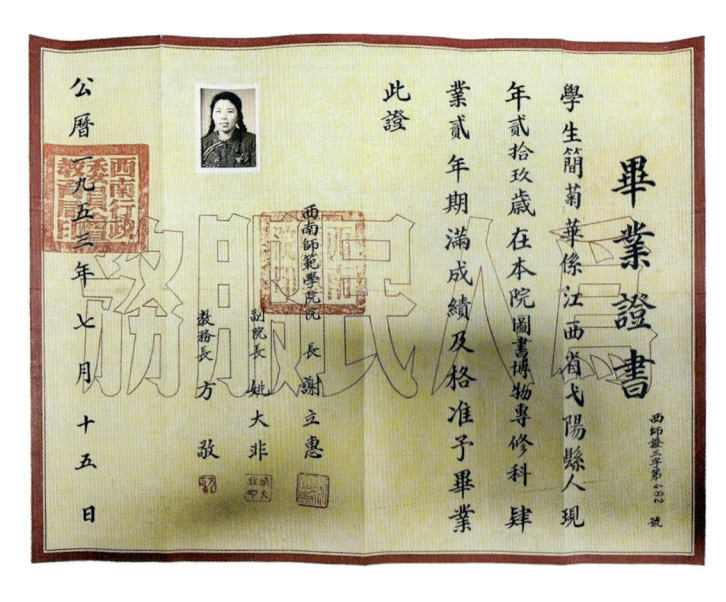

简菊华毕业证书
（简小娅 提供）

8月，省博物馆筹备委员会送罗会仁到北京参加文化部举办的第二期考古训练班学习，接着又到中国历史博物馆[①]学习业务三个月。

8至12月，为配合基本建设保护文物，省博物馆筹备委员会对贵阳城郊各工地进行了调查。

9月4日，省博物馆筹备委员会行文向西南文化局汇报工作，其中文物收藏数据为碑帖类1076件，字画类645件，古籍版本类15344册，陶瓷类164件，民族文物类129件（包括未交库的共400件），金属类137件，玉石器类109件，革命文物类39件，自然标本类11件，杂类90件。

9月21日至28日，方为范去毕节鉴定文物和处理一批古旧图书。

9月，印发宣传文物保护标语9种，每种1000张，在全省各地张贴。

9至10月，在贵阳科学路展出省博物馆筹备委员会在镇远专区征集的少数民族文物，这是贵州省博物馆筹备委员会第一次举办民族文物展览。

10月18日至11月14日，唐耀康、方为范、袁有真赴安顺、普安、镇宁、平坝调查地面文物并征集民族文物。

是年，贵阳柴晓莲先生将所藏明刻唐诗八种等珍贵图书3629册、历代名人字画29件、缂丝服装3件、碑刻拓片21件、黔人遗墨及黔中名胜照片166件捐赠给贵州省博物馆筹备委员会。

是年，张丽生向省博物馆筹备委员会捐献历代钱币等文物70多件。

是年，有贵州省文教厅、西南博物院（今重庆中国三峡博物馆）、安顺文教科、遵义文化馆、公安政法部门及社会知名人士向省博物馆筹备委员会拨交、捐献书画、铜器等传世文物数百件，其中唐开元投龙简、北宋写本《佛说众许摩诃帝经》卷、明祝允明草书诗札卷、大明通行宝钞壹贯钞版、清康熙《贵州通志》、郑珍《荔波县志》稿本及荔枝飞蝠端砚等均为珍贵文物。

是年，省博物馆筹备委员会共征集文物标本1801件，其中历史文物1358件，革命文物72件，民族文物327件，自然标本44件。

是年，在科学路召开首次文物鉴定会，鉴定由文教厅等单位拨交及省博物馆筹备委员会征集的各种传世文物，罗会仁、方为范及文物审定委员会的专家参加鉴定。

[①] 中国历史博物馆与中国革命博物馆于2003年合并为中国国家博物馆。——编者注

1954 年

1月26日至29日，罗会仁、陈默溪、赵集云、袁有真、方为范、彭继祖在和尚坡仓库清理废铜50余吨，选出各时代的货币及明清铜镜、铜造像等实物868件。又分别于1955、1962、1964至1987年间，谭用中、陈默溪、张宗屏、陈恒安、侯云珍、刘锦、于建章、张以容、胡进、宋先世、罗冰冰等在省物资管理处仓库、新华书店、市区各办事处及福泉、关岭等地，清理和征集了各时期的钱币、铜鼓、铜镜、铜印、瓷器、玉器及书画等传世文物300余件，古旧书籍1000余册。

1至2月，根据文化部1月14日《关于配合基建工人冬训进行保护文物的宣传工作的通知》精神，省博物馆筹备委员会先后在省、市建筑工程冬训班举办文物图片展览3次，观众4600人次，举行报告会2次，听众1700人次，并利用幻灯、标语、散发资料等形式进行宣传，收到较好的效果。

1至5月，为征集社建文物及资料，制定了普选、镇反、抗美援朝、政权建设、土地改革、人民代表大会、贯彻婚姻法、水利建设等各项材料的征集提纲，先后派人到19个部门进行联系，均获得大力支持。

2月9日，"贵州省博物馆筹备委员会"更名为"贵州省博物馆筹备处"。2月23日启用新刊发的木质长章。1955年6月16日由省文化局颁发圆形木印替换。

左一："贵州省博物馆筹备委员会"印章
左二："贵州省博物馆筹备处"印章
左三："贵州省博物馆筹备处"印章
（梁太鹤 提供）

文物图片展览，送展览到工厂

第二章 1953—1995 年

2月，熊其仁调离，省博物馆筹备处主任空缺，罗会仁任业务秘书，简菊华任行政秘书。

2至3月，制定了学习、会议、工作、公文处理、值班、经费开支、器材管理、图书借阅、文物资料保管等各项规章制度。

2至3月、6至10月，罗会仁、陈默溪、邹崇华、吕少门等分别赴遵义、桐梓、湄潭、绥阳、镇远及贵阳城郊等地进行考古调查，在遵义清理了宋、明残墓5座，调查遵义皇坟嘴宋墓，征集高坪出土的明代金凤冠、银盆、玉佩等重要文物。

4月19日，省文化局根据省博物馆筹备处的调查及报告，给镇远专署文教科拨去维修青龙洞的专款8000万元（旧人民币），使青龙洞的维修工程得以全部完成。

4月20日至6月18日，陈默溪、袁有真、方为范、赵集云赴兴义、盘县、安龙、贞丰、册亨、望谟等6县调查征集革命文物和民族文物，征集到红军革命文物107件，滇桂黔边区革命文物69件，历史及民族文物317件。调查名胜古迹12处。在盘县平关、石脑、沙陀等地征集到4件磨光石器。

4月及1955、1958年间，罗会仁、陈默溪、唐耀康、袁有真、曹泽田、方为范、赵集云等赴安顺、兴义、毕节、铜仁、黔南、黔东南等专州及省图书馆征集苗族、侗族、布依族、彝族、水族的服饰、头饰等300余件。其中有苗族掐丝双龙戏珠银抹额、侗族龙凤衣、布依族蜡染漩涡方点长裙、水族盘龙蝴蝶背扇及彝族通书、苗族木条刻道等重要文物。

4月及1955、1956、1962、1987年，唐耀康、张宗屏等在贵州省人民法院、省文史馆，南明区政府及任志清先生处征集《贵州通志》、县志、明清黔人书画等100余件。

4至10月及1965年，罗会仁、袁有真、方为范、邹崇华、顾隆刚、董有刚、李衍垣等先后赴遵义、湄潭、习水、赤水等县调查征集革命文物，获得《中国共产党十大政纲》、"遵义高坪区抗捐委员会"木印等红军文物100余件，滇桂黔边区革命文物60余件。

6月及1955、1961年，唐耀康、张宗屏、吴厚廉等分别在贵州军区及遵义、赤水等县民政部门征集到"贵州省人民政府"钢印，首届一次人民代表大会投票箱，锦旗及民族自治州、县成立大会的贺词、贺电、贺信等300余件。

7月及1955、1959至1961年，唐耀康等在贵州省军区、省公安厅及盘县、毕节、长顺、郎岱等地区征集到破获"中国反共策动委员会""反共救国军""一贯道"等反革命组织的实物罪证及活捉匪首曹绍华、安克庚等英勇事迹的文物资料700余件，照片300余张。

7月，熊水富、曹泽田从西南师范学院图博科毕业，分配到省博物馆筹备处。

7月，省博物馆筹备处送袁有真到北京参加文化部举办的第三期考古训练班学习。

8至10月，陈默溪、赵集云赴绥阳、湄潭进行文物调查，调查湄潭金桥乡宋墓，清理宋代残墓1座、明代残墓2座。在湄潭天主堂发现了大量的红军标语。

10月，曹泽田等人在平坝金银乡金家大坪水利工程工地第一次发掘汉墓，出土铜洗、方格纹陶罐、铁三脚等文物20余件。

12月7日，省博物馆筹备处与省科普协会在贵阳科学路中苏友好协会会址举办"文物展览"，分"革命文物""历史文物""出土文物"三室展出，是新中国成立以来，贵州首次举办的较大规模的文物陈列展览，为期14天，观众8万余人次。

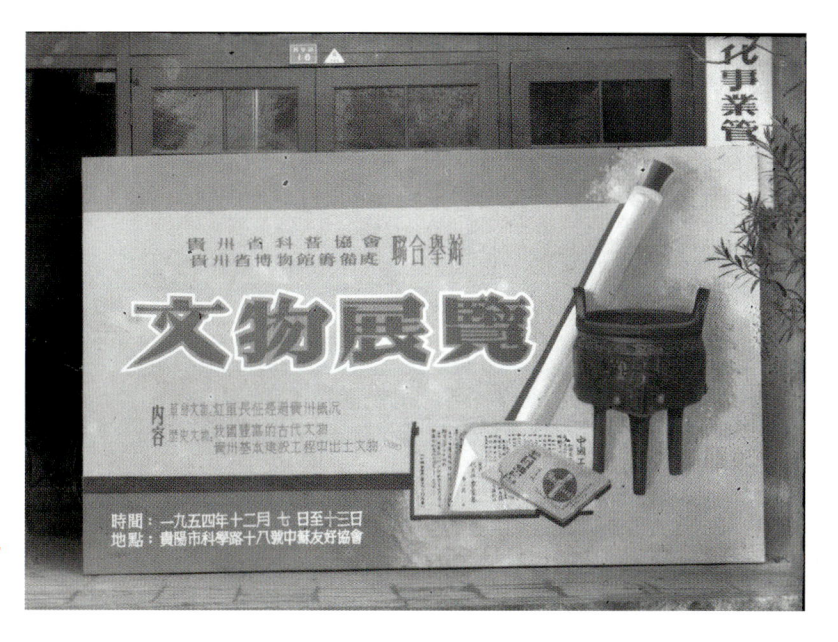

"文物展览"广告牌

1954年12月,省博物馆筹备处与省科普协会举办的"文物展览"开幕式

筹办展览工作人员合影

我们的70年
贵州省博物馆记事 | 1953—2024

是年，省博物馆筹备处在遵义县（今播州区）西北12公里处的理智村发现南宋淳祐七年（1247年）田通庵夫妻合葬墓，对右室（女室）进行清理。

是年，由于举办分"历史文物""出土文物""革命文物"三个部分的"文物展览"，召集鉴定委员会会议，对部分馆藏传世文物，即提展的书画、陶瓷、铜器等进行真伪、时代的审定。

是年，印制一批保护文物的石印彩色标语，分发各专区、县张贴。

是年，关岭县人民政府拨交的"中国工农红军总政治部布告"，贵州省人民银行拨交的"红军连长陈树容买猪兑款字据"等被列为一级文物。

是年，卢碧涵由重庆调入省博物馆筹备处工作。

是年，熊其仁向省博物馆筹备处捐献碑刻拓片20多件；思南中学姚质君捐献"新安志堂藏墨"11锭。

是年，省博物馆筹备处共征集文物标本及社建材料3021件，其中历史文物1235件，革命文物199件，民族文物67件，社建材料1502件，自然标本18件。

是年，精减行政人员，撤销出纳会计，由文化局代管财会。

1955年

3月21日至4月12日，罗会仁、袁有真等4人去松桃调查古代文物及征集民族文物。

4月13日至10月中旬及1960年，罗会仁、谭用中、曹泽田等在松桃、沿河、印江、德江调查、征集革命文物。共调查19个区、89个乡，基本摸清了红二军团进入贵州，建立黔东特区和二、六军团会师的情况，征集到《黔东特区第一次工农兵苏维埃大会纪录及决议》《各区乡联席会议决议》《自卫队名册》以及红三军委任状等革命文物数十件。

4月14日及1959、1961年，吴厚廉、熊水富、张宗屏等在省政协及抗美援朝分会征集文物。先后征集到贵州省各民主党派联合宣言、各族各界要求参加志愿军的申请书、苗族战斗英雄刘兴文烈士的立功纪念品、给刘兴文烈士家属的光荣证及反对用原子武器等文物、宣传材料和照片200余件（张）。

4至6月及1958、1960年，方为范、袁有真、谭用中等在铜仁、江口、石阡、黔西、大定、毕节等县调查、征集革命文物，获得"中华苏维埃共和国川、滇、黔省革命委员会布告"及印刷过该布告与其他革命文献的印刷机等数十件文物，访问记录30多篇。

5月，熊水富参加由费孝通、王静如教授带队的中央民族工作队赴大方、黔西、织金工作3个多月，主要调查民族史及识别穿青人。

7月，省博物馆筹备处送张宗屏到北京参加文化部举办的第四期考古训练班学习。

10月6日至10日，省博物馆筹备处与铜仁县文化馆在铜仁县城举办"黔东特区革命文物展览"，接待观众5011人次。

10月31日，省文化局办公室通知省博物馆筹备处将第二次国内革命战争时期的革命文物233件、照片39张拨交给遵义会议纪念馆。

11月，省博物馆筹备处接收省干部疗养院全部房屋，旋由科学路迁往太慈桥该院院址（原贵阳永初中学校址）办公。

是年，接收思南文化馆、贵阳抗美援朝分会拨交的号军首领朱明月颁发的起义布告"誊黄"和明十二辰带铭文铜鼓1面。

是年，安顺地区医院基建工地发现古墓，省博物馆筹备处派人进行清理发掘，出土汉代玉器、青铜器数十件。

"革命文物展览"办展工作人员合影

是年，新华书店陈世富向博物馆筹备处捐献历代钱币百余枚。

是年，省博物馆筹备处共征集文物标本及社建材料2487件。其中历史文物417件，革命文物77件，民族文物108件，社建材料1832件，自然标本53件。

1956年

1至3月，唐耀康、熊水富、张宗屏等在贵阳有关单位征集党对农业、手工业及资本主义工商业社会主义改造的实物材料计80余件。

3月至1957、1958年，为筹办"矿产资源"陈列，罗会仁、唐耀康、方为范、张宗屏、曹泽田等先后与省工业厅、省地质局、省劳改局、各地县工商科及贵阳翁井煤矿、遵义锰矿、铜仁汞矿、普安铅锌矿等80多个单位、厂矿联系，征集到各种矿产、岩石标本，古生物、植物化石标本及资料1000余件，底片、照片数十张。

3月，贵州省计委下达指标，同意贵州省博物馆筹备处在北京路建新馆，新馆的建设被列为省的重点工程项目。由罗会仁、卢碧涵、熊水富、曹泽田、方为范、高克强、黄金成等组成基建组，城市建设局吴继武工程师担任设计，省建一

征集的矿石标本
（陈维他 提供）

"贵州省第六届农业展览会"主会场

"贵州省第六届农业展览会"局部

我们的70年
贵州省博物馆记事　1953—2024

22

公司负责施工，先后共拨款57万元。9月，土方工程开工，10月26日，陈列大楼基础工程正式开工。

3月8日，在太慈桥省博物馆筹备处举办"贵州省第六届农业展览会"。

3至6月，袁有真、曹泽田、陈黔溪、熊水富赴平坝考古调查，在金银乡发现了营盘顶、赖坟包、金家大坪3处古遗址，汉或六朝墓葬、宋代墓葬等。6月，在金家大坪清理墓葬2座。

4月，袁有真等配合川黔铁路修建进行调查时，在桐梓元田坝冷村附近的山上荆棘丛中，发现有早期大型崖墓，在夜郎乡（今夜郎镇）发现崖墓群，并清理宋代石室墓1座。

5月，修建黔桂铁路麻江谷硐火车站时，出土"麻江型"铜鼓1面。7月，陈默溪、熊水富前往调查，并在铜鼓出土地点周围试掘，发掘土坑墓7座。

5月21日至6月3日，省文化局罗坚、省博物馆筹备处简菊华在北京及济南参加第一次全国博物馆工作会议和地志博物馆经验交流会。

6月以后，省博物馆筹备处由太慈桥迁雪涯路丁文诚公祠办公，文物库房暂留太慈桥干部医院内，并设专人留守。

6至7月，为庆祝黔东南、黔南自治州的建立，省博物馆筹备处在镇远和都匀举办文物展览，历时38天，观众45495人次。

7月，刘光伟、徐家敏从邮电学校毕业，分配到省博物馆筹备处。

8月24日，贵州省人民委员会批准并公布了由省博物馆筹备处调查，经省文化局申报的第一批省级文物保护单位，共21处。

冬季，省博物馆筹备处派曹泽田、刘光伟、龙兴良、潘存谟四人赴北京周口店参加中国科学院古脊椎动物与古人类研究所举办的训练班学习。

▲ 为庆祝贵州黔东南苗族侗族自治州成立，在镇远举办展览

▼ 为庆祝黔南布依族苗族自治州成立，在都匀举办展览

我们的70年
贵州省博物馆记事 | 1953—2024

1956年，贵州省博物馆筹备处工作人员在太慈桥办公点合影

前面蹲坐者左起：方为范　高克强　简菊华　唐耀康　韩映松　张宗屏
　　　　　　　卢碧涵　封彩玉　徐家敏　杨绪兰　陈默溪　侯厚文
　　　　　　　袁有真　黄金成
后面站立者左起：罗会仁　佚　名　胡启后　龙兴良　阎　亮　牟应杭
　　　　　　　熊水富　曹泽田　盛修斋　潘存谟　刘　锦　王力军
　　　　　　　刘光伟

是年，调杨绪兰任省博物馆筹备处主任。

是年，刘锦响应国务院号召来贵州支边，到省博物馆筹备处工作（1954年华东艺专毕业）。

是年，共征集文物标本1602件，其中历史文物476件，其他文物114件，社建材料468件，自然标本544件。

是年，年经费总额24460元，其中人员费用7600元，文物事业费16860元。

1957年

春季，陈默溪、袁有真等在平坝平庄、老鸡场发掘汉魏墓葬7座。

1至3月及1958至1960年，唐耀康、徐家敏、吴仕忠、黎明、袁凤桐、吴厚廉、张宗屏、屈景烈、王力军、侯厚文、封彩玉等分别赴省交通厅、省农业厅、省生产联社、贵阳矿山机器厂、贵阳钢铁厂、贵州铝厂、贵阳水泥厂等30多个单位征集新中国成立前后工农业生产对比情况、技术革新、先进人物事迹及新产品、新工艺等实物材料。

2至3月，陈默溪、袁有真、方为范等人赴平坝进行文物保护宣传，同时在平坝县尹关清理六朝古墓4座，在平庄、夏云清理古墓葬11座，出土器物及五铢钱共300多件。

2至9月，熊水富参加贵州、湖南少数民族社会历史调查组，在从江调查苗族，并编写《从江县加勉乡社会历史调查情况报告》。

3月15日至4月5日，陈默溪、牟应杭、袁有真等赴遵义皇坟嘴对南宋杨粲夫妇合葬墓进行发掘清理，出土的2面铜鼓中女室铜鼓后来被定为中国南方古代铜鼓八大标准器之一"遵义型"铜鼓。

3至4月及1977年，曹泽田等赴惠水、大方、黔西、织金、独山等县调查洞穴141处，在21处洞穴中采集各种化石标本120余件。

4月16日至9月2日，袁有真、牟应杭等人负责杨粲墓修复工作，将女墓室的35块浮雕石刻及赵家坝大型石板墓的3块浮雕运回贵阳保存。

6至7月，对黔桂铁路都筑段沿线进行文物调查。

8月，新建二层职工宿舍楼竣工，面积为545平方米，省博物馆筹备处即从雪涯路迁到北京路办公，宿舍一部分办公，一部分住人。

12月中旬至1958年2月初，陈默溪、牟应杭、袁有真等在清镇琅珑坝、苗坟坡发掘古墓葬19座，出土文物301件。

12月，陈列大楼竣工，建筑面积3808平方米，使用面积2547平方米。办公即从宿舍迁陈列大楼内。

是年，曹泽田在兴义顶效镇绿荫村采集到龙化石标本2件及未定名的鱼类化石5件。

是年，编印《保护文物、人人有责》的宣传画，供各地张贴。

我们的70年
贵州省博物馆记事 | 1953—2024

1957年竣工时的博物馆陈列大楼

杨粲墓发掘
人员合影

是年，牟应杭在赫章考古调查时，发现可乐粮管所汉代遗址、中寨、梨树坪汉墓群。

是年，职工总数为29人，其中业务人员20人，大专学历11人，党员2人。

是年，年经费总额为74400元，其中人员费用15228元，文物事业费59172元。

是年，入藏文物680余件。

1958年

1月8日，经中共贵州省委宣传部批准，贵州省文化局任命吴业君为贵州省博物馆副馆长主持工作。

1月21日，上海市文物管理委员会调拨各类文物159件给贵州省博物馆。

1至3月，为新竣工的陈列大楼筹备"贵州少数民族美术工艺品展览"征集展品，博物馆筹备处调集20人，分4个工作组赴黔南、黔东南、安顺、毕节等专州的20多个县征集民族服饰、生活和生产工具、武器等1000多件。

3月9日，罗会仁、胡启后从遵义会议纪念馆拨回革命文物316件。

3月27日，威宁县文教局致函省博物馆筹备处，反映该县在开发草海的工程中发现陶罐5个、五铢钱2枚。

4月5日，贵州省人民委员会以（58）省办吴字第322号文《转发关于分散各地的文物拨交省博物馆集中保管和陈列的通知》，指出：省人民委员会各工作部门，各高等学校，各群众团体、省政协、民盟、民革、九三学社，各专署，各自治州、市、县、自治县人民委员会：省人民委员会基本同意省文化局的对分散和积压在各地的文物拨交省博物馆集中保管和陈列的意见。现在转发给你们，请研究执行，各地应当宣传保护文物的意义，协助文化部门做好收集工作。文化部门、省博物馆应当认真鉴定，使文物工作更好地做到"以古为今服务"。

4月28日，重庆市文化局致函贵州省文化局，说明重庆市博物馆现仅有贵州土改文物50余件，其余文物已于1956年拨回贵州。

4至9月及1959年，先后派出4个工作组配合基本建设，开展文物调查，完成川黔铁路桐梓至贵阳段，黔桂铁路贵阳至龙里段，滇黔铁路贵阳至安顺段，以及贵阳至惠水、湖潮至林歹、都拉营至小山坝等铁路沿线及黔南、黔东南、安顺、

"出土文物展"局部

军区战士在参观展览

"贵州少数民族美术工艺品展"局部

贵州少数民族服饰展品

毕节、铜仁等专州重点水利工程的文物调查。此外，对红枫湖水淹区及赫章可乐、贵阳市郊的建设工地都作了重点调查。在安顺、威宁、黔西等地发现古墓葬。

5月1日，在北京路新馆址举办的"贵州矿产资源""贵州出土文物""贵州少数民族美术工艺品""历代书画"4个专题陈列展览，开始预展审查，展出文物、标本1500余件，陈列面积1200平方米。从5月4日起正式对外开放，至6月15日，共接待观众4万人次。为配合展览，同时分别编印4个展览的简介小册子。"贵州矿产资源"陈列至1959年止。

第二章　1953—1995年

5月3日及23日，赫章县文教局向省博物馆筹备处反映，可乐区在修建水渠时挖出一批几何纹砖及楔形砖，筹备处随即派人员去可乐处理。

5月，吴仕忠由台江县团委调入省博物馆筹备处。

5至7月，省博物馆筹备处派一个工作组赴黔西、大方、毕节等地调查红九军团进军路线及红二方面军活动情况，获得革命文物12件，访问记录资料34篇。

6月，吴厚廉从贵州省歌舞团调入省博物馆筹备处（贵阳师范学院艺术科毕业）。

7月，谭用中从武汉大学历史系毕业，分配到省博物馆筹备处。

8月1日，省博物馆筹备处举办"红军长征文物""大跃进先进事迹""现代绘画"三个专题展览。展出一个月，观众1万余人次。

8月28日，贵阳市文化局邀请省博物馆派人共同去南明区物资局仓库鉴别文物。据该局反映，贵阳市佛教会于一星期前将大兴寺及指月堂的铜佛像、铜炉等运交物资局，现铜炉已被砸碎，个别佛像亦受到损坏。

9月1日，接收中共贵州省委办公厅移交湖南省赠送的少数民族服饰14件入藏。

9月28日至10月6日，吴业君参加文化部在合肥召开的十六省、市、自治区文物博物馆"大跃进"现场会。会议向全国文博战线发出了倡议书。

9月，盘县中学扩大运动场，改修河道，施工中发现明墓，省博物馆筹备处派员前往清理。

10月10日，西南区在重庆召开四川、贵州、云南三省博物馆协作会议。

10至12月及1960、1961、1963、1965年，社建自然组派人分别赴毕节、威宁、赫章、遵义、湄潭、绥阳、都匀、独山、安顺、兴义及黔东南等地区征集粮食作物、经济作物、药用植物与水果标本等陈列品。

11月5日至27日，吴业君参加文化部在江西召开的全国地志博物馆和革命纪念馆馆长会议。

12月1日至3日，文化部、科学院和长江流域规划办公室召集长江流域七个省的代表开会，研究配合水利工程，搞好文物保护问题。吴业君参加了会议。

12月21日，文化部通知在长江流域规划办公室设立文物考古队，各有关省市设立分队。贵州分队于1959年2月1日成立。

12月1日至25日，为配合社会主义和共产主义教育运动，省博物馆筹备处在贵阳工厂比较集中的水口寺及太慈桥为工人举办"革命文物"流动展览，观众4000余人次。

12月23日，省公安厅通知各专区、州（市）县公安局协助省博物馆征集旧社会农民受压迫的文物以及土地改革与合作化运动中的材料。

12月，故宫博物院调拨清代八旗兵盔甲及各式武器145件给省博物馆筹备处。

12月至1959年4月，省博物馆筹备处配合猫跳河一级电站建设工程，在清镇、平坝开展文物调查工作。在尹关、琅珑坝等地发现了自汉至宋时期的古墓葬300余座，重点清理发掘了其中的140座，出土文物1068件。

12月，北京民族文化宫贵州馆筹备组成立，办公地址设在省博物馆筹备处。吴业君、罗会仁参加筹备工作，罗会仁协助拟定文物、图书征集计划。

是年，中共赫章县委会将"中华苏维埃共和国川滇黔省革命委员会布告"1件拨交本馆。

是年，博物馆文物库房竣工，面积为331平方米。保管工作除将全部文物从太慈桥搬运至北京路新建库房外，还按照五省保管工作会议制定的办法，登记制卡文物2360件。

是年，省人民委员会公布由省博物馆筹备处调查申报的"贵阳文昌阁""安龙十八先生墓""大方奢香坟"等24处为第二批省级重点文物保护单位。

是年，陈恒安先生从贵州省中苏友好协会调入省博物馆筹备处；张心正、陈长虹从中国历史博物馆调入省博物馆筹备处；段维新从故宫博物院调入省博物馆筹备处。

是年，陈默溪、牟应杭、陈恒安、袁有真等撰写《贵州清镇平坝汉墓发掘报告》。报告发表在《考古学报》1959年1期。

是年，李紫光先生之子李协恒将收藏的"闵贞人物条"等28件文物捐献省博物馆筹备处；陈恒安先生将收藏的明版书《策要》《贞观政要》捐献省博物馆筹备处；桂百铸将《傅钧行书扇面》等8件字画捐献省博物馆筹备处。

是年，成立了党、团支部，副馆长吴业君兼党支部书记，吴仕忠任团支部书记。

是年，二级机构增设群工组，吴厚廉任组长；增设美术组，刘锦任组长。

是年，全年共征集文物标本2933件，照片及文字资料1510件。

是年，省博物馆筹备处职工总人数31人，其中业务人员27人，大专以上学历16人。

是年，年经费总额86050元，其中人员费用19900元，文物事业费66150元。

1959年

1至3月，省博物馆筹备处派工作组赴威宁及贵阳郊区剥制家禽标本，并采集到部分土壤标本。

1至11月及1960、1961、1987年间，唐耀康、吴厚廉、张宗屏、袁凤桐、段维新、张佩文等分别赴省军区、省档案馆、贵州日报社及遵义、毕节、兴义地区征集有关贵阳解放前夕及解放贵州的实物材料300余件。其中有贵阳电厂护厂斗争的武器、解放贵州的第一面军旗、《进军西南解放贵州的指示》《中国人民解放军总部约法八章》等重要文物及各族人民欢迎解放军入城的照片及宣传品。

3月5日，中共贵州省委宣传部转发中共中央宣传部《关于中央革命、历史两博物馆调用文物的通知》给省文化局和省博物馆筹备处。于4至5月，省博物馆筹备处拨给中国革命博物馆革命文物22件，照片2张。于7至9月拨给中国历史博物馆出土文物及金器、漆器等复制品、拓片共51件。

3至6月，完成遵义近郊文物保护单位的复查和树立标志等工作。

4月11日至8月16日，吴仕忠、牟应杭参加文化部文化学院举办的文物博物馆干部学习班学习。

4至6月，省博物馆筹备处派出两个工作组分赴凯里、天柱、锦屏和安顺、纳雍等地征集民族文物，获得有关生产斗争和阶级斗争的实物200余件。

5月1日，北京民族文化宫贵州馆在省博物馆举行预展。

6月，三层办公楼竣工，面积为754平方米。

6至7月，省博物馆筹备处派人去台江、剑河等地征集太平天国时期农民起义军及清军的武器。

8月28日，省博物馆筹备处为上海博物馆征集贵州少数民族文物110件。

10月10日，为庆祝中华人民共和国成立10周年，省博物馆筹备处举办"贵州省十年经济建设成就展览会"，历时两月，观众达16万人次。

10月24日，中华人民共和国副主席董必武来黔视察工作，参观"贵州省十

"贵州省十年经济建设成就展览会"开幕式

展览会中的农业馆

卫生事业发展图表

展览会中的交通馆

展览会中轻工馆的茅台酒展览台

我们的70年
贵州省博物馆记事 | 1953—2024

年经济建设成就展览会"和"贵州矿产资源"陈列后，即兴题诗一首："斩棘披荆辟坦途，十年生聚有规模。若论地下资源富，天府名应属此区。"

11月，陈毅副总理来贵州视察工作，到省博物馆参观"贵州省十年经济建设成就展览会"。

11月，根据省博物馆筹备处业务人员的报告，省文化局给安龙县文教局拨款500元，维修十八先生墓及三王子墓；给大方县文教局拨款500元维修奢香墓。

11月，省博物馆筹备处派三人去安顺大洞口水利工程工地进行文物调查。

12月，曹泽田赴北京周口店参加中国科学院召开的"中国猿人第一个头盖骨发现三十周年纪念会"。

12月，陈云调入省博物馆筹备处。

是年，贵州省档案馆拨交"中国工农红军福州政治部布告"、锦屏宰古寨侗族老人杨胜乾捐献的《出路在哪里？》红军传单给省博物馆筹备处。

是年，上海市文管会和上海博物馆为我馆提供一批明清书画入藏。

是年，自然部分的工作主要抓贵州植物资源和良种家禽标本的征集。唐耀康、屈景烈、曹泽田负责粮食作物、经济作物、林木标本的采集；陈云、段维新负责良种家禽标本的征集和收购。用了近两年时间，共征集各种标本计400余种，在具备这些资料的情况下，对"贵州矿产资源"陈列进行修改补充，扩大为"贵州自然资源"陈列，于1960年对外开放。

是年，美术组完成"社会主义革命与建设""自然资源""民族工艺品"等陈列展览的装饰设计方案，并设计和加工了一批陈列家具。

是年，姚华亲属将姚华《晴湖岸柳》山水堂幅等21件字画捐献省博物馆筹备处；陈恒安先生将收藏的260多册古籍图书及碑帖印本捐给省博物馆筹备处。

是年，保管组完成收藏文物3000余件的登记制卡工作。

是年，省博物馆筹备处共征集文物、标本和社建材料3132件，照片资料1397张。

1960年

3月15日至25日，吴业君、唐耀康、罗会仁、吴厚廉赴北京参加全国文物、博物馆工作会议，会议传达了中央负责同志对中国革命博物馆和中国历史博物馆工作的指示精神，并印发了文化部党组《关于全国文物、博物馆事业的八年规划要点》。

3月，朱德委员长来黔视察工作，参观了"自然资源""出土文物""民族文物"及"社会主义革命与建设"陈列。

5月13日，"自然资源""出土文物""民族文物"及"社会主义革命与建设"陈列正式开放。陈列面积为2800平方米，展出文物、标本3370余件。先后展览至1963年和1965年结束。

5月，周恩来总理来贵阳视察，与总理同行的邓颖超同志参观了"自然资源""出土文物""民族文物"及"社会主义革命与建设"等陈列。

6月10日，贵州省博物馆筹备处向省文化局报告，要求正式改名为贵州省博物馆。6月11日，省文化局批复同意更名。

6月23日至7月2日，文化部文物局王冶秋局长来贵州检查文物工作，参观了博物馆的陈列和修文阳明洞。7月2日，在全体职工大会上，王局长肯定了我馆在文物保护、陈列展览、征集工作中的成绩。他说："贵州省博物馆是全国地志博物馆第一流的馆，不在前三名，也在前五名。特别是短时期内将三个部分的陈列都搞起来了，是很不错的。陈列大楼的建筑也很好，值得推广。"

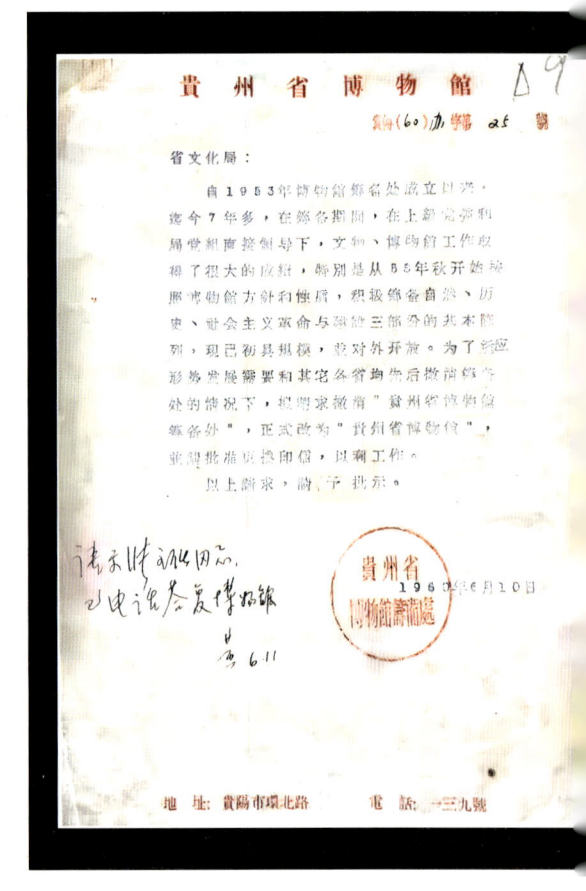

省文化局批复同意更名为"贵州省博物馆"的文件（吴正光 提供）

我们的70年
贵州省博物馆记事 | 1953—2024

贵州省劳动模范参观展览合影

劳模们在展览序厅

第二章　1953—1995年

6月，书画鉴定专家张珩来贵阳，为我馆鉴定书画藏品400多件，并应邀向全馆职工作了"怎样鉴定书画"的学术报告。

6月底，修改了"社会主义革命与建设"陈列计划，至年底全面完成修改补充任务。

7月中旬，"自然资源"陈列的全部标本和资料整理完毕。

7月25日至28日，省博物馆邀请贵州省文史馆馆员、贵州省政协委员、贵阳市政协委员连续举行座谈会。就如何做好贵州的文博工作，请各位委员提供近现代重大历史事件的文物线索，着重谈贵阳市在近现代历史可能遗留的历史文物等问题。

7至9月，博物馆在遵义、贵阳、大方、毕节、水城等地广泛征集反映社会主义革命和建设的典型材料。

8至9月，曹泽田等赴遵义、铜仁等地征集自然标本160余件。

10月，省人委档案室将解放初期贵阳市军事管制委员会发布的"军秘字第一号布告"拨交本馆。

10月，徐家敏、段维新、吴厚廉、张宗屏分别赴贵阳市税务局、市总工会、市公安局、省工商联及"五反"运动人民法庭等单位征集有关偷税漏税、偷工减料、盗窃国家资财、盗窃国家经济情报、行贿干部的实物罪证。其中有偷工减料制造的"礼拜鞋"，贪污集团订立的"攻守同盟"，群众的检举信及"五反"运动中人民法庭有关案犯的判决书等。

10至12月，陈默溪等在威宁开展文物调查，发现威宁中水大河湾遗址。

11月至1961年1月，谭用中、袁有真等在赫章进行文物调查，在可乐中寨、梨树坪发掘东汉墓7座。

是年，在遵义桃溪寺清理元明时期墓葬。

是年，送陈云到北京参加为期半年的古脊椎动物与古人类学习班学习；到天津参加为期3月的全国标本剥制训练班学习；送牟应杭、吴仕忠到北京参加为期4月的全国文物、博物馆干部学习班学习；送王运淮到武汉参加为期3月的长江流域考古训练班学习。

是年，二级机构调整，设办公室，罗会仁任业务秘书，吴仕忠任行政秘书；设保管组，负责文物及图书资料管理，简菊华任组长；设美术组，刘锦任组长；设群工组，吴厚廉任组长；改民主建设资料征集组为社建自然组，唐耀康任组长（至1966年），陈云任副组长；将历史调查征集组改为历史组，陈默溪任组长，牟应杭任副组长。成立由各组负责人组成的馆务会，以便领导全馆业务及科研工作。

是年，共征集各种文物、标本2360余件，文件137份，参考资料1280余件，照片1220余张，模型11个。

是年，省民革陈纯斋先生向博物馆捐赠《自治学社杂志》一至三期3本、"宪政党人控告张百麟罪状书"1份；桂百铸捐赠《少年一览》等文物28件；金沙县城关镇谯贵斋老人捐献"1933至1943年记账簿"1本入藏。

是年，省文化局派王瑞千来馆担任副馆长。

是年，冉隆琳从贵州省花灯团调入省博物馆。

1961年

3月及1964年，张宗屏等赴省、市人民银行，市阶级教育展览馆及吴禹承、万象涵先生处征集民国时期的各种苛捐杂税凭证、票证、纸币、当票等实物及当铺照片计350余件。

5月及1963、1978、1979、1980年，王运淮、潘成义、严平、董有刚、顾隆刚等赴遵义、铜仁、毕节、纳雍、荔波等地征集中共贵州省工委文件、地下党组织刊物《生活与批评》、《真实》第一期及邓恩铭、林青、李策等烈士遗物100余件，整理烈士事迹资料一万字以上。

5至7月，袁有真、王运淮、侯云珍等在遵义、湄潭、思南、铜仁、松桃等地征集清代农民起义军及地下党组织的文物资料。

5至9月，陈默溪、谭用中、牟应杭等先后组成两个工作组赴黔南、黔东南的10多个县及贵阳市开展近现代文物的征集工作，获得了一批重要的文物和文献资料，其中有辛亥革命时期的《大汉军政府令》，康熙《贵州通志》十四、十五卷等珍贵文物。

7月，顾隆刚从南开大学历史系博物馆专业毕业，分配到省博物馆。

7至10月，博物馆组织两个工作组赴遵义、独山、福泉、兴义等县征集自然标本。

秋天，博物馆专业人员对馆藏玉器、瓷器进行鉴定，历时半个月，对1000

余件藏品写出书面鉴定意见。

是年，根据省"抗旱渡荒、生产自救"的指示，组织全馆职工种植蔬菜和粮食作物。

是年，举办"自然资源""出土文物""民族文物""红军长征在贵州""咸同时期贵州各族农民起义""社会主义革命与建设"等陈列展览，接待观众26000余人次。

是年，陈恒安先生向省博物馆捐赠明龙泉窑瓷香炉、明王宠刻"清间且乐升平"长方石印、"清周起渭名，号双面石章"等文物14件；思南熊鼎新捐献肖次瞻烈士书信等革命文物27件。

是年，共收集文物、标本及文献资料2270件。

是年，年经费总额74200元，其中人员费用28000元，文物事业费46200元。

1962年

1至4月，完成10000多册图书的清理排架工作。

2至5月，唐耀康、段维新、袁凤桐赴兴义县（今兴义市）、盘县的16个公社征集社建材料，共征集到文物、资料218件。

3至6月及1981年，谭用中、顾隆刚赴兴义、兴仁、安龙、贞丰、普安、盘县、安顺、平坝等11个县调查征集太平天国革命时期贵州回民张翎翔、马河图起义的文物、资料184件。

4至5月，吴业君、罗会仁、陈默溪、牟应杭等4人赴南宁、广州、南京等地参观学习。

5月8日，松桃苗族自治县文教局收集到錞于4件，系1962年2月该县长兴区木树公社村民耕地时掘出，7月5日，袁有真前往征集，并到出土地点了解錞于出土情况。

5月，松桃县文教局将清代乌罗长官司铜印1方拨交本馆。

5月，文化部文物局对博物馆工作提出以下要求：1.目前及今后一段时间贯彻的"八字方针"以提高为主。2.现有陈列要稳定下来，多搞征集、研究，打好基础。3.按照邓小平同志1961年6月代表党中央审查中国革命博物馆陈列时的指示精神，社建部分的陈列十年内不搞，十年以后搞不搞再看，但材料应该收集保存。4. 要实行"五定"，即进一步定馆的性质、方针、任务和发展方向；定五年规划；定组织机构和部门的职责关系；定干部的工作岗位和专业方向；定学习工作制度，建立正常秩序。5. 要有自己的特点，特别是陈列，要百花齐放，丰富多彩，不要互相抄袭，千篇一律。6. 少数民族文物要抓紧征集。7. 抓紧培养干部。

5至6月，陈云等3人赴遵义、安顺、贵定、贵阳市郊等地征集小季作物标本。

7月，省群众艺术馆许泽徵按照他父亲许肇南先生的遗愿，将明清瓷器21件捐赠给省博物馆。

7月，董有刚从贵州大学历史系毕业，被分配到省博物馆；李盟从贵州省戏剧学校五九级话剧专业班毕业，被分配到省博物馆。

8月22日，省文化局向文化部呈报朱启钤先生藏书中有关贵州的地方文献目录，要求将这批图书调拨给贵州省保存。后本馆牟应杭在北京文化学院学习期间，通过文物局某处长的介绍，登门拜访朱启钤先生并征得同意后，与北京图书馆接洽办理调拨手续。现在这批图书保存在省图书馆。

8至10月，博物馆派3个工作组去遵义、毕节、黔南、黔东南及贵阳市郊征集大季作物标本，以及危害粮食作物最严重的病虫害标本。

12月，社建自然组去威宁、赫章、关岭等县剥制家畜、家禽标本。

是年，修订了保管工作细则和藏品保护、库房管理、文物提取、图书借阅制度。

是年，"自然资源""出土文物""民族文物""红军长征在贵州""咸同时期贵州各族农民起义""社会主义革命与建设"等陈列展览继续展出，观众19000人次。

是年，李衍垣从贵州大学历史系调入省博物馆（1960年7月从西北大学历史系考古专业毕业，分配到贵州大学历史系工作）；周丽珍从贵州省花灯团调入省博物馆。

是年，征集文物482件，自然标本89件，各种资料1000余种。

是年，年经费总额为64000元，其中人员工资24000元。

1963年

2月1日，省博物馆为复原国民党"息烽集中营"作调查和文物征集，向省文化局及省委宣传部报送《关于伪息烽集中营遗址的调查报告》，并附遗址平面示意图和照片17张。

2月14日至27日，"阿尔巴尼亚民间艺术展览"在省博物馆展出。该展览由贵州省群众艺术馆许泽徽馆长负责设计，省博物馆协助加工制作并布展。

2至3月，完成"自然资源"陈列中粮食作物部分的修改工作。

3月23日，博物馆制定《关于文物、博物馆事业十年规划的初步设想》。

3月下旬至6月底，历史组牟应杭、谭用中分赴各地，检查省级文物保护单位。除贵阳文昌阁、君子亭，沿河土地湾黔东特区革命委员会旧址和已发掘的古墓葬外，共检查省保单位36处，树立保护标志34块，建立了记录档案，并会同当地文化主管部门划定保护范围，明确了管理人员，基本上实现了"四有"。

贵州省博物馆在文物点竖立的保护标志

3月，博物馆派3人分别到遵义、铜仁、黔南、黔东南等地补充征集清代农民起义文物资料。

3月，吴至康、钟光源从贵州农学院调入省博物馆（1961年7月皆从四川大学毕业分配到贵州农学院）。

4月，于建章从贵阳师范学院调入省博物馆（1958年7月从四川大学历史系毕业分配到贵阳师范学院），1980年调四川省博物馆（今四川博物院）。

4至5月，社建自然组陈云、段维新在贵阳、平坝、遵义、湄潭、威宁、赫章等地进行野生鸟兽调查，制作了30余号鸟类及一部分兽类标本。

4至6月，历史组陈默溪、李衍垣赴清镇、平坝两县进行文物调查，在清镇干河坝、挖井坟、张家坝等地发现古墓葬113座；在平坝马场、母猪龙潭等地发现古墓葬52座。

5月5日夜，博物馆出土文物展陈列室被盗，有金鱼、金龙、金杯、金手镯等复制品14件。

5月，接收中共贵阳市委和市人委拨交的书画、碑帖、铜器、瓷器、玉石器等450件，经过初步鉴定，其中具有文物价值的约150件。

5至7月及1973年，顾隆刚、于建章、孙日锟等去荔波、三都、榕江、从江等县征集红七军、红八军过贵州的文物资料及邓恩铭烈士的遗物和照片。在从江一红军烈士骨骸里发现"怀公平乡苏维埃政府"公章1枚、红五星1颗及数枚生锈的子弹。

秋季，省博物馆与贵州省军区联合举办的"吴兴春事迹展览"在馆展出。

7月4日至8月4日，由陈恒安、刘锦、胡启后共同主持举办的"近现代国画展"在馆展出。

7月10日至20日，罗会仁与省建工厅李多扶赴镇远调查青龙洞、中元洞和万寿宫古建筑群，提出了《关于青龙洞、中元洞的维修意见》，并调查了福泉古城墙。

7月，张以容、赵雅琴从北京大学历史系考古专业毕业，分配到省博物馆；白联树从贵州大学历史系毕业，分配到省博物馆。

9月25日，省博物馆举办的"贵州民间工艺品展览"正式开放，展至1965年结束。

12月，陈叔通先生向本馆捐赠《姚茫父颖拓泰山刻石二十九字长卷》1件。

是年，保管组初步鉴选一级藏品80余件，并改进了库房的通风条件。

是年，简菊华赴北京参加为期1月的全国博物馆保管干部业务读书会学习。

是年，共征集文物、标本1782件。

是年，副馆长王瑞千调省文化局办公室任职。

是年，举办"自然资源""出土文物""民族文物""红军长征在贵州""咸同时期贵州各族农民起义""近现代国画""贵州民间工艺品"等陈列，全年开放277天，接待观众13万多人次，连同"阿尔巴尼亚民间艺术展览"，共接待观众20万人次。

是年，职工总人数39人，业务干部33人，行政干部6人。

是年，年经费总额89000元，其中人员工资25600元。

1964年

1月初，简菊华传达全国博物馆保管干部业务读书会的精神后，保管组随即制定了《一级藏品鉴选草案》，完成一级藏品的鉴选上报工作。与此同时还鉴定出二级藏品50余件。

1至8月，社建自然组吴仕忠、白联树等3人分赴遵义、毕节、兴义、黔南、黔东南等专州，征集农村阶级斗争的文物、资料700余件。

3月，陈恒安先生经贵州省文史馆介绍，在贵州工学院征集到《平刚日记》一部。所作日记从1914年至1951年止，共114册。

3月初至6月初，省博物馆与北京自然博物馆、武汉大学生物系联合组成动物采集队，在罗甸羊里、印江梵净山、遵义中坪、贵阳六冲关（又名鹿冲关）等地采集鸟兽类标本1200号。

4至6月，省博物馆与贵州农学院土肥教研组协作，在梵净山、毕节、威宁、安顺、兴义、贵阳等地采集土壤标本20种。

4至7月，省博物馆派一个工作组赴遵义、桐梓、绥阳、湄潭等地征集清代农民起义军的文物。

5至12月，陈黔溪、陈恒安、谭用中、李衍垣、张以容、赵雅琴等完成《遵义杨粲墓发掘报告（初稿）》的编写工作。于1965年8月印刷油印本。

6月，张宗屏在贵阳市公、检、法部门征集有关贪污盗窃，投机倒把及破坏国家经济政策，伪造人民币、布票等典型案例的实物罪证及材料300余件。

7月，宋世坤从四川大学历史系考古专业毕业，分配到省博物馆。

7月，李衍垣调查遵义马家湾明墓出土的铜鼓、金器，并征集这批文物。

8月15日，完成了"自然资源"陈列中经济作物、用材林木、特用经济林产、饲养动物和野生动物等部分的修改工作。

8月24日至12月10日，曹泽田等配合中国科学院古脊椎动物与古人类研究所在贵阳郊区、清镇、安顺、普安、黔西等地进行调查，试掘贵阳马王庙、黔西观音洞遗址。并在黔西观音洞的主洞末端和北支洞中，分别发现了"第一块石器"和"第一批哺乳动物化石"。随即进行了第一次试掘（时到1965年初），获得100余件石制品和10余种哺乳动物化石。

9月10日，罗会仁、程月容去遵义会议纪念馆协助工作，并了解遵义会议会址的修缮情况。

9月26日，省博物馆向省人委办公厅及省文化局递送书面报告，反映遵义会议会址修缮工程中存在的问题。

10月，"贵州省第四届美术作品展"在馆展出。

10月22日，中共贵阳市委将《北宋韩琦行书手札卷》（后定名《北宋韩琦楷书信札》卷）拨交给省博物馆收藏。

11月15日，吴业君、罗会仁在济南访问陈昌奉，证实了遵义会议期间毛泽东、张闻天、王稼祥等同志是住在遵义新城古式巷（今幸福巷）内，解决了多年没有搞清的问题，为修复住址原貌提供依据。

11月，遵义会议会址修缮即将竣工时，省里考虑请毛主席为会址题字。省文化局根据省人委的意见，派吴业君、罗会仁带着省人委书面报告进京，在中共中央办公厅主任杨尚昆的协助下，请毛主席题字的愿望得以实现，毛主席挥毫题写"遵义会议会址"6个大字。收到题字后，遵义会议纪念馆立即把主席题字制作成遵义会议会址门匾。手稿由贵州省博物馆收藏。后于1976年10月根据中央精神由贵州省委办公厅转交中共中央办公厅，收藏在中央档案馆。现本馆收藏的为复制品。

11月，派3个工作组赴毕节曹家院、都匀黄莺村、贵阳矿山机器厂征集村史、厂史材料。

是年，郭沫若先生为贵州省博物馆题写馆名。

毛泽东题字"遵义会议会址"

郭沫若为贵州省博物馆题字

    是年，省博物馆陈列大楼两侧装饰浮雕，由1957年12月建馆时的民族图案浮雕更换为由刘万琪、刘骥林、刘永祥等制作的工农兵社会主义建设浮雕，后于1985年更换为由陈宁康主持制作的马赛克彩色壁画，又于2008年更换为由刘万琪制作的龙凤民族图案浮雕。

    是年，贵阳吴禹丞先生向博物馆捐赠民国时期的储蓄券、棉纱税票、收据等物250多件；万象涵先生捐赠民国时期的储蓄券、公债券等物19件。

    是年至1965年，张以容、赵雅琴、李衍垣整理1956年至1958年清镇、平坝墓葬资料，建立考古档案。

    是年，举办"自然资源""出土文物""民族文物""红军长征在贵州""咸同时期贵州各族农民起义"等陈列，全年开放307天，接待观众66251人次。

    是年，职工总人数39人，其中业务人员33人，大专以上学历24人。

    是年，年经费总额85800万元，其中人员工资28300元。

    是年，共征集文物1235件，自然标本379件。

2008年的陈列大楼（陈维他 提供）

1964年陈列大楼两侧浮雕

2008年陈列大楼两侧壁龛浮雕——龙凤民族图案

1965年

1月2日，省博物馆向省文化局报送《关于"遵义会议"会址陈列布置情况的报告》。2月27日，中共贵州省委宣传部将本馆协助制定的《遵义会议会址陈列布置方案》报送中共中央宣传部。

1月6日，省博物馆向省文化局报送《关于"遵义会议"会址修缮工程情况报告》。4月1日，中共贵州省委宣传部将本馆拟定上报的《关于修缮遵义会议会址等有关问题的报告》报送中共中央宣传部。

1至2月，陈云、顾隆刚、张宗屏等赴林东煤矿征集矿史材料。

3至6月、11月，唐耀康、袁凤桐赴思南县、石阡县的13个公社；曹泽田、陈云赴晴隆县碧痕公社；吴至康、侯明德赴清镇县（今清镇市）康吉公社配合"四清运动"收集反映社会主义教育和阶级斗争的材料。

3至6月，董有刚、顾隆刚、李衍垣赴遵义、桐梓、习水、赤水等地征集红一方面军的文物资料；谭用中、张以容赴沿河、印江、德江等地征集红三军的文物资料，中共印江县委宣传部将征集的一批黔东特区文物资料转交省博物馆；于建章等赴三都、天柱征集水族、侗族农民起义军的文物资料。三组共征集文物250余件。

5月18日，省文化局根据省博物馆调查意见向修文县文教局发出《关于阳明洞修缮意见》，并拨维修款9400元。

5月21日，省文化局向省人委及省委办公厅、省委宣传部报送博物馆拟定的《关于继续维修遵义会议会址和有关纪念建筑的请示报告》。

5月，根据上级的安排，在省博物馆举办反对美帝国主义侵略行径的图片展览。

6月25日至9月25日，吴业君、罗会仁、董有刚、顾隆刚、于建章等协助遵义会议纪念馆进行辅助陈列和复原陈列。

7月，文化部批准贵州省博物馆对平坝马场古墓群进行考古发掘。11月至1966年元月10日，宋世坤、李衍垣、赵雅琴、张以容等对平坝马场境内的34座古墓进行发掘清理，这批古墓的时代包括汉、六朝、唐、宋。其中，有东晋墓2座、南朝墓14座、唐墓3座、宋墓3座，获得出土文物700余件。

8至9月，省博物馆派人赴遵义、安顺、毕节、黔东南等地采集粮食作物标本。

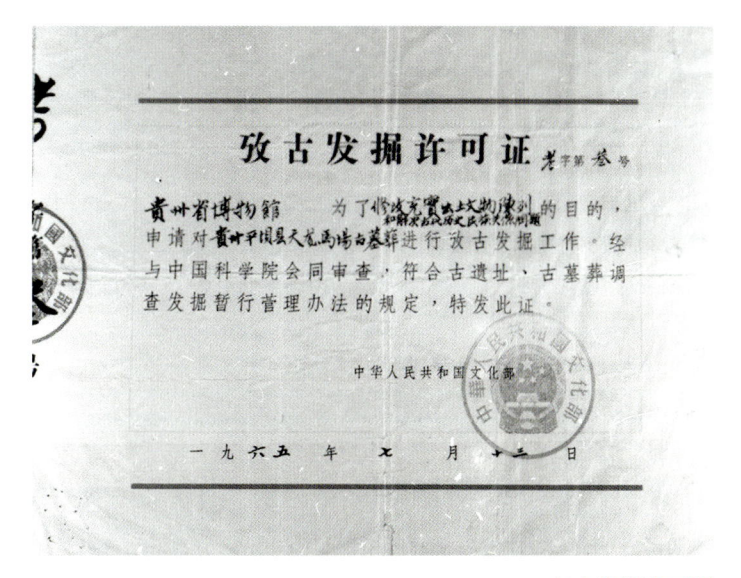

考古发掘许可证

10至11月，曹泽田参加中国科学院古脊椎动物与古人类研究所裴文中教授率领的发掘队，在黔西观音洞进行第一次发掘。11月11日，发掘队在贵阳的云岩饭店召开关于黔西观音洞发掘情况的汇报会，省人委、省文化局、省科委的负责同志参加了会议。

11月及1966年，董有刚、顾隆刚等赴息烽、修文、重庆等地调查征集"息烽集中营"及"中美合作所"残害革命烈士的各种刑具及革命烈士遗物10多件，并记录访问资料7000多字。李立省长及省文化局局长周晓山、市委副书记韩子栋等查看阳朗坝遗址后，李立认为张学良、杨虎城没有在息烽监狱关过，明确"息烽集中营"的资料应当收集。但旧址不再恢复，省博物馆可以搞一个沙盘模型陈列。

11月下旬，"阶级教育展览"第一、二部分布置完毕。陈列面积为368平方米，展出实物211件，照片196张，图表、绘画、雕塑等辅助展品31件。

是年，贵州省民族研究所将国民党政府强迫少数民族改装的铁钩及侗族妇女吴美莲被迫改装钩破的裙子各1件拨交本馆。

是年，省委统战部部长惠世如向省博物馆捐献字画、资料150多件；许少庄先生捐献字画57件；省佛教协会捐献"铜观音坐像"等13件。

"阶级教育展览"雕塑 　　"阶级教育展览"版面一 　　"阶级教育展览"版面二

是年，陈列展览共开放292天，接待观众75307人次。

是年，入藏文物共678件。

是年，年经费总额75000元，其中人员工资28200元。

1966年

年初，按照《全国博物馆藏品保管办法》所提出的"制度健全、帐目清楚、鉴定明确、编目详明、保管妥善、查检方便"的要求，保管组对馆藏文物采取重新登记和编目制卡。5月，"文化大革命"开始。7月，该项业务停止，至1972年才恢复藏品的登记、编目工作。

1至2月，宋世坤、李衍垣、张以容在平坝县天龙镇发掘汉墓6座，出土随葬品60多件，包括漆耳杯、铜斧、铜篦等。

3月20日，省博物馆举办的"阶级教育展览"正式对外开放，至5月止，接待观众达80000人次，该展览由唐耀康、陈云主持筹备。

3至7月，宋世坤、赵雅琴、张以容、李衍垣整理平坝马场、天龙墓葬资料，修复器物，制作卡片。

5月，宋世坤、赵雅琴清理龙里高坪铺明墓1座。

6月，省人委办公厅将"中国人民解放军贵阳军事管制委员会关防印"拨交省博物馆。

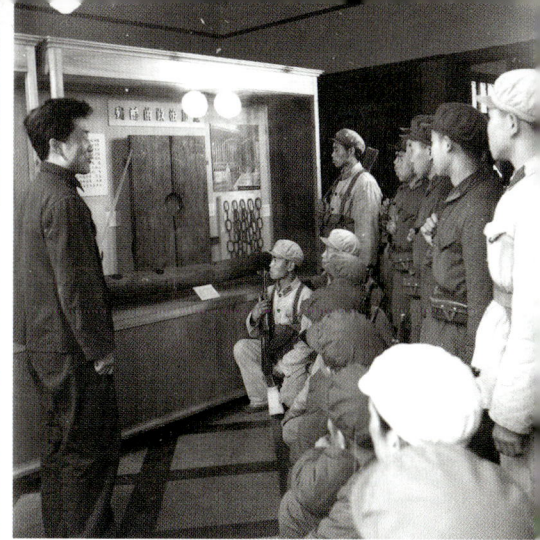

1966年3月20日，举办"阶级教育展览"，图为解放军参观"阶级教育展览"

6月，库房增置一批藏品柜和囊匣，对藏品的保护保养进行了熏蒸试验，开展防潮、防虫等工作。

6月，省博物馆按照文化局有关通知，成立"文革小组"，组长吴业君、副组长董有刚，成员有陈云、白联树、赵雅琴等5人。

7月1日，领导"文化大革命"的省委工作组进馆，并召开大会动员职工积极参加"文化大革命"。

7月21日，省委工作组宣布全天搞"文化大革命"运动，业务工作从此停顿。

7月22日，省文化局"文化大革命"领导小组负责人于佳临、郑南到馆审查"阶级教育展览"新增加的"文化大革命"部分。

11月，北京五十中学红卫兵学生来馆进行"革命串联"，本馆职工相继成立"娄山关""风雷激""燎原""射大雕""星火"等战斗队。

11月23日，北京五十中学红卫兵学生在陈列室贴出大字报，称省博物馆的"阶级教育展览"是"反毛泽东思想的大毒草"。11月25日，陈列室被迫停止对外开放。

12月19日，"文革小组"宣布："本馆革命群众，凡愿意出去串联的，可到北京等地看看。"于是博物馆大多数职工外出串联。

是年，按省长李立指示，省博物馆将刚征集到的红军"四渡赤水"中拆卸埋藏下来的2挺机枪及其他武器拨给遵义会议纪念馆，充实该馆的陈列。

是年，入藏文物67件。

是年，年经费总额70000元，其中人员工资28700元。

1967年

1月24日凌晨，博物馆造反派夺了本馆党政领导权。自此，"夺权小组"行使全馆的领导权力。

6月23日上午，省总指挥部组织"支红"派强行进入博物馆陈列室，准备修改"'文化大革命'展览会"。当天下午，"支红"派被"411"派赶出陈列室，双方发生了冲突。

6月26日，省总指挥部组织贵阳医学院"三·七"战斗团等单位冲入陈列室，与"411"派斗争，破坏许多陈列家具。

上半年，省革命委员会在博物馆举办"贵州省无产阶级'文化大革命'展览"。11月8日，展览迁贵阳市工人文化宫展出。

8月20日，"'文化大革命'展览会"的"411"派被"支红"派赶走，博物馆"夺权领导小组"及时派人进入陈列室清点文物、标本入库，使文物免遭损失。

10月26日，省革委文教办公室宣布"'文化大革命'展览会"的军代表柏承忠兼博物馆军代表。

10月27日，省革委文教办公室明确"毛泽东思想胜利万岁大型摄影展"由博物馆负责筹办，10月31日派潘中亮为博物馆军代表，负责抓展览工作，罗会仁、赵雅琴、白联树等参与筹展。12月7日，展览的图片布置完毕，参加"贵州省活学活用毛主席著作积极分子代表大会"的代表参观了展览。

11至12月，清理陈列室的古代石刻、自然标本和陈列家具。

是年，省博物馆举办"贵州省无产阶级大革命""毛泽东思想胜利万岁大型摄影展"等展览，接待观众12万余人次。

是年，年经费总额50000元，其中人员工资28700元。

1968年

2月27日，"毛泽东思想胜利万岁大型摄影展"展览筹委会开会，省革委负责人的初步意见是将省博物馆陈列室加高，改造成为"万岁"展览馆。7月6日，派人到博物馆召开会议，讨论扩建或改建陈列室的问题。

3月20日，博物馆成立以军代表为核心的革命造反派、革命干部、革命群众

"三结合"的革命委员会。吴业君、宋世坤、潘中亮为副主任委员,李衍垣、白联树为委员。

8月8日,省革委宣传办事组通知省博物馆革委会进行调整:(一)吴业君为一般委员;(二)袁凤桐为革委委员,白联树退出革委会;(三)李衍垣为副主任委员;(四)潘中亮调省军区学习,军代表暂缺;(五)宋世坤仍为副主任委员。

10月28日,经省革委宣传办事组批准,复制展出四川大邑举办的"泥塑收租院"展览。抽调省市专业及厂矿业余美术工作者20余人组成雕塑复制工作队,由吴至康、于建章、刘锦、段维新、侯明德带队赴大邑刘氏庄园学习、采集资料。

10月,联办"庆祝全国山河一片红"图片展及"毛泽东像章"两个展览。接待观众50000人次。

11月1日,工人毛泽东思想宣传队进驻博物馆。

11月下旬至12月初,红湖机械厂在博物馆陈列室举办现场批判展览会。利用展览形式,揪斗该厂的领导干部和工程技术人员。

是年,简家奎、何盛芳从贵州省艺术学校美术班毕业,分配到省博物馆。

是年,年经费总额49000元,其中人员工资28700元。

1969年

2月1日至12日,罗会仁、陈云、袁有真、李盟去贵阳市工人文化宫接收"贵州省无产阶级'文化大革命'展览"的展品。

3月1日,"泥塑收租院"展览正式开放。是日,贵州省第二届贫下中农代表会的5000余人参观了展览。至1972年结束,观众达20万人次。

7月15日至9月中旬,在馆举办"毛主席去安源"展览,9月20日到遵义红花岗等地巡展。

9至12月,省博物馆筹办"川藏道上十英雄展览"。

12月1日,"工人毛泽东思想宣传队"撤出省博物馆。

12月2日,省博物馆抽调干部20人参加"毛泽东思想宣传队",去毕节及三都宣传中发〔69〕71号文件,负责公社、大队级革委领导班子"补台"工作。于1970年5月下旬,分批返回贵阳。

"泥塑收租院"展览（陈维他 提供）

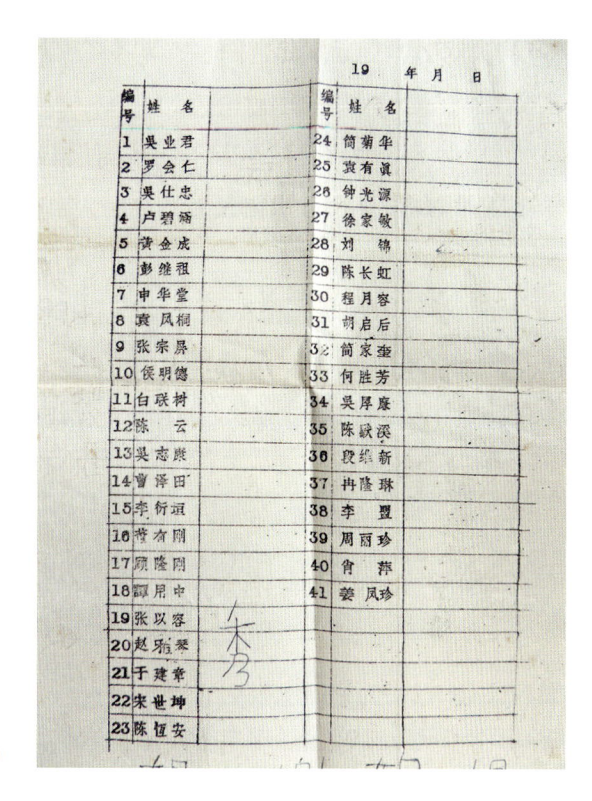

职工花名册
（胡进 提供）

是年，"毛主席去安源""川藏道上十英雄"等展览，共接待观众55000人次。

是年，馆职工总人数41人。

是年，年经费总额60000元，其中人员工资28700元。

1970年

6月初，成立"三查"领导小组，组长为吴业君，成员有陈云、吴仕忠、白联树、钟光源。

6月11日，派职工20人去花溪区小碧公社二堡生产队参加"双抢"劳动，时间为12天。

7月11日，罗会仁、于建章、段维新等参加"贵州省三查展览"的展出工作。

7月，省博物馆发起，约请省属各高校、科研部门及部分文物、考古工作者在安顺召开夜郎问题学术讨论会。

12月9日，省文化局派崔钰来馆担任领导。文化局军代表在博物馆职工会上号召把"文化大革命"引向深入。之后，革委成员分别在群众会上"斗私"，革委会名存实亡。

是年，二级机构调整：设办公室，赵承坤负责；保管组（包括图书资料），简菊华任组长；美术组，刘锦任组长；群工组，吴厚廉任组长；从社建自然组分出自然部分成立自然组，陈云任组长；社建部分合并于历史组，董有刚任组长，吴仕忠任副组长。

是年，年经费总额35000元，其中人员工资28900元。

1971年

3月，李衍垣前往安顺宁谷清理当地农民在兴修农田水利时发现的一座坍毁的东汉晚期石室墓，出土铜壶、铜洗、铜釜等器物。

4月，顾隆刚、于建章、刘锦及借调的刘骥林等去遵义会议纪念馆协助工作，至12月底，该馆陈列室的安装布置工作基本完成。

9月21日，酝酿筹办"中国工农红军长征在贵州"展览。

11月，宋世坤、张以容参加陕西省文物工作会，会后20省市代表应邀到京参加国家文物局座谈会，局长王冶秋作重要讲话，肯定新中国成立以来文物工作是正确的，宋、张回馆后向全馆传达了会议精神，从此，博物馆工作步入正轨。

冬季，曹泽田与中国科学院古脊椎动物与古人类研究所的张森水、吴茂霖对贵州112地质大队在桐梓发现的岩灰洞旧石器时代遗址作进一步调查，并作短期试掘。后于1972年9月进行发掘，出土古人类牙齿化石2枚、石制品12件、烧骨1件、动物化石25件。该遗址是继贵州观音洞遗址发现后的又一次重大发现，人类化石的出土在贵州尚属首次，被命名为"桐梓人"。

冬季，崔钰赴江苏扬州参加全国文物工作会议。

是年，刘延良向本馆捐献《严寅亮行书对联》等字画百余件。

是年，年经费总额49000元，其中人员工资27300元。

1972年

1月，张以容、谭用中在威宁县中河一带进行考古调查，在大河湾发现了大量的陶片、螺蛳壳、木炭和红烧土等新石器时代遗物。

1至2月，李衍垣、罗会仁去赤水复兴场、遵义流水堰、挨河、高坪、桐梓元田坝等地调查古墓葬，为正式发掘做准备。

2月27日至3月6日，李衍垣、罗会仁赴余庆后坝公社灯塔大队了解出土的铁工具及瓷器。经实地调查，得知为清代末年的窑藏物。

3月15日至4月13日，宋世坤、李衍垣、罗会仁等去遵义高坪清理发掘杨文、杨昇、杨纲、杨爱和遵义9号墓共5座宋、明墓。出土的碑、志及骑马俑，均为难得的实物资料。

3月，唐文元从贵州省花灯团调入省博物馆。

3至4月，谭用中、张以容、唐文元等在黔西县林泉区野坝和罗布垮一带清理发掘古墓16座。其中东汉墓7座，出土铜镜、铜釜、弹筝俑、说唱俑、舞蹈俑、托案俑及陶猪等重要文物，颇具时代特征。

4至5月，宋世坤、何凤桐在清镇干河坝清理石棺墓84座，出土文物210余件，这批墓葬的时代上限可到北宋时期，下限至明初。

5月23日，省美协主办、省博物馆承办的"全省美术作品展览"在馆开幕，连同原有的"泥塑收租院展览"和新布置的"出土文物展览"同时对外开放。

5月29日至7月15日，李衍垣、唐文元赴西安、洛阳、郑州、武汉、长沙、广州等地参观学习。

5月29日至6月7日，张以容、唐文元赴黔东南凯里、黎平、天柱、黄平及黔南福泉等地复查省级文物保护单位。

5月，龚正英、程学忠、严平从贵州省文艺轻骑队调入省博物馆（龚正英1969年7月从贵州省艺术学校音系班毕业，程学忠1969年7月从贵州省艺术学校京剧班毕业）。

5月，崔钰调离，省文化局党组任命韩庆林为党支部书记，吴业君任副馆长兼任副书记。

6月，二级机构设行政组（包括图书资料室），赵承坤负责（至1974年）；增设考古组，宋世坤、李衍垣负责；革命历史组，董有刚任组长，吴仕忠任副组

"劳动创造了人"展览（陈云 提供）

展览室一角，观众参观情景（陈云 提供）

长；美术组，刘锦任组长；保管组，钟光源任组长；群工组，吴厚廉任组长；自然组，陈云任组长。

8月，吴仕忠、罗会仁、谭用中、侯明德、胡成林等5人筹办"阶级教育"展览；董有刚、顾隆刚、于建章等筹备"中国工农红军长征"展览。

8月，博物馆自然组举办"劳动创造了人"展览，由于展览中绘画、雕塑作品众多，借调了陈宁康、刘骥林等美术工作者参与设计布展。展览至1973年结束。

9月11日至10月20日，宋世坤、唐文元、赵雅琴、严平等在安顺宁谷徐家坟山一带发掘汉墓6座，出土文物100余件。

9至12月，宋世坤编写《平坝马场东晋南北朝墓葬发掘简报》。

10至12月，吴仕忠、罗会仁、谭用中、侯明德、胡成林、简家奎赴铜仁万山汞矿收集矿史资料。

11月，吴业君、韩庆林、吴厚廉、李衍垣赴桂林出席广西壮族自治区文物工作会议。

12月至1973年元月，张以容、唐文元赴兴义考古调查，二人骑自行车调查了下五屯、顶效、万屯、郑屯、鲁屯等，首次发现万屯汉墓群。

冬季，与中国科学院古脊椎动物与古人类研究所李炎贤等再次发掘黔西观音洞，获得大批石制品和动物化石。

是年，陈云、曹泽田在长顺威远镇青龙山发现青龙洞旧石器地点。

是年，詹庚西从贵州省艺术学校调入省博物馆（1975年调离）。何凤桐从中国科学院考古研究所调入省博物馆；胡成林调入省博物馆（1979年调离）。

是年，共入藏文物2350余件。

是年，年经费总额80000元，其中人员工资38500元。

1973年

元月，何凤桐在赫章可乐区进行文物调查，贫下中农和干部捐献一批历史文物，有新石器时代晚期的生产工具，汉代的铜器、陶器等。

3月12日，向省文化局及省委宣传部报送《关于加强文物保护工作的报告》。

3月，韩庆林、宋世坤赴武汉参加长江流域规划办公室考古工作会议。

初夏，陈云、吴至康、曹泽田前往水城硝灰洞遗址清理发掘。获动物化石5种、人牙化石1枚、石器材料53件及发现用火遗址。

5月，张以容（带队）、程学忠、严平参加长江流域规划办公室考古培训班学习，结业后，程学忠、严平参加湖北宜都红花套遗址发掘，至1974年7月。

6月19日至30日，张以容、唐文元赴遵义、桐梓、湄潭、凤冈复查省级文物保护单位。

7月17日至30日，吴业君、罗会仁赴毕节地委宣传部联系办考古训练班的事宜，并在黔西县调查李氏牌坊、砖塔、东山公园内的古建筑、王三善神道碑及甘棠汉墓。

8月11日至11月下旬，省博物馆在毕节举办贵州第一期考古培训班。参加学习的有毕节、赫章、威宁、纳雍、织金、黔西、大方、金沙等县的学员殷其昌、李学贤、陈定荣、张诚、刘权、老葛、赵艺祖、席克定等16人。参加讲课的有谭用中、罗会仁、曹泽田、宋世坤、李衍垣、张以容、赵雅琴、何凤桐等。

10月，罗会仁、宋世坤、张以容、唐文元、何凤桐、曹泽田带领贵州第一期考古训练班学员在毕节一中发掘汉墓1座，在黔西甘棠发掘汉墓10座，在黔西观音洞进行实习发掘，出土近1000件石器和大量的动物化石。黔西观音洞遗址于1964年冬由中国科学院古脊椎动物与古人类研究所调查发现，并进行首次发掘，后于1965年、1972年、1973年又进行发掘，共获得石制品3000多件，动物化石25种，它是中国最重要的旧石器时代早期文化遗址之一。

11月，宋世坤、唐文元、罗会仁赴重庆、成都、昆明参观学习。

12月13日至14日，中国革命历史博物馆副馆长董谦及中国人民大学教授胡华等四人来馆了解革命文物情况，并对筹办中的"中国工农红军长征展览"提供了宝贵意见。

12月19日，担负"中国工农红军长征展览"美术设计的刘锦及外聘的陈宁康赴韶山、井冈山、广州农讲所等处参观学习。

是年，刘骥林从贵州省艺术学校调入省博物馆（1978年考取中央美术学院雕塑系研究生，毕业后留京）；孙日锟落实政策、复员改转业，调入省博物馆；吴守恩调入省博物馆。

是年，入藏文物共计420余件。

是年，年经费总额80000元，其中人员工资39000元。

1974年

4月13日，省革委拨专款8000元，筹办"批林批孔展览"。7月20日，展览通过省委常委审查。7月29日正式对外开放。展出期间接待观众4万余人次。

4至6月，宋世坤、熊水富、唐文元参加湖北宜都红花套遗址发掘。

4至6月，张以容赴兴义、晴隆等县调查，征集铜鼓等铜器。

7月8日，罗会仁草拟报中共中央《关于庆祝遵义会议召开四十周年的请示报告》。

8月，省博物馆送严平、程学忠到四川大学历史系考古专业工农兵学员班带薪学习3年，至1977年毕业返馆工作。

秋季，贵州省科委组织的《贵州动物志》编委会成立，省博物馆自然组承担了贵州鸟类资源调查及《贵州动物志·鸟类志》的编写任务。

10月，何佩琳调入省博物馆。

《贵州动物志》编写工作会议
（陈云 提供）

11月，董有刚、于建章护送文物去中国革命历史博物馆参加汇报展览并协助工作。韩庆林、罗会仁、顾隆刚等向国家文物局汇报"中国工农红军长征展览"方案，并向革命博物馆、军事博物馆等有关单位征求意见。

冬季，据群众提供线索，曹泽田赴兴义顶效收集"贵州龙"化石。

冬季，曹泽田等赴兴义开展鸟类标本采集，在顶效发现猫猫洞旧石器时代文化遗址。

是年，年经费总额85000元（含动物调查款9000元），其中人员工资39000元。

1975年

1月27日，省博物馆向省文化局报送《关于成立乌江水电站水淹区文物调查队的报告》，对调查地区、人员、经费及时间安排提出了较详细的计划。

3月，省博物馆向省文化局和省委宣传部报送《关于请求省委加强对"红军长征展览"筹备工作领导的请示报告》。随后，因顾隆刚、林齐维负责整理馆藏红军文献资料（作为内部资料，油印交流），便从考古组抽调谭用中参加筹展工作。具体分工：于建章负责第一至第四单元，谭用中负责第五至第八单元，董有刚负责现场指挥和后勤，陈宁康任陈列设计，已调入我馆的刘骥林专为展览创作雕塑《娄山关》。至10月底，布展工作完成。11月3日，中共贵州省委书记李葆华、张荣森等来馆审查展览。展览于1976年正式对外开放，展出至1978年4月，共接待观众40000人次。

3月，吴业君、罗会仁赴北京参观国家文物局举办的"全国文物汇报展览"，并参加了座谈会。

4月，顾隆刚、董有刚参加国家文物局在湖北红安县召开的革命文物工作座谈会。

4至6月，考古组和县文物员共同组织文物调查组，分三组在乌江渡水电站水淹区及周围进行调查：宋世坤、庄荣彦（遵义县文物员）、董延新（清镇县文物员）负责乌江支流偏岩河水淹区调查，调查地区在遵义县与金沙县境内。在金沙县源村发现数座汉墓；张以容、唐文元、赵志泉（修文县文管所所长）负责修文至息烽段调查，发现息烽新阳汉墓、修文农民公社汉墓残墓；熊水富、何凤桐负责黔西县境内调查。

6月，由陈云、吴至康、吴守恩、曾庆鸣等筹办的"贵州野生动物资源标本展"在馆展出，主要内容是展示贵州动物资源调查的成果，共接待观众8000人次。

7月，刘恩元从北京大学历史系毕业，分配到省博物馆。

10月，省文化局报请省委宣传部及省革委会批准成立贵州省革命文物历史文物调查征集办公室。由田兵任主任，蔡生金、韩庆林任副主任。其任务为协调各方面的关系，运用社会力量，开展文物调查征集工作。

10至12月初，曹泽田等对兴义顶效猫猫洞旧石器时代晚期遗址进行发掘，出土人类化石7件，石制品4000余件，骨角器14件和一部分哺乳动物化石，其中骨刀属国内首次发现。

10月至1976年1月，李衍垣、熊水富、唐文元、何凤桐等在兴义县顶效区万屯公社和兴仁县（今兴仁市）雨樟区交乐公社两地，发掘古墓12座，出土随葬品100多件，其中万屯8号墓出土铜车马模型1套。因铜车结构复杂，且被垮塌的墓顶砸扁，无法现场剖取，只能整体切割运回馆里，待以后处理。

是年，上海科教电影厂摄制的科教片《中国古人类》中，贵州黔西观音洞文化遗址占有显著地位，自此，贵州旧石器考古首次载入中国史册。

是年，荔波县邓恩光将邓恩铭烈士使用过的照相机捐赠给省博物馆。

是年至1976年9月，宋世坤到四川大学历史系考古专业进修一年。

是年，入藏文物410余件。

是年，年经费总额95000元（含动物调查款10000元、文物工作会议费5000元），其中人员工资40200元。

1976年

3月1日，省文化局副局长田兵在省博物馆主持召开征集革命文物及历史文物的工作座谈会，邀请贵大历史系、师范学院历史系、省博物馆、遵义会议纪念馆、省图书馆、省民研所、贵阳车辆厂等单位的专家、教授及专业工作者参会，内容涉及夜郎考古诸多课题。

4月21日，为了纪念红军长征在回龙场强渡乌江的革命英雄史迹，工程单位特在桥头竖一纪念碑，省文化局责成省博物馆撰写碑文。

5月17日，省博物馆党支部向省文化局核心领导小组写了《关于创办内部刊物〈贵州文物通讯〉的报告》。

6月7日至12日，罗会仁、李衍垣参加国家文物局在陕西岐山县召开的周原遗址亦工亦农考古训练班现场经验交流会。

7月13日至17日，省文化局在安顺召开安顺地区考古工作现场会议。会后，省博物馆李衍垣、熊水富、何凤桐、刘恩元在安顺宁谷进行考古调查，发现汉代遗址2处，古墓葬120余座。发掘汉至魏晋时期古墓14座。并在发掘现场举办亦工亦农考古训练班。

7月，赫章可乐区水营乡雄所屋基发现一批铜器。

7至8月，唐文元根据兴义万屯8号墓出土时被压扁的铜车车篷外形，想象推测复原的铜车模型严重失实，有待下一步解剖实测纠正。

8月，唐文元赴兴仁马家屯公社征集出土的汉代铜罐1件。

9月，贵州省革命文物历史文物调查征集办公室副主任、省博物馆党支部书记韩庆林和省文化局张锦山，受省文化局委托，带领侯明德、吴仕忠和遵义会议纪念馆费侃如、林齐维及红军史迹较多的地州市文物工作者组成的"贵州省革命文物参观团"，前往重庆、武汉、红安、南昌、井冈山、长沙、韶山等地参观革命旧址，学习革命文物工作经验，以推动全省革命文物工作。

11月，王新全、蔡回阳从贵阳师范学院生物系毕业，分配到省博物馆。

11至12月，宋世坤、赵雅琴及赫章县文化馆殷其昌在赫章可乐发掘8、9号汉墓，同时，调查雄所屋基、姜子林包、猪市包、可乐医院、柳家沟等5处汉墓群。发掘结束后，在县城举办文物展览。

冬季，全省各地陆续开展"红军长征在贵州"普查工作，董有刚、顾隆刚等为基层文物工作者做辅导。

是年，何凤桐到北京参加为期5个月的全国金属文物金相分析与检测进修班学习；段维新到北京荣宝斋学习古书画装裱修复技术1个月。

是年，陈定荣从威宁县文化馆调入省博物馆（1979年调离）；曾庆鸣从贵定师范学校调入省博物馆。

是年，入藏文物340余件。

是年，年经费总额80000元（含动物调查款10000元），其中人员工资41600元。

1977年

1月9日，为迎接中国人民解放军建军五十周年，省委宣传部通知各地、州、市、县文化局、文化馆征集红军文物，于"八一"建军节在贵阳举办"革命文物汇报展览"。

1月18日，向省文化局及省委宣传部递送《关于将邓恩铭烈士故居列为省级文物保护单位的请示报告》。

2月，胡进、简小娅、陈薇、王燕子、彭伯芬、申满秀、王建昌进入博物馆工作。

3至6月，唐文元修复兴义万屯8号墓出土的东汉铜车马模型。

3至7月，制定汽车管理、照相管理及政治学习等专项制度。

4月上旬至5月中旬，蔡回阳、王新金参加湖北省郧西白龙洞猿人遗址考古发掘训练班学习。

4月，曹泽田等在织金发现大岩洞旧石器地点。1978年1月进行复查并试掘，获石制品数十件。

4至12月，自然组分别赴望谟、贵定云雾山、雷公山、惠水、广西南部、云南西双版纳等地进行5次较大规模的鸟类标本采集工作，获得鸟类标本880号、兽类标本15号。

5月21日，省委宣传部通知各地、州、市、县委宣传部于6月10日前将红军文物送到省博物馆参加"贵州省部分县市红军文物汇报展览"。该展览于8月1日正式展出，展至1978年4月止。

6月6日至13日，曹泽田、蔡回阳、王新金与云南省博物馆专家一行赴云南镇雄县境内在建的大水沟水电站工地施工中发现的化石点进行调查处理。发现犀类上臼齿化石4枚。

6月13日，函请兴义地区各县文化部门及土产公司协助了解各地的文物线索和出土文物情况。

7月11日至15日，王新金参加省文化局举办的《毛泽东选集·第五卷》第一期读书班学习。

7月，潘成义从北京大学国际政治系毕业，分配到省博物馆；刘明琼、张定福、万光云从四川大学历史系考古专业毕业，分配到省博物馆。

8月3日至15日，董有刚、宋世坤参加国家文物局在大庆及哈尔滨召开的全国文博图工作学大庆座谈会。

8月上旬至9月上旬，曹泽田、蔡回阳、王新金等配合国家1976至1985年全国科学技术发展规划中的项目第十项《我国岩溶分布发育规律及其改造利用规划草案》，接省科委子课题"岩溶发育史"，对全国岩溶科研项目重点区域之一的贵州独山县辖区的近100个洞穴进行调查，并作了洞穴高程、形态、堆积等资料记录。完成调查报告，分别报送省科委和省博物馆存档。

8月26日至9月2日，曹泽田、王新金赴广西柳州参加全国岩溶科研项目研究与实施规划会议。

9月下旬至11月初，王新金、蔡回阳赴重庆自然博物馆参加四川省保护古脊椎动物与古人类化石训练班学习。

9至10月，省博物馆对安顺、铜仁两地区的重点建设工程工地进行文物调查。

9至11月，宋世坤、熊水富、唐文元、简家奎及赫章县文化馆殷其昌在赫章可乐柳家沟遗址和雄所屋基、祖家老包发掘汉墓47座，出土文物600余件，首次发现"套头葬"，国内罕见，这是我省首次发掘夜郎时期墓葬。贵阳师范学院历史系学生参加1个月的发掘工作。11月17日至20日，省文化局在赫章县可乐召开全省文物工作现场会，代表们参观了可乐考古发掘现场。发掘结束后，在县城举办"出土文物展览"，接待观众6000人次。

10月下旬，钟光源赴苏州参加全国文物保管工作座谈会。

10月26日，省文化局发出通知，抽调部分县市文化馆干部与省博物馆考古组宋世坤、李衍垣、熊水富、唐文元、何凤桐、刘恩元、万光云、程学忠、刘明琼共同组成"贵州省配合农业学大寨考古普查队"，深入地、州进行调查。在威宁、毕节、兴义、安顺、平坝、遵义、德江、独山、长顺等地，均有新的发现。

11月6日至10日，蔡回阳、王新金赴习水县城关公社石灰厂工地调查处理发现的古脊椎动物化石。

11月中旬至12月下旬，王新金、蔡回阳、彭伯芬到广西都安参加华南岩溶考察训练班学习。

12月8日至18日，罗会仁参加国家文物局在长沙召开的计划财务工作汇报会议。

冬季，农民进行农田基本建设时，在毕节青场挖掘出土了一批磨制石器，何凤桐前往调查时，征集到63件较完整的磨制石器。

年底，何凤桐在威宁梨园、独立树一带征集到当地出土的一批青铜器。

年底至1978年初，熊水富、万光云在普安青山区进行文物调查时，先后采集到绳纹陶片、石臼、石杵及青铜一字格曲刃剑等文物，发现了铜鼓山遗址。1979年4月进行试掘；1980年10月，进行首次发掘。

是年，曹泽田、张森水等对兴仁屯脚旧石器地点进行复查，采集到部分石制品。

是年，曹泽田等对兴义猫猫洞再度进行考察。

是年，二级机构设行政组（包括图书资料室），徐志芳负责（从1974至1984年）；设保管组，钟光源任组长；设自然组，陈云任组长；设考古组，宋世坤、李衍垣负责；设革命历史组，董有刚任组长；设美工组，刘锦任组长；设群工组，吴厚廉任组长。

是年，全年共接待观众48911人次。入藏文物630余件。

是年，年经费总额88000元（含动物调查款8000元），其中人员工资43100元。

1978年

1月，制定三年及八年事业发展规划草案。

1月2日，谭用中在广顺来远寨附近发现神仙洞旧石器地点。3月，谭用中、张定福进行发掘，获石制品200余件，骨器10余件，动物化石9种。

1月17日，陈列楼东北角地基下陷，铁门内的地坪下塌，走廊东头挨墙的砖柱下沉。

1月20日，陈云、蔡回阳、曹泽田、胡进等赴昆明参观"澳大利亚野生动物展"，并考察云南开远禄丰古猿化石出土点。

1月23日至28日，省设计院、省地质局、省煤管局、铝镁设计院、省城建局、省文化局、市城建局等单位的工程技术人员在博物馆开会研究陈列楼东北角下沉的原因及修复意见。1980年10月8日，省博物馆与省建二公司签订修复陈列楼下塌的施工合同。1984年修复竣工，耗资35万元。

年初，李衍垣等在平坝白云发现飞虎山新石器文化洞穴堆积，1981年10月进行发掘。

2月，考古组张定福、程学忠对玉屏城关塔坡明墓进行清理发掘，出土衣物、发簪、墓志及完整的男尸1具，四肢关节均可活动、肌肉尚有弹性，墓主曾凤彩死于天启六年（1626年）。贵阳医学院对该尸进行解剖，取得重要的科研资料。

3月20日至1979年2月，王新金参加贵州省委农村工作队省文化局农村工作团，赴惠水姚哨区工作一年。

3至4月、8月、12月，自然组分别赴梵净山、惠水、威宁等地采集鸟类标本。

3至5月，历史组在思南、铜仁、纳雍等县开展调查征集工作，征集到革命烈士遗物47件。

4至8月，省博物馆对已公布的省级重点文物保护单位工作进行了检查，并对遵义龙坑场牌坊及杨粲墓进行了维修。

5月，宋世坤、熊水富、唐文元、刘明琼及赫章县文化馆殷其昌赴云南、四川参观省博物馆及考古工地。

5月，潘成义赴余庆调查征集邹前方烈士事迹和遗物，到省民政局及武装部等单位征集对越自卫反击战中被列为三等功以上的100多名烈士名单及书信、日记等。

5至6月，自然组对施秉、黄平、兴义、水城、平坝、长顺、黔西、开阳、习水、务川及贵阳等地的化石点进行调查。

6月，历史组协助黎平会议会址举办了"革命文物展览"。

6至12月，唐文元参加由文化部文物局委托上海市历史博物馆举办的全国首次青铜器修复培训班学习。

7月中旬，考古组万光云、程学忠对安顺云峰公社农场发现的明墓进行清理。

7月中旬，与贵阳医学院合作处理了黎平出土的清道光二十八年（1848年）女尸1具。

7月，本馆制定了八年科研规划。

7月至8月，曹泽田、蔡回阳与贵阳师范学院地理系秦启万、江兴荣等组成联合调查组，对全国岩溶研究课题重点区域之一的普定县境内的6个行政辖区相关地进行野外调查，并对具有代表性的47个有关洞穴实查，新发现了穿洞（8月2日发现）、白岩脚洞、洞口洞3个史前文化洞穴遗址。其中，穿洞遗址采集到5个目6个属种的哺乳动物化石（零星残牙及碎骨）50余件（1980年王新金整理鉴定）。撰写的《普定县岩溶调查工作小结》，于8月15日分别报省科委及省博物馆。

8月，姬爱鸣从财政学校毕业，分配到省博物馆。

9月，吴业君、宋世坤、罗会仁、何凤桐、程学忠、刘明琼赴毕节青场、赫章可乐、威宁中水调查确定考古发掘地点。最后确定赫章可乐、威宁中水作为发掘地点。

夏季，为检阅贵州动物资源调查的成果和进一步推动资源调查工作，由承担《贵州动物志》工作的省博物馆自然组筹办了"贵州野生动物资源标本展览"。

10月，由贵州革命文物、历史文物调查征集办公室组织编辑，本馆撰写的《黔山红迹——红军在贵州的革命活动》、《红军在贵州》（文物图册）两书，书名均为叶剑英副主席题写。请求叶剑英为两书题名的书信，通过贵州省委第一书记马力请王震副总理转交叶剑英，叶剑英收到信后挥笔题写"红军在贵州"和"黔山红迹"。《黔山红迹》一书，由省博物馆林齐维、顾隆刚编撰，图片摄影由吴仕忠担任，附图为张双锡、吴守恩所绘，于1981年7月贵州人民出版社出版。《红军在贵州》（文物图册），由博物馆罗会仁、谭用忠、顾隆刚、林齐维、吴仕忠等编撰，于1984年7月贵州人民出版社出版。

时任中央军委副主席
叶剑英题写的书名

时任国务院副总理王震写
给贵州省委书记马力的信

第二章　1953—1995 年

10至12月，宋世坤、熊水富、万光云、刘明琼、张定福、姬爱鸣、简小娅、陈薇、冯琳及赫章县文化馆殷其昌发掘可乐祖家老包、锅落包、罗德成地墓群，共计143座墓葬，出土文物500多件。

11月至次年元月，李衍垣、何凤桐、程学忠、严进军、张桂林在威宁中水发掘汉墓。历时36天，发掘探方17个、墓葬36座，出土遗物270余件。

12月至1979年1月7日，吴业君、罗会仁、谭用中会同遵义地区宣传文化部门的同志对遵义附近的文物保护单位进行了检查，并同地委负责人交换了保护意见，随后，向省文化局核心小组写了《关于建立黔北古代石刻陈列馆的报告》。

是年，修建办公楼一幢，共4层17间，建筑面积914平方米。

是年，根据上级部门指示，进行藏品分级，省博物馆至今共鉴选出一级藏品85件。

是年，李黔滨调入省博物馆（1977年7月北京大学历史系毕业）；张桂林从部队退伍分配到省博物馆（1968年从贵州省艺术学校美术班毕业）。

是年，共采集鸟类标本420号。

是年，入藏文物计2240余件。

是年，年经费总额157000元（含动物志款17000元），其中人员工资45500元。

1979年

1月，陈恒安为红军"四渡赤水"茅台渡口纪念碑手书楷字碑文。该纪念碑1980年3月落成，1982年2月被贵州省人民政府批准为省级文物保护单位，2006年被批准为国家重点文物保护单位。

1月，省博物馆图书资料室开始设专人管理。此前，1953年初至1978年底，分别由韩映松（1953—1961）、徐家敏（1961—1964）、钟光源（1964—1970）、范彩霞（1970—1973.4）、龚正英（1973.5—1978年底）兼管，1979年1月始，由龚正英专职管理。

1月，宋世坤、熊水富、唐文元、刘明琼开始修复可乐战国秦汉墓葬出土的陶、铜、铁器。制作卡片，历时近两年。

春季，宋世坤赴道真县，与该县文物员潘言敏在旧城区调查发现明代珍州城城址。

春季，贵州省美协为陈恒安、宋吟可、孟光涛、方小石4人在省博物馆举办了国画、书法作品的联合展览，陈恒安参加展出的作品包括真、草、隶、篆及甲骨文书法作品52幅，其中有40幅系1978年的作品，6幅系自作诗词。

2至3月，历史组赴上海及浙江金华征集龙大道烈士的遗物和革命事迹材料。

2至8月，根据周总理生前"要尽快地把全国善本书总目编出来"的遗愿，在国家文物局统一布置下，在全国范围内进行古籍善本的普查与编目，成立《中国古籍善本书目》编委会，各省亦成立审查工作小组，本馆陈恒安、刘锦任审查工作贵州领导小组成员。省博物馆刘锦、龚正英、李盟参加本馆收藏古籍善本的普查、鉴选、版本鉴定、著录等工作，全省11家古籍收藏单位入选《中国古籍善本书目》共252种，其中贵州省博物馆入选72种。

3月、7月、11至12月，自然组分别赴威宁草海、遵义娄山关等地补充采集鸟类标本和收集生态资料。

3至5月，李黔滨、潘成义到黔灵公园、花溪宾馆、省档案馆及黔剧团等单位调查征集老一辈无产阶级革命家在贵州的革命活动情况及资料。

4月10日，北大严文明来馆作"中国新石器时代考古"讲座。

4月，宋世坤、李衍垣赴西安参加中国考古学会成立大会。宋世坤提交论文《贵州赫章可乐乙类墓族属试探》。

4月，程学忠、严进军对普安铜鼓山遗址进行复查，并试掘8平方米，出土有铜钺、石钺范、铜箭镞、石杵、半两钱等文物18件。

4月，张佩文调入省博物馆。

4至5月，历史组在瓮安征集革命烈士遗物及有关资料。

4至5月，曹泽田、蔡回阳、王新金、黄桂彬等与贵阳师范学院组成联合调查组，对普定县相关区域进行调查，对穿洞、白岩脚洞、洞口洞、喀妈屯、波玉河、水母共6个洞穴进行了相对高程的实地测量。曹泽田、王新金、黄桂彬对普定穿洞进行试掘，共获石制品500余件，骨制品100余件，5个目近10个属种的伴生哺乳动物化石及遗骸近200件；蔡回阳等对普定白岩脚洞进行试掘，获石制品、人类化石、动物化石等100余件。撰写的调查报告分别报送省科委、省博物馆。

5月11日，南京大学俞锦标、省博物馆蔡回阳等在普定县小窑乡双山附近发现红土洞旧石器地点。1981年与中国科学院古脊椎动物与古人类研究所联合复查，并于1983年清理发掘。

5月下旬，南京大学教师俞锦标参与"全国岩溶科研课题"时，在普定穿洞遗址试掘探方露出的文化层上，挖掘获取"穿洞人"第一个头骨。其后，经南京师范大学沈冠军老师，省博物馆王新金、蔡回阳沟通协调，2011年，俞锦标老师将"穿洞人"第一头骨捐赠省博物馆。

5月下旬，省文化局及省博物馆干部3人参加国家文物局在合肥召开的博物馆工作座谈会。

5月，丁毅同志将其爱人李策烈士在狱中的书信等遗物10余件捐献给省博物馆。

5月，宋世坤、熊水富、唐文元、刘明琼及赫章县文化馆殷其昌赴云南、四川参观学习。

6月，王新金、刘锦、刘恩元赴铜仁市茶店区和松桃苗族自治县孟溪、乌罗等地调查处理当地发现的化石点，发现3个目3个属种的哺乳动物化石。

7月14日，四川省博物馆范桂杰馆长、王友朋副馆长来本馆作"四川新石器时代文化与巴蜀文化"讲座。

7月29日，贵阳陈汤智先生写信向省革委、国家文物局和省文化局反映原省人委办公厅负责人曾从省博物馆提去徐悲鸿的绘画多幅，建议追还。之后，由中共贵州省委信访处大力协助，多数画卷得以归还省博物馆。

7月，自然组蔡回阳到花溪参加全国岩溶地貌学术讨论会。

7至8月，历史组潘成义先后两次赴桐梓调查杨龙喜起义的资料。

8月29日至9月7日，曹泽田、王新金、周德海、周燕对清镇市境内条字街，平坝县境内的夏云区、城关镇、金银山公社、乐平区、齐百区、甘溪、高峰、马场、九甲等地辖区内有关的20余个洞穴进行调查。

8月，省文化局副局长田兵兼任省博物馆馆长。增调刘树信为本馆副馆长（1982年12月离休）。

9月，中国革命博物馆将中华苏维埃共和国各革命根据地印发使用的纸币、粮票、柴票及草票证等文物共670余件拨赠贵州省博物馆。

9月，贵阳医学院党委书记方士新向省博物馆捐赠越南胡志明主席1940年在昆明为他书写的中英文题字和刘家祥烈士勉励他奔赴延安参加革命的题词。

10月及1980年，顾隆刚、潘成义、李黔滨等赴南京太平天国历史博物馆、北京故宫明清档案馆及四川省博物馆查阅并复印咸同年间贵州农民起义资料，并复制"太平天国左军主将翼王石"军旗等文物。

10月，王启霖烈士之姐刘家瑞及聂汝达烈士之女聂云分别将两烈士遗物20余件捐赠省博物馆。

10月，自然组陈云应邀赴江苏南通参加中国自然科学博物馆协会筹备会议。

10月，吴业君、罗会仁、宋世坤、席克定赴昆明参加西南民族学会成立大会。

10月，刘锦参加《中国古籍善本书目》南片验收组，到云南大学图书馆参加验收。

10月，唐文元、刘恩元赴罗甸、长顺、惠水等地调查岩洞葬。

10至12月，王新金完成对省博物馆历年已知或收藏的、全省各地发现的古生物化石点有关材料与资料的分类整理，按地区、县系统归类。统计显示，到1979年底，全省9个地区共计96个化石点，并将之标注于地图中，以便查阅。

10至12月，蔡回阳、王新金完成白岩脚洞哺乳动物化石标本的初步整理，初步鉴定为11个目19个属种。

11月，中国科学院古脊椎动物与古人类研究所、中国科学院院士裴文中先生赴贵州实地视察穿洞文化遗址，并对省博物馆库存有关史前文化标本进行观察鉴定，特别是对当年试掘所获各类出土器物进行重点鉴定；11月6日在省博物馆作"关于贵州史前考古工作的意义"讲座。

裴文中先生（左一）与曹泽田、蔡回阳等同志观看化石标本

11月，上海阀门厂郭诏筑将贵州地下党组织的刊物《真实》一份捐赠给博物馆。

11至12月，考古组李衍垣、何凤桐、万光云、程学忠、严进军对威宁中水汉墓进行第二次发掘，共开探方9个，发掘墓葬22座，出土遗物168件。

12月底，中央民族学院（今中央民族大学）教授王静如来馆作"少数民族文物的有关问题"讲座。

是年，桐梓县人民法院周圣德上交给本馆5件石寨山文化青铜器，系1970年云南省安宁县（今安宁市）一中学生在校后太极山侧开辟球场时挖得。

是年，制定《藏品登记、编目工作细则（草案）》，将藏品接收、分类、登记、定名、计件、计量、编排目录卡片等一系列工作的程序、手续及具体规定、职责范围用书面形式作出详细规定。

是年，龚正英参加贵州省图书馆举办的为期3个月的图书干部培训班学习。为实现全国文献工作标准化的需要，从1980年开始，建立新的图书管理办法，首先将馆藏普通图书建立总括登记、个别登录，按《中国图书馆图书分类法》类分图书，按国家标准的《普通图书著录规则》著录图书，编制分类、书名目录各一套，可满足读者从学科知识体系检索图书及从书名检索图书的需要，首次实现本馆图书资料规范化管理，并建立图书借阅及丢失图书的赔偿制度。

是年，张双锡进入省博物馆工作。

是年，胡成林调离。

1979年，欢送胡成林（一排左二）合影

是年至1981年，严进军到北京大学历史系考古专业进修2年。

是年，入库文物计1270余件。

是年，年经费总额146000元（含动物志款4000元），其中人员工资53300元。

1980年

1月，李衍垣、何凤桐、万光云、程学忠等修复威宁中水出土陶、铜、铁器，编写发掘报告。

2月，贵州省文化局任命罗会仁为省博物馆副馆长。

2月，吴至康撰写的《贵州脊椎动物分布名录·鸟纲》由贵州人民出版社出版。

春季，对普安铜鼓山遗址进行复查。

3月，罗会仁、谭用中、宋世坤、唐文元、熊水富、席克定赴南宁参加第一次中国古代铜鼓学术讨论会，探讨铜鼓的起源及类型等问题。

3月，刘恩元等对思南明代张守宗夫妇墓进行清理，出土女尸保存完好，四肢关节的活动、肌肉有弹性。身穿衣裙及覆盖各种丝、棉、麻纺织衣物78件，丝织物有明显的民间丝织工艺特色。墓主张守宗死于万历三十一年（1603年）。

4月6日，蔡回阳在桐梓马鞍山发现旧石器地点。同年10月，曹泽田、蔡回阳、王新金等进行试掘，此后，以中国科学院古脊椎动物与古人类研究所为主，分别于1981年春试掘，1986年冬和1990年冬两次发掘。

4月，蔡回阳赴桐梓岩灰洞进行调查，在洞外原发掘堆土中获1枚右上外侧门齿。

5月6日至9日，席克定与省文化局社会文化处副处长庄嘉如、该局干部吴正光赴独山、荔波、三都等水族聚居地区，调查倒买倒卖铜鼓事件。

6月3日，省博物馆举办，由董有刚编写陈列大纲，程月容任展览设计，张桂林、简家奎作插图创作的"贵州革命烈士展览"开展，至1981年8月结束。

6月17日，罗会仁在省文化局参与研究第一批129处省级文物保护单位名单。

6月20日，省博物馆举办，由考古组刘恩元等编写展览陈列方案，张桂林任展览设计的"明代古尸展览"在馆开展，展出我省思南和玉屏出土的2具古尸，至1981年1月结束。

"明代古尸展览"简介
（陈维他 提供）

6月，宋世坤、程学忠在道真举办遵义文物员考古训练班，在道真清理旧城区大路汉墓1座，同时到务川调查，发现大坪汉墓群。

6月，张以容与赫章县文管所所长殷其昌在毕节举办毕节文物干部培训班，在可乐发掘猪市包汉墓10座。

6月，曹波从部队退伍分配到省博物馆。

6至8月，考古组席克定等先后在松桃云落屯仙人岭清理晋至南北朝悬棺葬2座，出土釉陶碗等器物。

6至8月，席克定在岑巩桐木白岩清理明代悬棺葬2座。后由省人民政府公布为省级重点文物保护单位。

7月，宋世坤、罗会仁在云岩区财政局征集贵阳市中华北路北横巷居民在院坝一侧修墙挖地基时挖出的银锭数十件。

7月，黄桂彬进入省博物馆工作。

8月上旬，王新金前往织金牛场辖区马家庄调查处理当地发现的化石点。

8月13日至19日，熊水富、彭伯芬、方深保参加省文化局机关党委举办的党的基本知识学习班学习，韩庆林等在学习班授课。

9月1日至8日，吴业君、罗会仁等参加省文化局在安顺召开的以汇报文物普查初步成果为主要议程的全省文物工作会议，罗会仁在会上对文物普查成果进行讲评。

9月中、下旬，曹泽田、蔡回阳、王新全赴云南沾益、曲靖、贵州盘县等地考察，主要对贵州盘县石脑公社辖区的石脑盆地曾经出土化石的地点进行实地调查。

9月，宋世坤、席克定在云南昆明参加西南民族学会第一次年会。

9至10月，曹泽田、蔡回阳、王新金、曹波与桐梓县文化局王晓东对该县马鞍山遗址进行试掘。其间对县境内的城关、马鞍山、元田、楚米、花秋等地辖区进行野外调查。

10月，李国庆从西藏自治区展览馆调入省博物馆（1977年7月从四川大学历史系毕业，分配到西藏自治区展览馆工作）。

10至11月，贵州省博物馆、黔西南州文化局、普安县文化馆联合对普安铜鼓山遗址进行首次发掘，开探方60个，面积1500平方米，历时50余天，出土文物1000余件（片）。结合遗址发掘，举办了工地考古人员训练班，省博物馆参加发掘的有熊水富、万光云、席克定、刘恩元、程学忠、何凤桐、唐文元、刘明琼、张定福。

11月4日至14日，韩庆林、谭用中、宋世坤与省文化局吴正光赴黄平、镇远、铜仁、石阡等地进行文物考察，辅导基层文化文物工作者开展文物保护工作，在石阡河坝发现宋代墓葬出土的陶瓷器皿。

11月17日至22日，宋世坤赴武汉参加中国考古学会第二次年会，讨论楚文化问题。提交论文《贵州古夜郎地区青铜文化初论》。

11月，陈云赴北京参加中国自然科学博物馆协会成立大会，当选为理事。后连任二、三届理事，至2001年。

11月，董有刚、于建章编辑的《贵州革命烈士诗抄》，由贵州人民出版社出版发行。

12月，唐文元赴北京参加中国文物保护技术协会成立大会。

12月，新建宿舍工程竣工验收，共四层24个套间，总面积为1032平方米。

12月10日，陈云参与完成的"贵州鸟类新纪录及一新亚种"成果，荣获贵州省人民政府颁发的1980年全省科学技术成果奖励大会个人四等奖。

12月12日，由自然组陈云等完成的"贵州鸟类新纪录及一新亚种"成果，荣获1980年省科学技术成果四等奖，贵州省人民政府授予省博物馆集体奖状。

12月12日，由自然组完成的"贵州省脊椎动物资源调查研究"，荣获1980年省科学技术成果三等奖，贵州省人民政府授予省博物馆集体奖状。

"贵州省脊椎动物资源调查研究"获奖证书（陈云 提供）

是年，胡进、曹波赴北京参加为期3个月的古脊椎动物与古人类学习班学习；吴业君赴河北承德参加为期3个月的全国博物馆干部业务训练班学习；简家奎赴湖北当阳参加为期3个月的全国第四期古建测绘培训班学习。

是年，王新金对1978年发现穿洞遗址采集的5个目6个属种的动物化石标本进行整理、分类、编号；对1979年试掘穿洞遗址所获得的5个目约10个属种的伴生哺乳动物化石及遗骸282件、石制品433件、骨制品146件进行管理、分类、编号、统计。

是年至1981年，王燕子到北京大学历史系考古专业进修一年半。

本年及1981年，为编写《贵州鸟类志》，共有10人次到罗甸、威宁等地进行鸟类的野外调查，获得鸟类标本80余号。其中有省内新纪录3种，记录鸟啼声50多种，并在昆明及北京动物研究所分别查对标本和收集有关资料。

是年，李衍垣撰写的《夜郎故地上的探索》一书，由贵州人民出版社出版。

是年，陈笑梅调入省博物馆。

是年，保管组接收新进文物资料521件。

是年，年经费总额180000元，其中人员工资66700元。

1981年

1月，贵州省文化局筹备的"贵州话剧史料座谈会"在本馆召开。

1至2月，"全国第一届书法篆刻展览"在省博物馆展出。

2月，省文化局任命陈云为省博物馆副馆长。

3月8日，组织博物馆女职工赴修文阳明洞参观考察。

3月19日至23日，韩庆林、谭用中等参加省文化局在都匀召开的全省文物工作会议，学习"全国文物（文化局长会议）"精神，交流文物普查经验，讨论《文物志》编写问题。谭用中在会上为基层文化文物工作者讲授编写《文物志》的有关知识。

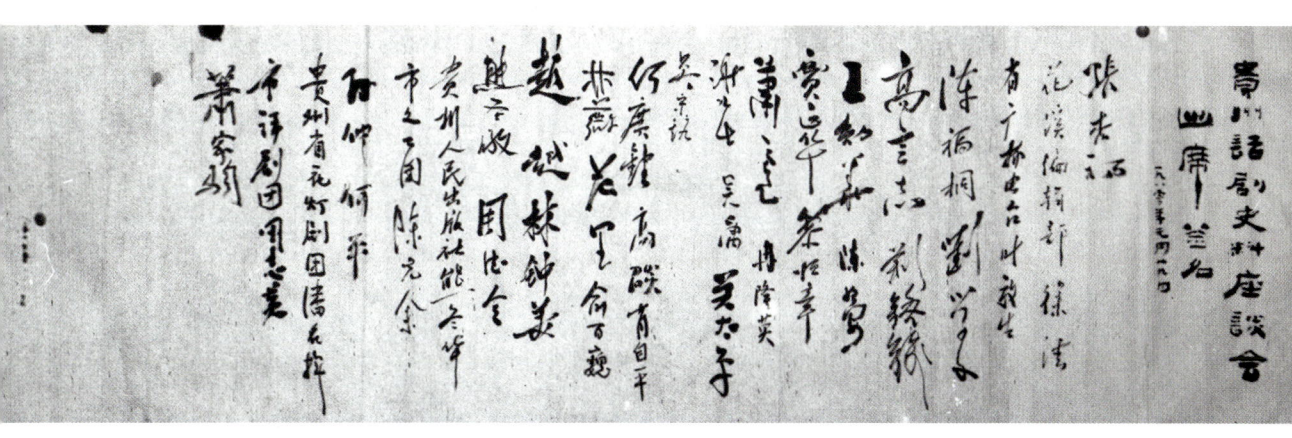

"贵州话剧史料座谈会"签名名单

"贵州话剧史料座谈会"会场　　　　　陈恒安先生发言

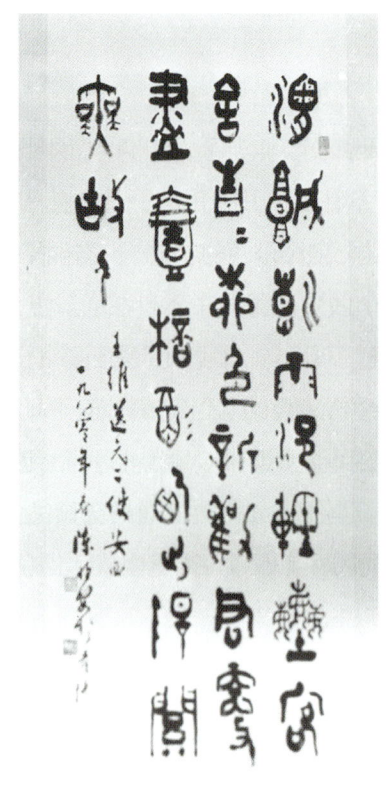

左一:"全国第一届书法篆刻展览"萧娴参展作品

左二:陈恒安篆书作品

1981年3月8日,省博物馆女职工合影

3月，席克定赴四川珙县参加中国悬棺葬第一次学术讨论会。

3月，席克定陪同中国历史博物馆宋兆麟调查三都水族"画像石墓"。

3月，席克定与田景平（县文化馆）前往沿河洪渡公社调查，发现东汉墓葬。

3月，熊水富、刘锦在安顺八番清理一座六朝星象图壁画墓，结构为券顶砖室，仅存墓顶的一幅星象图和墓壁垮塌的"四象"彩画残片。

4至6月，罗会仁赴河北承德参加国家文物局举办的全国省级博物馆馆长培训班学习。

5月1日，省博物馆举办，由刘锦主持的"馆藏近代国画展览"开展。展出名家绘画作品100件。

5月10日至6月21日，曹泽田、王新金、蔡回阳与中国科学院古脊椎动物与古人类研究所张森水等联合组队，对普定穿洞遗址进行首次发掘，获各类器物标本6000余件。其中石制品5000余件，骨器近1000件，各类动物化石或遗骸，以及碎骨500余件。发掘期间，在发掘工地与安顺地区普定县文化馆、县岩溶办共同举办安顺地区文物员培训班。其间，浙江大学毛昭绪教授等和重庆自然博物馆李先民、省博物馆席克定到工地参观。

5月，陈恒安当选中国书法家协会名誉理事，同年11月，当选贵州省书协名誉主席。

5月，刘锦、张桂林赴遵义市图书馆商谈挑选该馆藏古今书画作品，准备联合举办展览。

夏季，万光云、程学忠调查沿河洪渡汉墓。

6月，翁仁康进入省博物馆工作。

6月，中国科学院古脊椎动物与古人类研究所张森水与省博物馆曹泽田、蔡回阳等对普定红土洞旧石器遗址进行复查。

7月，配合公路建设，考古组熊水富、刘明琼发掘赫章可乐祖家老包一带墓葬20余座，出土文物数十件。

7月1日，为纪念中国共产党建党六十周年，与遵义市图书馆联合举办的"遵义图书馆藏古今书画展览"在省博物馆展出。

9月，李衍垣赴杭州参加中国考古学会第三次年会。宋世坤为大会寄去论文《我国西南地区铜柄铁剑研究》。

10月5日至10日，吴业君、谭用中、钟光源、唐文元、李黔滨等参加省文化局在都匀召开的全省文物工作会议，研究如何将文物普查成果编写成《贵州省文物概况一览表》，出席会议的省博物馆业务人员为与会文物员讲授文物知识。

10月，李衍垣、万光云对平坝飞虎山遗址进行发掘，第二层以下为打制石器时代文化堆积。获旧石器532件，骨角器79件，动物遗骸化石10多种，以及新石器时代的文化遗物等，是贵州首次发掘的新、旧石器时代有地层叠压关系的洞穴遗址。其中带状纹的彩陶片是贵州考古新发现。

10月，谭用中参加撰写《中国名胜词典》(贵州部分)，上海辞书出版社出版。

11月，陈云赴郑州参加中国自然博物馆学术讨论会。

11月，宋世坤赴成都为西南文博培训中心作"贵州考古"讲座。

12月9日至1982年1月10日，北京文物出版社和香港三联出版有限公司主办的"中国文物立体摄影展"在省博物馆展出。

12月16日，唐文元赴石家庄参加中国文物保护技术协会理事扩大会。

是年，宋世坤、熊水富、刘明琼、唐文元编写《可乐考古发掘报告》。

是年，吴仕忠、张桂林、张双锡等在紫云、望谟、册亨、安龙、镇宁、惠水、雷山、榕江、从江等地，征集民间工艺品200余件。

是年，经贵州省人民政府批准，成立贵州省文物管理委员会。副省长秦天真任主任委员，省政府秘书长褚振民、省委宣传部副部长张一凡、省民委主任熊天贵、省文化局副局长田兵任副主任委员。委员有：鲁平、冀民、刘凤亭、莫健、刘镕铸、陈恒安、李独清、侯哲安、涂月僧、王燕玉、郝文征。省文物管理委员会下设办公室于省文化局，由省文化局副局长田兵兼办公室主任，省文化局社文处副处长庄嘉如、省博物馆副馆长罗会仁任办公室副主任，省博物馆谭用中、省文化局吴正光任秘书。至此，全省的地面文物保护工作即由省博物馆转交该会负责。

是年，韩庆林、刘树信赴河北承德参加为期3个月的全国博物馆干部业务训练班学习；曾庆鸣赴山东长山参加为期2个月的标本剥制学习班学习。

是年，陈宁康从贵州省艺术学校调入省博物馆。

是年，职工总人数76人，党员17人，团员13人，少数民族3人，发展4名知识分子入党。

是年，展览接待观众15000余人次。

是年，共入藏文物690余件。

1982年

1至3月及1984年，陈云、林齐维参加省科委组织的贵州植物资源调查，在贵阳郊区的六冲关、黔灵公园、森林公园、花溪、乌当及兴义、望谟、梵净山等地，获得一批种子植物及苔藓植物标本。

3至12月，"明代古尸展览"在四川乐山，重庆、永川，贵州毕节、六盘水等11个县市巡回展出，共接待观众71万人次。

4月17日，王新金、曹波赴清镇县调查处理清镇冶炼厂附近发现的穿洞旧石器地点。

4月19日至23日，王新金赴六盘水调查处理该市新建市影剧院工地发现的化石点。

4月，吴业君、宋世坤、李衍垣、席克定、唐文元赴北京参加中国古代铜鼓学术讨论会，参与筹办"中国古代铜鼓展览"。

4月，罗会仁、熊水富、顾隆刚、简家奎等参加省文化局在织金召开的全省文物工作会议，研究《文物志》编写工作，出席会议的省博物馆专业人员为与会文物员讲授文物知识。

4至5月，蔡回阳等发掘普定白岩脚洞遗址。

5月，唐文元在中央民族学院为相关专业的师生作"中国古代铜鼓铸造技术"讲座。

5至6月，席克定参加中国西南民族研究学会组织的雅砻江流域综合考察队工作，并出席在成都召开的中国先秦史讨论会。

6月，宋世坤、熊水富、唐文元、刘明琼编写的《赫章可乐发掘报告》完稿，由宋世坤总纂，报告发表在《考古学报》1986年2期。

6至7月，举办"馆藏姚华作品展览"和"贵州少数民族服饰展览"，接待观众3000余人次。

7月12日，中山大学曾骐教授等来我馆作"西樵山文化与新石器时代文化"讲座。

7月，梁太鹤从四川大学历史系考古专业毕业，分配到省博物馆。

7月，严平调离。

9月25日，考古组与贵阳市文管会对市防疫站基建施工中在紫林庵发现的明

1982年7月，欢送严平（一排左三）合影

墓进行清理。

9月下旬，吴业君、宋世坤赴成都参加全国考古工作汇报会，宋世坤在会上作了汇报。

9月，潘成义赴青海参加全国民族学术讨论会；唐文元赴合肥参加中国文物保护技术协会代表大会及青铜文物保护修复技术讨论会。

10至11月，考古队宋世坤、熊水富等赴天生桥一级电站水淹区，对贵州境内的兴义、安龙等地进行考古调查，并写出评价报告。

10月25日至31日，省人民政府召开全省文物工作会，省博物馆董有刚、宋世坤、曹泽田、周德海被评为贵州省先进文物工作者。

10月，贵州省文物管理委员会主办的《贵州文物》创刊，本馆罗会仁、谭用中等任编辑。

我们的70年
贵州省博物馆记事 | 1953—2024

84

10月，万光云、程学忠赴兴义考古调查，在兴义土产公司驻安顺转运站废品仓库中征集到几件颇具地方特色的青铜器，有青铜钺3件、铜剑格1件，属我省少见的文物。

11月1日至30日，省博物馆与省文物管理委员会、省文化局联合举办"贵州省碑刻拓片展览"，接待观众1052人次。配合展出，编辑印刷展览简介册页。

11至12月，曹泽田协同中国科学院古脊椎动物与古人类研究所张森水、吴茂霖等对普定穿洞再度发掘。普定穿洞旧石器文化遗址，曹泽田等人于1978年8月调查发现，1979年4至5月进行试掘，1981年5至6月和1982年11至12月两次与中国科学院古脊椎动物与古人类研究所联合发掘，获得人类遗骸数十件，石制品万余件，骨器近千件。

12月，谭湘雯、陈铮进入省博物馆工作。

是年及1984年，顾隆刚、吴仕忠、陈宁康、李黔滨、潘成义、罗冰冰等分别赴三都、凯里、谷陇、施洞调查水族端节、苗族年节、芦笙节及吃姊妹饭节等习俗。

是年，省博物馆与省环保局共同筹办的"环境保护展览"在省展览馆展出（由于我馆展厅正在维修，故在展览馆展出）。

是年，曹波在成都参加中国野人考察与研究学术会。

"贵州省碑刻拓片展览"简介册页
（陈维他 提供）

第二章　1953—1995年

是年，省博物馆自然组参加了贵州省民族医药调查研究办公室组织的贵州民族传统医药调查工作。

是年，李盟赴河北承德参加为期3个月的全国博物馆业务训练班学习；徐家敏、何佩玲赴河北承德参加为期3个月的全国文物基础知识训练班学习；简家奎赴南宁参加为期1个月的全国第一届文物摄影培训班学习；陈笑梅参加全省第八期图书馆干部培训班学习。

是年至1983年，曹波到厦门大学历史系考古专业进修1年；陈薇到贵阳师范学院历史系进修1年。

是年，经贵州大学图书馆馆长成启宇联系动员，著名花鸟画家邱石冥之子、湖北财经学院（今中南财经政法大学）教师邱承慧同意将其父遗作捐赠贵州省博物馆收藏。刘锦、张桂林、陈宁康两赴武汉与之协商，鉴选了150多件作品及常用印章入藏本馆。

是年，陈恒安被任命为贵州省文史馆副馆长。

是年，改"考古组"为"考古队"，宋世坤、李衍垣负责。

是年，入藏文物210余件。

1983年

1月，孙日锟、张宗屏等向中国革命博物馆征集马克思生平事迹的底片404张，资料10余份。

2月8日，已故贵州大学李俶元教授的亲属李同寿、李惠珠、詹蓉等将收藏的名人书画、古代铜器等118件珍贵文物捐献给国家。省博物馆召开表彰大会，省文管会主任秦天真出席讲话，并授予奖金、奖状。10日至20日，省博物馆举办了"李俶元教授收藏文物展览"。

3月14日，省博物馆与省图书馆联合举办"马克思生平事迹展览"，为配合展览编辑印刷展览简介。

3月16日，在省博物馆召开，由省文化出版厅领导参加的讨论文物保护法座谈会，本馆韩庆林、吴业君、谭用中、罗会仁、刘锦、张宗屏、顾隆刚、曹泽田、唐文元、吴厚廉、董有刚、吴至康等参加会议，先后发言。与会人员主张，贵州应从本省实际出发，努力做好史前考古、革命文物和民族文物工作。

"李俨元教授亲属捐献文物表彰大会"现场

李俨元教授亲属受奖

3月，董有刚与黔南史志办编辑的《邓恩铭烈士文集》内部出版。

3月，席克定、张定福、梁太鹤发掘松桃虎渡口遗址。

3至5月，自然组与山东自然博物馆和重庆自然博物馆共同筹办的"川黔珍稀动物展览"在济南展出。

4月25日至5月3日，王新金赴安顺城关、蔡官镇和长顺县境内的代化、牛安营、凯佐等地调查洞穴6个，处理化石点3处。

4月，铁道部高级工程师赵家樨将他收藏多年的《丁文诚公墓志铭》拓片1套（2张）、丁宝桢手书楹联1副、《青草堂集》14册捐赠给省博物馆。

4至11月，为宣传文物保护法，博物馆赶制了2套宣传文物保护法的图片，发给各县文化馆展出，并组织文物小分队，举办"宣传文物保护法展览"和"明代古尸展"到兴义、遵义巡展，接待观众近24万人次。

5月9日至17日，熊水富在河南郑州参加中国考古学会第四次年会，宋世坤当选中国考古学会第二届理事会理事，宋世坤提交论文《贵州青铜戈、剑的分类和断代》。

5月9日，蔡回阳、王新金与安龙文管所董光荣等在安龙县铜鼓山发现菩萨洞旧石器地点。6月，王新金、蔡回阳及安龙县文管所董光荣、曾遗娴、王建中、周小慧等对遗址进行清理试掘，获石制品2000余件，动物化石5件。

5月13日，蔡回阳等在安龙县龙广镇发现四楞碑旧石器地点。

6月，董有刚与贵州省社会科学院等编撰的《红军长征在贵州史料选辑》内部出版。

7月26日至8月5日，吴业君参加文化部文物事业管理局在贵阳召开的、具有现场会议性质的全国文物普查与文物志编写工作座谈会。

7月，罗会仁赴安徽及青岛参加古建筑学术会议与博物馆工作会议。

7月，组织职称评委会，成员有罗会仁、徐志芳、谭用中、顾隆刚、董有刚、刘锦、吴至康、宋世坤、袁有真。罗会仁为主任委员，评定本馆大学毕业生中专业人员的职称。共评定中级职称15人，上报文化厅待批。

7月，宋先世从北京大学考古系毕业，分配到省博物馆；王海平从厦门大学历史系考古专业毕业，分配到省博物馆（1987年调海南师范大学）。

8月，省博物馆董有刚、孙日锟与中共贵州省委党史办编撰的《红军在贵州资料汇辑》第1、2、3辑内部印刷出版。

9月14日，罗会仁参加黔西南州文化局在安龙召开的黔西南州文物工作会议，在会上报告十八先生墓祠维修方案。维修十八先生墓时，从墓中挖出《明十八先生成仁之处》碑。为保护原碑，由张双锡根据拓片临摹古碑，重新镌刻。墓前四柱三门石碑坊上的"成仁取义""岿然千古"为陈恒安先生手书。

10月，陈宁康、顾隆刚赴成都参观"内蒙古民族民俗文物展览"，并接洽该展览来馆展出事宜。

10月，自然组受中国自然科学博物馆协会委托，在贵州省博物馆举办全国第二期兽类剥制训练班，历时25天。

10至12月，王新金对历年自然部采集、征集馆藏的全省66个化石点400余件化石标本进行清理、登录、编目、归类，分装入柜上架存库。

中国自然科学博物馆协会第二期剥制学习班

11月，张定福、席克定在德江煎茶溪清理元墓1座，因早期被盗，仅出土青瓷碗及釉陶碗2件。

11月19日，蔡回阳在毕节青场区发现老鸦洞遗址。1984年5月，与中国科学院古脊椎动物与古人类研究所联合考察并试掘，1985年10月正式发掘，2013年再次发掘。

11月28日，蔡回阳在毕节何官屯大岩洞发现旧石器地点，采集石制品20余件，动物化石、骨片几件。

11至12月，蔡回阳在毕节海子街发现大洞遗址及扁扁洞遗址，1984年5月进行复查，1985年10月至12月正式发掘。

11月，曹泽田、曹波对六枝桃花洞旧石器遗址进行试掘，获人类股骨化石、石制品240余件，骨椎、穿孔蚌器各2件及发现用火遗迹等。

12月11日，蔡回阳在毕节小坝附近吴家大洞发现旧石器地点，采集石制品20余件，动物化石3种。

12月，蔡回阳在毕节进行调查时，发现的遗址还有汉屯马鞍洞、朱昌牛鼻子洞等。

12月16日至1984年元月22日，与文化部文物局、内蒙古博物馆（今内蒙古博物院）联合举办的"内蒙古民族民俗文物展览"在省博物馆展出。

12月，罗会仁、宋世坤、席克定、唐文元赴昆明参加中国古代铜鼓研究会第二次学术讨论会。

12月，席克定赴拉萨参加西南民族研究学会第二次年会。

冬季，省文化出版厅在玉屏县举办碑刻拓片制作培训班，参加学习的为全省各县文物员，简家奎、段维新到培训班授课。

是年，陈云、曹泽田赴成都参加云、贵、川三省旧石器与古人类学术讨论会；陈铮赴昆明参加西南三省装潢艺术讨论会。

是年，将馆藏一级藏品登记上报，受到国家文物局来函表扬。

是年，吴至康参与编撰的《中国经济鸟类彩色图谱》由广东科技出版社出版，获广东省1984年科技成果四等奖。

是年，简家奎赴长春参加为期1个月的全国文博系统电视摄录编辑训练班学习；龚正英参加省文化局举办的为期2个月的贵州省图书资料专业干部职称培训大专班学习。

"内蒙古民族民俗文物展览"展厅一角,观众在"骆驼"前合影

是年至1984年,潘成义、张佩文到贵阳师范学院历史系进修1年。

是年至1985年,胡进到复旦大学历史系文博专业进修2年;张桂林到北京师范学院(今首都师范大学)美术系进修1年半;顾新民到贵州大学历史系进修2年。

是年,入藏文物510件。

1984年

年初，省文化厅工作组进驻本馆，广泛征求意见，考核博物馆新领导班子。

1月，陈维他从部队退伍被安置到省博物馆。

1至3月、11月至1985年1月，王新金完成安龙菩萨洞遗址出土器物的清理分类、对比鉴定，登记编号石制品2231件。

2月28日至29日，简家奎与省文化出版厅庄嘉如、吴正光到丹寨考察石桥白皮纸生产工艺，与潘副县长研究石桥白皮纸生产工艺保护问题。

3月15日，唐文元赴北京参加中国文物保护技术协会理事扩大会。

3月中旬，谭用中、刘恩元清理惠水明墓1座，出土软尸1具及丝棉衣物等22件，其中万历《大统历》6册，被棺液泡成"纸饼"，经保管组李盟进行技术处理，逐页揭取，并修补复原。

3月初，梁太鹤、万光云等赴务川大坪清理汉墓1座。出土有陶釜、陶罐、残提梁器及五铢钱等20余件。

3月15日至29日，简家奎参加省文化出版厅文物处组织的民族村寨调查工作，与省文化出版厅吴正光、丹寨县文化馆李葆中等撰写《丹寨县苗族村寨大簸箕调查报告》，为即将开展的全省民族村寨调查工作提供经验。

4月，何凤桐在松桃苗族自治县决基农场附近，发现1处宋明窑址。

4月，遵义天主堂红军总政治部旧址在拆修工程中，发现墙面下层有清代彩色壁画，刘锦到现场鉴定。

4月，吴业君、宋世坤赴成都参加国家文物局召开的考古工作会议。

4月，席克定在三都调查水族石板墓。

4月，顾隆刚撰写的《红军四渡赤水之战》由贵州人民出版社出版。

4至6月，"明代古尸展"及"宣传文物保护法展览"在铜仁地区展出，接待观众7万余人次。

5月8日，农历四月八，简家奎与省文化出版厅厅长李明和文物处吴正光参与在黄平飞云崖举办的"民族节日文化展览"，为筹建"贵州民族节日博物馆"做准备。

5月23日，省文化厅任命董有刚为省博物馆馆长兼党支部书记，陈云、梁太鹤为副馆长。

5月，省博物馆董有刚、孙日锟编撰的《红二、六军团、红七军、红八军在贵州革命活动史料选辑》印刷出版。

5月，蔡回阳及中国科学院古脊椎动物与古人类研究所许春华对毕节青场老鸦洞遗址、海子街大洞遗址和海子街扁扁洞遗址进行复查。

6月5日，召开全馆职工大会，董有刚传达中共中央宣传部及文化部4月30日至5月7日在北京召开的全国文物工作会议精神，揭开了省博物馆改革的序幕。

6月27日，对博物馆二级机构进行调整，建立"部室"，取消"组"。设办公室，孙日锟任主任；将原革命历史组、群工组、美工组合并，设立陈列部，顾隆刚任主任，潘成义、张桂林任副主任；设考古队，宋世坤、熊水富负责；设保管部（包括图书资料室），钟光源任主任，徐家敏、龚正英任副主任；设自然部，林齐维任主任，杨炯蠡任副主任；设技术部，唐文元任主任；设研究室，谭用中任主任。

6月28日，召开第一次馆务会议，重点讨论了领导班子制订的各部室职责及负责人职权等制度。并决定从下半年起把半年奖改为季奖，分等级评定。

6月，王新金赴遵义市北关公社、遵义县南北镇、尚稽新场、习水县等地，调查处理之前发现的化石点。

6月，罗会仁、谭用中参加省文化出版厅在石阡召开的文物志编写工作会议，为与会文物员讲授相关知识。

6月，召开党、团支部会和群众讨论会，尽快恢复本馆正常秩序及改革工作的进行。

6至8月，蔡回阳及中国科学院古脊椎动物与古人类研究所李炎贤等对普定白岩脚洞进行再次发掘。普定白岩脚洞旧石器文化遗址，1978年8月蔡回阳等调查发现，1979年4至5月进行试掘，1982年4至5月发掘，1984年8月与中国科学院古脊椎动物与古人类研究所联合再发掘，获得人牙化石1枚，石制品2000多件，骨制品5件。

7月中旬，党支部改选，成立支委会，董有刚任支部书记、陈云任组织委员、潘成义任宣传委员。

7月24日至31日，王新金、曹波在望谟下伏开寨附近发现黄岩洞旧石器地点。

7月，程学忠、宋先世等对务川县进行基建工程时发现的1座汉砖室墓进行清理。

7月，图书资料室增辟报刊阅览室，由李国庆管理。

7月，为贯彻省委〔1984〕12号关于知识分子的文件精神，新班子决定立即实行对知识分子的书刊补贴，确定为五元、四元、三元三个标准，不发现金，以书报订阅收据和购书发票报销。

7月，省博物馆技术部承接了息烽委托的文物修复工作。

7月，着手制度建设，公布本馆第一批规章制度，有《贵州省博物馆各部室工作职责》《部室负责人职权的规定》《办公室工作细则》《贵州省博物馆图书资料借阅规定》《职工书刊费暂行规定》《奖金评定暂行办法》《会计职责暂行规定》《领用物资暂行办法》《保管部接收、出库藏品暂行办法》。

7月，张伟琴从四川大学历史系考古专业毕业，分配到省博物馆。

7至9月，席克定、宋先世、何凤桐对毕节青场瓦窑遗址进行发掘，发掘房址4座、窑址1座，出土石器、陶器、骨牙器、铜器200余件。

7月及1985年1月，谭用中、张定福、万光云先后在桐梓县夜郎坝、周市两地清理宋明墓12座，有石室墓、岩墓、石板墓、石棺墓。又将墓室和石棺运回博物馆复原展出。

8月20日，团支部改选，成立新的支委会，简小娅任支部书记，艾克菲任组织委员，张伟琴任宣传委员。

8月中旬，日本民间工艺访华团一行12人，来馆参观贵州少数民族服饰和民族文物。

8月，简菊华参与编写《贵州名人名胜录稿》，负责撰写人物生平简介，陈恒安为书稿题写书名。该书所有文章均被文化部文物事业管理局主编的《中国历代名人胜迹大辞典》收录。

8月，省文化厅拨专款30万元更新陈列家具。

8月，省博物馆聘省地矿局地质科研所毕坤等3位专家来馆，对历年馆藏各类地质矿产标本作鉴定。王新金、黄桂彬、周健3人全程参与，并作现场记录，共鉴定清理457件。6箱封存矿产标本未作鉴定，对已鉴定的40余个类别400余件（未含封存6箱）矿产标本编顺序号，共编271号（件）。

8至9月，与北京自然博物馆（今国家自然博物馆）联办"优生展览"；与贵州省民委联办"贵州少数民族头饰服饰展览"；承接"贵州集邮展览"。

9月3日至10日，王新金、周德海赴兴义市布雄和黔西南州、安龙县城关、

"优生展览"开幕式现场

时任贵州省省长王朝文为"优生展览"剪彩(陈云 提供)

化力等处调查洞穴6个，处理化石点2处。

9月17日至30日，省博物馆委派王新金陪同上海博物馆陈翁良等3人来黔参观交流小分队考察普定穿洞、桐梓岩灰洞、黔西观音洞等旧石器及古人类遗址，同时对三遗址出土库存标本进行观察与学术交流。

9月26日，董有刚向全馆职工传达文化部文物局于8月26日至31日在兰州召开的全国博物馆整顿、改革工作座谈会精神，并召开馆务会议研究贯彻意见，提出：贵州省博物馆向历史性博物馆发展，自然部创造条件成立自然博物馆或与有关部门合并成立自然陈列馆。

9月，谭用中完成《贵州省志·文物志稿》第三集的编撰任务。

9月，程学忠、万光云在修文王官乡清理汉墓1座。

10月11日至17日，韩庆林与文化出版厅吴正光，前往雷山、榕江、从江、黎平等地调查民族村寨建筑，考察苗侗民族风情，为征集民族文物、举办相关展览做准备。

10月，由贵阳市政协主编的《陈恒安书法选集》出版发行。

10月，馆办公会议决定，因工作需要临时聘用退休人员，每月报酬为45元。

10至12月，蔡回阳在山东莱阳参加中国古脊椎动物学会第一届学术讨论会；王新金、曹波在云南元谋参加元谋人发现20周年纪念会及全国学术研讨会，王新金提交《贵州省安龙县菩萨洞遗址试掘报告》；何凤桐在长沙参加湖南考古学会第四届年会与楚文化讨论会。

11月1日，省博物馆与故宫博物院联合举办"清代皇帝皇后生活文物展览"，展览期间，贵州省政府及各级公安部门十分重视保卫工作，从广州运文物时，张玉环副省长批示，派遣武警与省文化厅保卫干部押运，到达贵阳后，派一班武警15人进驻博物馆，11月9日，贵州省公安厅又向省政府写了《关于加强清代帝后生活文物展览安全保卫工作的请示报告》，张玉环副省长又作了批示。展览至1985年1月10日结束，接待观众15万人次。为配合展览，编印展览简介。

11月初，潘成义与文化出版厅吴正光，出席文化部和国家民委在北京联合召开的全国少数民族文物工作会议。会后经省政府批准建立贵州省抢救民族文物办公室，简菊华、吴仕忠等参与抢救民族文物工作。

11月上旬，文化厅党组批准省博物馆成立保卫科，暂时确定高华东负责。

11月，考古队全体人员赴湖南怀化，参观新石器时代遗址发掘工地，赴北京参观"全国出土文物珍品展览"。

12月8日,省博物馆与省文物管理委员会、省文化出版厅联合举办的由张桂林任展览设计的"侗寨鼓楼图片展览"在博物馆开幕,省、市党政领导苏钢、王朝文、苗春亭、宋树功、金风、秦天真等和有关部门负责人徐用度、张一凡等参加了剪彩仪式。贵州电视台、贵州广播电台、中央人民广播电台、中央电视台、《贵阳日报》等均作了报道。展览于1985年元月10日结束。

12月29日,梁太鹤传达1984年11月11日至16日在无锡市召开的全国博物馆科学管理学术讨论会会议精神。

12月,董有刚在全馆职工大会上宣布省博物馆党支部、馆长及副馆长职责的规定。

12月,为迎接纪念"遵义会议"五十周年大庆,派业务人员4人协助遵义会议纪念馆修改陈列。

12月,为表彰职工在工作中的贡献,按照本馆嘉奖条例,何凤桐、陈宁康、罗会仁等20位同志及保管部受到嘉奖,发给奖金。

12月,省文化厅下拨专款修建"中知宿舍",于本月底破土动工,1986年4月29日竣工验收,面积为1230平方米。

是年,顾隆刚等到从江、惠水、雷山、凯里等地进行少数民族情况调查;董有刚、孙日锟等到铜仁、印江、江口、安顺、毕节、大方、黔西、遵义等地进行红军和地下党组织调查。

是年,自然部参加省科委组织领导的贵州植物资源调查工作,承担《贵州植物志》中桔梗科的编写任务。

是年,由自然部吴至康、林齐维撰写的《绥阳宽阔水林区综合科学考察》,获得全省1984年科技成果三等奖,由省人民政府授予博物馆集体奖状。

是年,送黄桂彬、周健到成都四川省博物馆学习剥制技术3个月。

是年,铁道部五局机械厂职工陈开会的弟弟陈开银,专程从四川省合川县太和区兴隆乡,将他在农事劳动中挖出的明代铁臼捐献给本馆收藏。

是年,陈列大楼塌修工程竣工。

是年,省博物馆物资仓库进行了一次较大的清理。

是年,征集历史、民族文物301件;发掘出土文物3000余件;采集动植物化石标本2000余件。

第二章 1953—1995年

是年，接待观众241717人次。

是年，职工总人数78人，其中业务干部55人，行政干部23人，大专以上学历39人，年经费22万元。

1985年

1月22日，省文化厅任命陈恒安为贵州省博物馆名誉馆长，潘成义为党支部副书记。

1月24日，董有刚馆长宣布调整部室机构，图书室从保管部划归研究室，陈列部美工人员划归技术部，原有部室不变。增设学术委员会、文物鉴定委员会及改革咨询组。潘成义任办公室主任，刘光伟任副主任；唐文元任陈列部主任；熊水富任考古队队长，宋世坤任副队长；钟光源任保管部主任，徐家敏任副主任；谭用中任研究室主任；林齐维任自然部主任，杨炯蠡任副主任；张建泽任技术部主任；高华东任保卫科科长。陈恒安任文物鉴定委员会主任，刘锦任副主任；唐文元兼改革咨询组组长。学术委员会成员由馆长委任，陈恒安为主任委员、谭用中为副主任委员，委员有罗会仁、刘锦、宋世坤、林齐维、顾隆刚。

陈恒安先生于1985年担任贵州省博物馆名誉馆长

1月，办公会议决定，博物馆将采取一系列改革措施：（1）部室主任对本部室工作人员自由组合。（2）业务部室实行经费包干。（3）允许部室主任在完成某次任务中，在经费包干的范围内，自行临时聘用馆外人员。（4）提成：奖金由部室根据考绩考勤结果自行发放。

1月，顾隆刚参与编写的《遵义会议前后》一书，由贵州人民出版社出版。

2月2日至8日，宋世坤赴北京参加中国考古学会第五次年会，提交论文《贵州汉墓的分期》。

2月5日，召开全馆大会，馆长宣布根据部室主任决定聘任人员名单，对未被组合人员，馆里制定了6条处理办法。

2月26日，中共中央宣传部宣传局局长王树人、文化部文物局局长吕济民及博物馆处处长胡骏、研究室主任彭卿云等来馆视察工作。

2月，整党学习开始。

2至4月，为宣传文物保护法，省博物馆组织"宣传文物保护法"及"明代古尸"展览分赴修文、开阳、龙里三县巡回展出。

3月8日至23日，为贯彻落实中央指示精神，省博物馆举办"'文革'期间查抄文物认领会"，其间接待申请认领文物者100多人。经省博物馆、民革贵州省委员会、贵州省委统战部、贵州省文史研究馆等部门有关领导和专家鉴定、甄别、确定后，于1986年3月13日至17日举办"'文革'期间查抄文物认领展览会"，退还文物200余件。

3月8日至15日，天津自然博物馆王尚尊一行4人来我馆参观交流，王新金、蔡回阳陪同考察了黔西观音洞遗址和普定穿洞遗址。

3月22日，省文化厅批复省博物馆举办"可爱的贵州"陈列的报告。由林齐维、谭用中、顾隆刚、董有刚、孙日锟等分别草拟各部分陈列计划。

3月31日，蔡回阳、王新金与安龙文管所董光荣、王建忠调查发现安龙龙广观音洞遗址。1986年8月，与中国科学院古脊椎动物与古人类研究所联合试掘，后于1991年5至11月、1995年4至12月、1996年9至12月，由蔡回阳、王新金共同主持3次发掘。先后几次发掘共获得打制石器、磨制石器、骨器、陶片、人类遗骸和动物遗骸等20余万件，填补了多项空白。

3月，万光云、张定福清理遵义桃溪寺宋墓3座。

3月，杨炯蠡、黄桂彬、张桂林在花溪举办"贵州珍贵动物展览"。

第二章　1953—1995年

文物认领会中有关领导、专家及工作人员合影（刘明琼 提供）

4月9日，任命李黔滨为陈列部副主任。

4月10日，蔡回阳、王新金与安龙文管所董光荣在安龙招堤乡杨家湾发现福洞（缪家大洞）遗址。1990年12月，为采集样品作年代测定，于残存的堆积物中意外获得1件珍贵的人类头盖骨，颌骨上还附有较为整齐的门齿、犬齿和部分前臼齿、臼齿。

4月20日，蔡回阳、王新金与兴义文管所李志恩、张德仁等在兴义县下五屯区丰都乡龙塘村云脚寨旁的营盘山发现张口洞遗址，经清理，获得一批石制品及骨器，于1986年7月进行试掘。1985年3至4月，在安龙、兴义调查发现的遗址还有：龙广七星村堡上洞、七星洞北洞、七星洞东洞、海子小洞、德卧瓦厂南洞、德卧瓦厂北洞、程家小洞。其间，于4月8日、4月18日分别在安龙、兴义进行新发现及成果的展示宣传活动。

4月，席克定赴赫章、威宁参加西南民族学会组织的"六山六水"民族考古调查。

4月，省博物馆积极响应"爱我中华、修我长城"国画义卖活动。出资3000元购买部分书画收藏。

4月，陈列大楼两侧由陈宁康主持画稿评定，亲赴广东联系马赛克烧制的彩色壁画装饰和屋顶翻修工程完成。修复大楼工程至此全部结束。

4月，陈铮、陈薇赴北京参加故宫博物院举办的为期2个月的文物复制训练班学习。

5月28日，北京自然博物馆馆长黎先耀来馆作"国际博物馆与博物馆发展方向"讲座。

5月，熊水富、宋世坤等6人赴天生桥一级电站库区，对兴义、安龙两县90平方公里地区进行文物调查，写出评价报告。

5至6月，为丰富筹备中的"贵州苗族风情展览"，梁太鹤、唐文元、李黔滨、吴仕忠等人两次赴黔南、黔东南及黔西北征集民族文物400多件。

5至7月，王新金对自然部历年来史前考古封存及库存的器物、标本进行整理、编号、归类，分别装盒上架，共整理标本10566件。

6月1日至30日，省文化出版厅在北京民族文化宫举办"贵州侗族建筑及风情展览"。胡乔木、杨静仁等出席开幕式，胡乔木为展览题词。展出期间，中央有关领导、学术界专家及30多名驻华使节参观了展览，收到很好的展出效果。展览由省博物馆简菊华、陈默溪、周德海、狄欣贻与文化厅吴正光等参与筹备。

6月16日至30日，根据中（国）匈（牙利）文化协定，由文化部文物局博物馆处处长胡骏任团长，贵州省博物馆馆长董有刚、省文化厅文物处副处长庄嘉如为团员，组成中国博物馆代表团赴匈牙利人民共和国进行为期半个月的参观、访问，交流博物馆工作经验。

6月18日至7月31日，省博物馆举办，由刘锦主持、张桂林协助的"黔籍画家邱石冥遗作展"在馆展出，为配合展览编印展览简介。

6月，自然部林齐维等赴雷公山、梵净山采集真菌、地衣、苔藓及种子植物等标本1837份。

6月，鲁湘荣调入省博物馆；杨弘从水泥厂子弟学校调入省博物馆（1992年调离）。

6月，胡腊芝赴北京参加中国科学院古脊椎动物与古人类研究所举办的人体骨骼测量学习班学习。

第二章　1953—1995年　　101

6月，经中共贵州省委宣传部批准，《贵州省博物馆馆刊》创刊号出版，贵州省文物管理委员会主任秦天真、副主任张一凡为创刊号题词，陈恒安先生为馆刊题名。

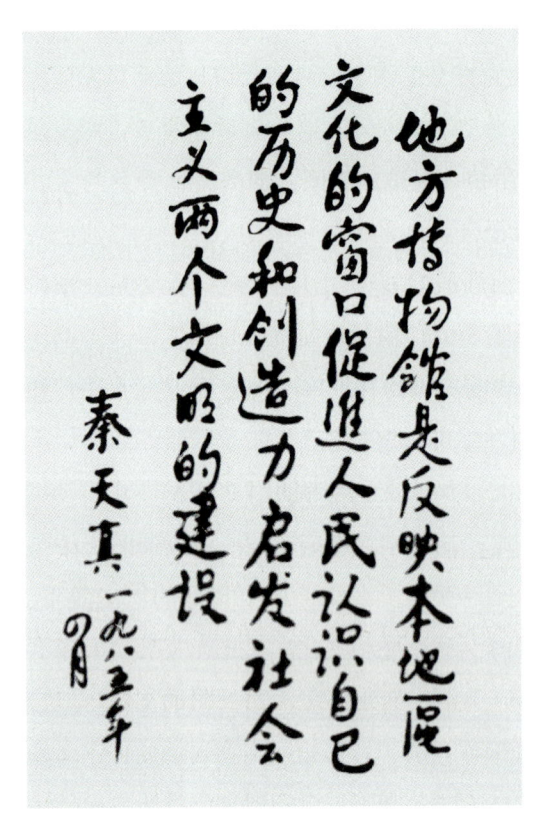

秦天真为省博物馆馆刊题词

张一凡为馆刊题词

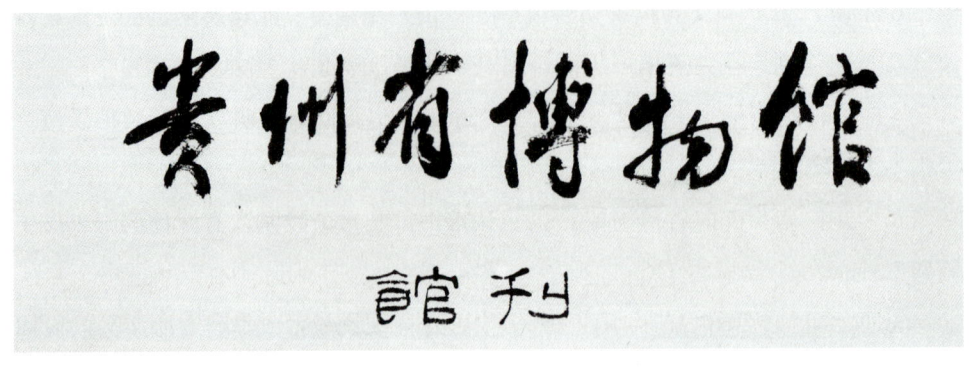

陈恒安为馆刊题名

7月18日，罗会仁与省建筑设计院工程师李多扶一行4人赴铜仁，协助规划铜仁东山文物和江口梵净山文物的维修。

7月下旬，与省文化厅、文管会、影协贵州分会联合举办的"贵州文物摄影展览"在省博物馆展出。

7月，整党学习结束。

7月，吴至康、林齐维参与由遵义地区环保局主持考察、编撰的《宽阔水林区科学考察集》一书，由贵州人民出版社出版。

7月，席克定在四川西昌参加中国西南民族研究学会第三次年会。

7月，徐念宏调入省博物馆。

8月23日至10月1日，与北京自然博物馆联合举办的由法国国立自然历史博物馆提供的"性的自然史展览"在本馆展出，省博物馆补充部分动植物标本。该展览由王新金、顾新民赴厦门，与厦门市科委联系接展。

8月，为配合全省抢救民族文物工作会议召开，省博物馆组织了"贵州省民族文物展览"在修文展出。

8月，谭用中完成《贵州省志·文物志稿》第四集的编撰工作。

9月6日，文化部文物局专家朱希元、郑广荣等一行来馆考察，建议省博物馆在收藏和展出工作中，要增加少数民族和民间民俗及其变革的现状的内容，充分体现民族特色。

时任副馆长陈云（右三）与"性的自然史展览"参展人员合影（陈云 提供）

9月下旬，张桂林、段维新、顾新民、张建泽等在省档案馆参加筹办"建国以来档案工作展览"。

9月，自然部业务人员对梵净山鸟类生态和黔西百里杜鹃区小兽进行调查。同时，参加了有关单位组织的雷公山综合考察工作。

9月，罗会仁、简菊华退休后，被省文管会聘请到与省文化出版厅文物处合署办公的该会办公室工作。

9月，李盟赴扬州文物局培训中心举办的古陶瓷训练班学习；周健、吴路珊赴郑州举办的文博训练班学习。

9至10月，省博物馆与省委党校合作编写拍摄《中国工农红军长征》电视系列片。

10月15日至11月16日，与省红学研究会联办的"红楼梦百美图展览"在省博物馆展出。

10月，省博物馆参加省文管会、文化厅组织领导的抢救民族文物工作，熊水富、唐文元、李黔滨、顾隆刚等分赴各点会同县文物员开展民族民俗调查和文物征集。其中，唐文元、李黔滨、苏国华（湄潭县文管所）、郑远文（毕节县文管所）赴威宁县板底区作村寨调查，写出《板底彝族村寨调查报告》，载《贵州民族调查》之四。

10月，梁太鹤赴北京参加故宫博物院成立六十周年纪念活动。

10月，省博物馆陈列柜更新，由陈云、陈宁康、张桂林联系、设计，安顺云马飞机制造厂制作的铝合金大联柜安装完成。

10至12月，蔡回阳、王新金与中国科学院古脊椎动物与古人类研究所许春华赴毕节，对青场老鸦洞、海子街大洞、海子街扁扁洞遗址进行联合发掘，获石制品及动物化石2000余件。

11月10日至29日，与贵阳市政协，苏州市政协、文联联办的"谢孝思、刘淑华书画展览"在博物馆展出。

11月11日，熊水富、唐文元、顾隆刚向省文化出版厅分别汇报织金、威宁、镇宁"抢救民族文物"工作试点情况。"抢救民族文物"是省政府贯彻全国少数民族文物工作会议采取的紧急措施。

11月30日至12月9日，"关中风情摄影展览"在省博物馆展出。

11月，省博物馆与贵州新闻摄影学会、省图片社联合举办的"中国人民解放军英模汇报团在贵州摄影展览"在馆展出。

陈列室铝合金大联柜

谢孝思、刘淑华书画展览开幕式

谢孝思、刘淑华与贵阳友人在展厅合影

  11月，陈丽艳调入省博物馆。

  11月，增设仪器室，由陈丽艳负责，对照相机、收录机及其他贵重仪器实行统一管理。

  11月，省文化厅在铜仁举办古建筑测绘训练班，罗会仁到训练班授课。

  11月，董有刚赴广州参加西南军阀史学术讨论会。

  11月，副馆长梁太鹤当选为中国博物馆学会理事。

第二章 1953—1995年

11月，宋世坤、万光云、熊水富、程学忠、席克定、宋先世赴红水河龙滩电站水淹区，对贵州境内的罗甸、贞丰、册亨、望谟四县，计270平方公里地区进行文物调查，写出评价报告。

12月初，曹波在开阳县羊场区平寨乡么老寨的石灰岩洞穴中采集到晚期智人时期的人化石，其中在一中年个体的第二、第三臼齿邻面部位发现该个体生前曾患有严重的邻面龋，这一化石龋病遗迹的发现，在贵州属首次。

12月19日，省博物馆举办的现代汉语及写作学习班开学，邀请贵阳教师进修学院孟昭诠老师授课，学员29人，学习期为2个月。至1986年2月结束，对学习成绩优良的9位同志予以奖励。

12月20日，乌江渡发电厂青年工人顾亭向省博物馆捐献书画36件，我馆召开表彰大会，颁发奖状、奖金1500元，并通过电视、报刊宣传。

董有刚馆长在开学典礼大会上讲话，勉励学员好好学习

孟昭诠老师授课

顾亭同志捐献文物表彰大会上，董有刚馆长发言

顾亭同志（右二）受奖，并与亲友合影纪念

龚正英班长在开学典礼大会上宣读学习纪律

1985

第二章　1953—1995 年

12月26日，谭用中与省文化出版厅吴正光、庄嘉如和黄平县文管所解培九，去北京出席文化部召开的全国文物博物馆系统先进集体、先进工作者表彰大会。省文化厅文物处为先进集体，谭用中、吴正光、解培九为先进工作者。

12月，孙日锟、侯明德赴毕节协助筹办纪念"中华苏维埃共和国川滇黔省革命委员会"和庆祝"红二、六军团长征过贵州五十周年"展览。

12月，为纪念护国运动七十周年，省博物馆与贵州省社科院，省、市政协，省文史馆及云南和北京有关单位共同发起的"护国运动七十周年学术讨论会"在昆明举行。

12月，董有刚参与编写的《湘鄂川黔革命根据地史稿》一书，由湖南人民出版社出版。

12月，省博物馆"中知宿舍"工程完工。

是年，席克定在黔北调查崖葬。

是年，熊水富参加贵州省文化厅抢救民族文物办公室工作。

是年开始，龚正英将图书资料室收藏的2万余册古籍线装图书重新登记、编目。首先对每一部书进行考证、鉴定，对书名、卷数、著者、版本、册数、函数、图表及版柜尺寸均作详细登记，再按国家标准的"古籍著录规则"著录成卡片，按"中国善本书总目分类表"类分图书，编制书名、分类目录各1套。

是年，省博物馆送出培训学习的还有：张双锡到中央工艺美术学院（今清华大学美术学院）工艺美术设计人员培训班进修1年；张伟琴到成都参加国家文物局举办的文物保护保养训练班学习3个月；刘明琼到郑州参加国家文物局举办的古币整理研究培训班学习3个月；程学忠到山东兖州参加国家文物局举办的第二期考古发掘领队人员培训班学习3个月。

是年，省博物馆筹备大型基本陈列"可爱的贵州""贵州苗族风情展览"。举办临时展览11个，接待观众20万人次。

是年，保管部入藏文物451件，收购流散文物70件。

是年，职工总人数75人，其中大专以上文化程度30人，除去脱产学习、留职停薪、长期病号外，共有业务人员51人，管理行政人员12人。

是年，陈宁康调贵州师范大学。

欢送陈宁康（二排右五）调离留影纪念

1986年

1月31日，由李黔滨主持编写陈列方案、徐念宏任展览设计的"贵州苗族风情展览"开幕，省长王朝文、省民委主任熊天贵为开幕式剪彩。这是新展柜安装后的第一个展览。

1月，技术部撤销，图书室从研究室分出，建立图书仪器室，龚正英任主任，由陈丽艳管理报刊及仪器。

1月，戴亚雄调入省博物馆。

1月，张定福参加省扶贫工作队，赴沿河工作一年。

1月，召开职工大会，向从事文博工作30年以上的陈恒安、罗会仁、简菊华、熊水富、刘锦、袁有真、张宗屏、徐家敏、段维新、刘光伟、彭继祖等11位同志，授予文化部文物局颁发的荣誉证书及纪念奖章。

1月，熊水富继续协助省文化厅文物处开展抢救民族文物工作。

1月，省群众艺术馆举办的"民族民间工艺美术讲习会学员习作汇报展览"在省博物馆展出。

3月8日，省博物馆女职工欢度三八妇女节。

1986年，女职工欢度三八妇女节

3月10日至19日，博物馆进行职工业务培训，谭用中、董有刚、顾隆刚、唐文元、简菊华、陈宁康讲授博物馆基础知识。

3月14日，王新金、蔡回阳、谭湘雯、狄欣贻赴清镇市犁倭公社处理群众报化石点，顺途调查，发现弯子白岩脚岩厦石器点，采集石制品40余件；西山凉伞洞石器地点，采集石制品等20余件。

3月，贵州省政协将刘海粟先生近作《鲲鹏展翅九万里》大幅国画拨交省博物馆。

3月，桐梓南宋石室墓修复完毕，将配合基本陈列展出。

3月，徐念宏赴扬州参加国家文物局举办的陈列设计培训班学习。

3月，配合三月"爱鸟周"和普及鸟类知识，省博物馆与贵阳市园林局联合举办"贵州珍奇鸟类展览"在黔灵公园展出。

3月，邀请贵州法律研究室工作者来馆讲解刑法、民法基本知识。

3至6月,王新金、蔡回阳、罗冰冰、曹波、王海平、宋先世、谭湘雯等8人组成小组,在1984年王新金的整理基础上,继续对自然部库房(标本室)建馆以来的各类藏品标本进行整理、归类、编号、记录入档。初步完成10751件。其中,黔西观音洞遗址845件、桐梓岩灰洞遗址214件(4件复制品)、水城硝灰洞遗址60件、兴义猫猫洞遗址1337件、普定穿洞遗址5875件、零星石器点标本2000余件。

3月、10月、12月,吴业君、林齐维、万光云、简家奎、孙日锟、顾隆刚、简小娅、谭湘雯等分别赴遵义、习水、仁怀、铜仁、松桃、沿河、威宁等地征集自然、历史及民族文物资料计600多件,为"可爱的贵州"陈列补充展品。

4月,宋世坤赴昆明参加全国文物考古工作汇报会。

4月,党支部组织全体职工学习哲学和法律常识。

4月,梁太鹤率考古队大部分成员及保管部刘明琼赴成都参观商周时期木构房屋遗址发掘工地、广汉早期蜀文化遗址发掘工地及重庆黄桷垭宋元时期陶瓷窑址发掘工地。

4月,戴亚雄主持,由本馆社教部与贵州省教委共同举办的"贵州省首次幼儿教具暨儿童美术作品展览"在博物馆展出。

5月,戴亚雄主持,由本馆社教部与贵州省教委共同举办的"贵阳市青少年科技成果展览"在博物馆展出。

5月,拆旧文物库房,并开始新库房设计工作,陈云、吴业君、刘光伟会同上级主管部门、设计部门赴成都、昆明参观两地省博物馆新建文物库房,为设计贵州省博物馆文物库房做准备。

5月,文化部原副部长亚马一行到贵阳,由孙日锟陪同赴黎平、毕节等地征集红军长征活动的资料。

5月,美国著名文学家琼·弗里茨访问贵州,来省博物馆了解红军长征在贵州的历史。

5月,"可爱的贵州"展览开始施工。省文化厅下拨筹展经费15万,由陈宁康、张桂林任总体设计,展览分四部分:"美丽富饶的贵州"(林齐维编写陈列内容)、"历史悠久的贵州"(谭用中编写陈列内容)、"英杰辈出的贵州"(董有刚、孙日锟编写陈列内容)、"多民族的贵州"(顾隆刚编写陈列内容)。

6月1日,与省教委联合组织"贵州首届幼儿小天地展"。

6月16日,与江西、湖南、四川、陕西、甘肃五省博物馆和遵义会议纪念馆联合举办的"纪念长征胜利五十周年文物资料联展"在江西省博物馆开幕。展出一个月后，将赴湘、黔、川、陇、陕等地巡展。

6月26日至30日，宋先世与遵义地区文化局黄泗亭、何金榜、苏俊对遵义狮子山宋墓进行清理。

6月，省博物馆名誉馆长陈恒安先生因病逝世，享年77岁。省博物馆组织了隆重的追悼会，并编印纪念文集。张宗屏将贵阳所有单位及个人悼念陈恒安先生逝世的挽联33件进行整理，于1989年3月办理入库。

6月，《贵州省博物馆馆刊》第二期出版。

6月，与贵州美术出版社联合编辑的《姚茫父书画集》，由贵州美术出版社出版发行。省博物馆陈恒安、刘锦、梁太鹤参与编辑。

7月29日至8月3日，梁太鹤赴长春参加全国博物馆协会理事会及博物馆社会效益与经济效益学术讨论会。

7月，宋先世赴遵义董酒厂工地清理明代石室墓。

7月，与省文联联合举办"姚茫父书画展"，省长王朝文剪彩，丁廷模、申云浦、蹇先艾等出席。

7月，英国牛津大学皮特·里弗斯博物馆馆长、民族学和史前学系主任舒勒·琼斯博士夫妇应贵州师范大学地理系的邀请来筑访问，于7月12日在省博物馆介绍了英国的博物馆事业，还一一回答了博物馆工作人员提出的有关问题，并参观了馆藏民族文物、旧石器时代文物及动物化石等。

7月，张元从贵州大学历史系毕业，分配到省博物馆。

7月，省委下达文件，确定省博物馆与省党史办、党校、军区共同摄制《红军在贵州》电视系列片。董有刚为系列片领导小组成员，孙日锟参加该片编写工作。

7月，蔡回阳及中国科学院古脊椎动物与古人类研究所李炎贤再次考察兴义张口洞、安龙观音洞旧石器文化遗址，获石器材料1000多件。8月，蔡回阳及中国科学院古脊椎动物与古人类研究所李炎贤对安龙观音洞进行联合试掘，历时20多天。

8月，"纪念红军长征胜利五十周年六省文物资料展览"在贵州省博物馆展出。

8月，陈列部对外举办"纪念红军长征五十周年专题讲座"，请老红军及本馆孙日锟讲课。

8月，全馆职工住房大调整。

8月，黄健调入省博物馆。

时任贵州省省长王朝文参观"贵州苗族风情展"

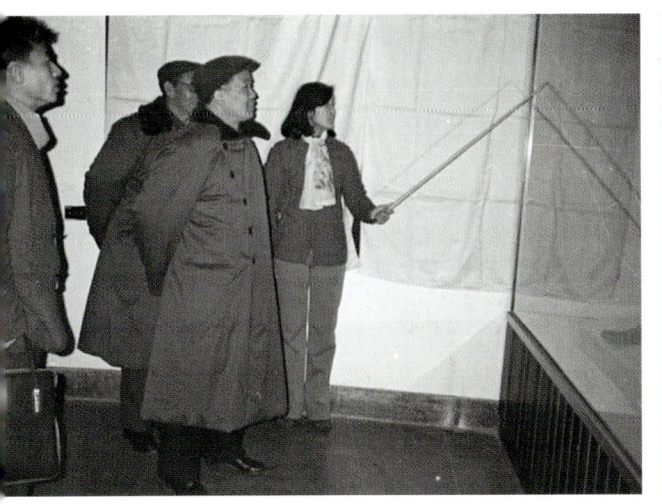

时任贵州省省长王朝文参观展览后题字

8月，为适应野外工作需要，拨出大货车，购进双排座中型车一辆。

8至9月，举办"建国以来各界人士捐献文物展览"，并召开捐献文物人士代表座谈会，补发文物收藏证及纪念册，省文化厅副厅长潘廷映到会讲话。

9月，组织"邱石冥画展"赴石阡展出，观众12000多人次。

9月，"宋吟可、方小石、孟光涛画展"在省博物馆展出。

9月，"王树艺近作及版画五十年回顾展"在省博物馆展出。

9月，龚正英赴承德参加全国古籍整理训练班学习。

9月，梁太鹤、谭用中、刘明琼到安顺参加贵州省钱币学会第一次代表大会。

9月，万光云赴山东兖州参加考古领队训练班学习。

9月，宋世坤赴沈阳参加中国考古学会第六次年会。

9月，戴亚雄赴天津参加全国博物馆群众教育工作会议。

9月，团支部参加省文化厅团委组织的青年法律常识竞赛，获第三名。

9月，国家文物局拨专款75万元修建文物库房。1987年8月破土动工，1988年4月竣工验收。

9至10月，考古队宋世坤、熊水富、万光云、程学忠、张定福、宋先世赴大方、黔西、织金、纳雍，对洪家渡电站水淹区进行文物考古调查。

第二章　1953—1995年

10月，《贵州省博物馆馆刊》第三期出版。

10月，孙日锟赴黎平参加"黎平会议"学术讨论会。

10月，北京杨宗安先生向贵州省博物馆捐赠1幅清代贵州名人黄辅辰、黄彭年父子两人的肖像画《趋庭论画图》。

10月，党支部参加文化厅党委举办的党的基本知识竞赛，获第五名。

10月，董有刚赴西安参加全国纪念红军长征胜利五十周年学术讨论会。

10月，顾隆刚编撰的《太平天国时期贵州农民起义军文献辑录与考释》，由贵州人民出版社出版。

10月，张元赴剑河"扶教"，至1987年7月回馆。

10至12月，王新金、蔡回阳对贵州洪家渡电站水淹区进行文物调查，历时48天。在水淹区外的织金县茶店乡猫猫洞发现石制品，在洞内地表和洞外耕地采集到石制品28件、动物化石1件。在纳雍发现老凹坝、箐脚二洞；在大方发现羊场坝奶奶洞、陇公路穿岩洞等旧石器地点。

11月9日至28日，梁太鹤参与接待应省文管会、文化出版厅邀请前来贵州进行文物考察的首都著名文博专家单士元、张开济、杜仙洲、祁英涛、于坚、罗歌、苏东海、马自树、施力行、索文清、祝大震等，先后考察镇远、施秉、黄平、福泉、平坝、安顺、织金、大方、金沙、遵义、息烽、修文、贵阳等地文物古迹和文博工作，并到省博物馆参观"贵州省抢救民族文物汇报展览（蜡染部分）"，王朝文省长陪同观看展览。考察结束后，专家们在学术报告会上作报告。省领导丁廷模、徐健生、秦天真及全省基层文物员100多人到会。林齐维等受文管会办公室和文化出版厅文物处委托，将考察活动、学术报告汇编为《贵州文物》专集。

11月12日，与民革贵州省委联合举办的"纪念孙中山一百二十周年诞辰书画文物展览"在省博物馆展出。

11月，"贵州省书法函授学校师生作品展"在省博物馆展出。

11月，鲁湘荣赴南京博物院参加纸质文物加固技术训练班学习。

11月，吴业君代表贵州省博物馆参加湖南省博物馆（今湖南博物院）馆庆。

11月，钟光源赴洛阳参加中国文物保护技术协会学术会。

12月，吴业君、席克定赴广西南宁参加中国悬棺葬第二次学术讨论会。

12月，省博物馆编辑的《贵州省墓志选集》内部出版。

12月，自然部陈云、吴至康、林齐维、杨炯蠡等编撰的《贵州鸟类志》由

《贵州鸟类志》获奖证书
（陈云 提供）

贵州人民出版社出版。1987年12月获贵州省人民政府颁发的"1987年贵州省科学技术进步奖"二等奖。对参与编撰人员陈云等授予荣誉证书。《贵州鸟类志》的调查编写始于1974年，省博物馆陈云、吴至康、曹泽田、林齐维、杨炯蠹、吴守恩、胡进、顾新民、黄桂彬、曾庆鸣等参加野外考察队，在全省选择了具有代表性生境的22个县，经8年的野外调查采集，共获标本8000余号。完成调查采集任务后，又花了4年时间，查阅大量文献资料，编成《贵州鸟类志》。

12月，孙日锟代表董有刚赴延安参加六省红军文物联展领导小组会议，进行总结评比。

12月，"老年书画研究会收藏前人书画展览"在省博物馆展出。

12月，"从江侗族民间工艺美术展览"在省博物馆展出。

是年，陈丽艳参加贵州省图书馆第15期干部培训班学习2个月。

是年，完成旧库房撤除及新库房地基勘探、图纸设计，进入施工投标。

是年，省博物馆帮助毕节地区举办"红军在黔西北展览""毕节地区历史文物陈列"。

是年，李黔滨、林齐维撰写的《贵州话剧运动史话》一书，由贵州人民出版社出版。

是年，孙力进入博物馆工作。

是年，全年观众77383人次。

是年，保管部接收入藏文物193件，收购流散文物131件。

1987年

1月19日至25日，梁太鹤与省文化厅吴正光、庄嘉如等赴北京汇报1986年11月首都著名文博专家来黔考察活动及今年工作计划。

1月20日，亚运会射击冠军张卫刚欣然捐献所获金牌，省博物馆为此召开表彰大会。

2月4日至10日，罗会仁、熊水富、谭用中、梁太鹤与省文管会副主任张一凡、田兵和文化厅吴正光等，前往兴义处理盗墓问题，察看兴仁县交乐汉墓出土文物及出土现场，检查兴仁、安龙、贞丰等县的文物保护工作。

2月，蔡回阳赴江苏苏州参加中国古脊椎动物第二届学术年会。

2月，孙日锟赴黔桂边地区征集"红军在贵州"电视系列片资料。

2月，万光云、程学忠赴兴仁交乐清理发掘被盗掘的6、7号汉墓。

2月，经贵州省总工会批准，省博物馆工会成立。由全体工会会员无记名投票选举，胡进当选为主席，梁太鹤、龚正英、蔡回阳、万光云当选为委员。

3月31日，上海自然博物馆费钦生到馆作"美国博物馆概况及中国博物馆现状"学术讲座。

3月，《贵州省博物馆馆刊》第四期出版。

3月，省博物馆二级机构调整：设办公室，胡进任主任，刘光伟、黄健任副主任；设陈列部，唐文元任主任，李黔滨任副主任；设考古队，宋世坤任队长，万光云任副队长；设保管部，何佩玲任主任，徐家敏任副主任；设图书仪器室，龚正英任主任；设研究室，谭用中任主任；设社教部，戴亚雄任主任；设自然部，蔡回阳任主任。

3月，宋世坤、席克定赴成都参加中国古代铜鼓研究会常务理事扩大会。

4月，吴至康参加由贵州省环保局主持考察、编辑的《贵州梵净山科学考察集》一书，由中国环境科学出版社出版发行。

4至5月，与黔西南州文化局等单位联合成立交乐汉墓发掘领导小组，由省博物馆考古队主持发掘，黔西南州文化局及兴仁县文管所等单位协助配合，共同清理发掘汉墓11座（8—18号墓）。连同追回的被盗部分，共出土了铜马车、摇钱树、连枝灯等文物600余件。省博物馆参加发掘的有梁太鹤、宋世坤、万光云、程学忠、张定福、宋先世。

5月1日,"全省民族民间剪纸展览"在省博物馆展出。

5月,蔡回阳、王新金赴织金打括乡化石点进行考察,获犀牛化石骨骼40余斤。

5月,由贵州省文管会、贵州省文化出版厅编,省博物馆罗会仁参与撰稿,简家奎、罗会仁、侯明德参与摄影的《贵州古建筑》画册,由贵州美术出版社出版。

5月,翁仁康加入中国共产党。

5月,谭用中等18人经审核认定,获文博中级专业职称。

5月下旬至6月上旬,唐文元带领中国人民大学历史系文博班实习生4人赴黔东南从江县调查少数民族酒礼酒俗,并征集有关民族文物;熊水富带领实习学生清理崖洞葬。

6月6日,由省博物馆社会教育部发起组建的"贵州青少年校外教育研究会"在贵阳成立。研究会由省博物馆,省、市团委、教委、科协、图书馆、体委、贵州人民出版社及青少年宫近40个单位组成,约100人参加。副省长张玉芹为名誉会长,教委副主任任吉麟为会长,聘文化厅潘廷映及秦天真、韩子栋等为顾问。

6月11日至14日,蔡回阳、王新金赴六盘水市,对水城钢铁厂区地下公园20世纪70年代发现的化石点进行调查。

6月15日至24日,蔡回阳、王新金赴关岭自治县城关、木咱两地相关9处2洞穴进行实地调查。其间清理关岭自治县上木咱公路道班附近猫猫冲竹竿坡砂洞化石点,获6个目9个属种的哺乳动物化石及碎骨。

6月,招收临时考古技工,并办培训班,宋世坤、宋先世为训练班授课。

6月,唐文元赴遵义、道真、正安调查仡佬族酒礼酒俗。

7月,唐文元、张佩文、顾新民、简家奎、简小娅、周健等分别赴兴仁、望谟、贞丰、大方、余庆、沿河、印江、三都、雷山、荔波、道真等地收集"贵州酒文化"展品,获得节日婚丧及祭祀的各种酒具计140余件。

7月,增设业务档案室,归属图书仪器室。聘退休人员张宗屏工作,负责收集、整理博物馆业务档案及资料底片、录像带、录音带等资料。1989年2月从图书室分出,归秘书室管理。

7月,朱良津从贵州大学历史系毕业,分配到省博物馆;李学英从兰州大学生物系毕业，分配到省博物馆（1993年9月调离）；王红光从南开大学文博专业毕业，分配到省博物馆；严进军调入省博物馆。

7月，王海平调离。

8月，新建文物库房动工。

8月，省博物馆成立文博专业职务评聘工作领导小组，董有刚任组长。

8月，组织"贵州省首届青少年爱文物夏令营"活动。

9月1日至5日，为了贯彻落实国务院《关于打击盗掘和走私文物活动的通知》，贵州省政府在贵阳召开了文物考古工作会，罗会仁、熊水富等参与会务工作。

9月6日，梁太鹤赴北京参加国家科委和文化部文物局联合召开的全国抢救传统工艺会议。

9月，省博物馆进行职称评定，在完成定量考核之后，采用无记名投票、当事人回避方式，对10名申报高级职称人员排出推荐名次，上报高级评委会。

1987年7月，欢送王海平（一排右五）合影

9月，日本"日中农耕文化比较研究会"访华团和云南、四川、湖南3省民族学专家参观本馆筹办中的"可爱的贵州"陈列。

9月，王红光、朱良津赴沿河"扶教"，至1988年7月回馆。

9月，贵州老画家工作组将贵州画家及部分省外画家作品600余幅移交省博物馆。

9至11月，省文化厅在镇远青龙洞举办古建筑测绘训练班，罗会仁到训练班授课。

10月5日至9日，蔡回阳、王新金赴遵义市高桥昆明陆军学校高桥水泥厂调查处理之前发现的化石点，在化石发现地获10余公斤的哺乳动物化石材料。

10月12日，德国海德堡大学南亚研究所德麦玲博士来馆介绍德国博物馆并座谈，参观筹办中的"可爱的贵州"陈列。

10月25日至30日，钟光源在山东蓬莱参加文物保护技术协会第二届二次理事会。

10月，中国历史博物馆祝大震会同本馆梁太鹤、何凤桐、胡进等分赴安顺、六枝、镇宁、盘县、大方、赫章、金沙、遵义、赤水等地区调查传统工艺，收集实物，并于11月12日来馆作"博物馆的古代科技陈列及祖国传统工艺保护与开发"讲座。

10月，宋世坤在长沙参加全国考古工作会议。

11月，宋世坤、万光云、程学忠、张定福、宋先世及考古技工吴烁、秦庭文、张宁、申书国、李跃云发掘务川大坪汉墓7座。出土铜钵、铜耳环、陶罐、钱币等物。

11月，中国历史博物馆陈列部主任陈瑞德等3人来馆商谈"贵州苗族风情展览"1988年赴京展出事宜。

11月，对馆级领导进行民主评议。

12月，"贵州酒文化展览"在省博物馆预展。

12月，举办讲解员培训班，分别由梁太鹤、宋世坤、唐文元、李黔滨、胡进、蔡回阳、徐家敏、张伟琴等讲课。

12月，贵州省文博高级专业职称评审委员会组成，罗会仁任副主任委员、董有刚任委员。

12月，陈丽艳获图书资料助理馆员职称。

12月，金萍进入省博物馆工作。

年底，贵州省科委将本馆《贵州传统工艺调查研究》列为一个软科学研究项目。课题主要由梁太鹤与胡进承担，经过一年多的调查研究，于1989年8月3日完成调查讨论稿，召开专家咨询座谈会。1990年5月9日召开由贵州省科委主持的《贵州省传统工艺评价报告》鉴定验收会议，专家组对其科学性、可行性和可操作性给予了充分肯定。1991年4月，将研究成果《传统工艺评价报告》《传统工艺保护与开发方案》及一份统计资料汇编成书，即《贵州传统工艺研究》，由博物馆内部出版。

是年，熊水富调查清理长顺交麻崖墓。

是年，拟定了业务档案资料管理办法。

是年，省文化厅拨专款修改"贵州苗族风情展览"。

是年，与有关单位联合举办"贵州省民族民间工艺美术和个体户产品""小小天地"及"贵州省民族民间剪纸"等展览，共接待观众160799人次。

是年，何佩玲赴山东泰安参加国家文物局举办的全国保管部主任提高班学习；戴亚雄赴长沙参加全国博物馆群教主任学习班学习。

是年，入藏文物资料170余件。

1988年

1月14日，王新金、李学英、刘明福到金华农场省劳改系统警校及贵阳市乌当区野鸭乡二铺村马鞍山采石场化石发现点进行调查处理。

1月，国家文物局博物馆处副处长王宜、中国历史博物馆及出国文物展的专家一行6人，审查博物馆的基本陈列"可爱的贵州"和"贵州苗族风情展"。

1月，邀请中国历史博物馆杨华作"博物馆陈列设计"学术报告。

1月，经省文化厅职改领导小组授权并审批，省博物馆组织成立了贵州省文博中级专业职称评审委员会。罗会仁任主任委员，董有刚任副主任委员。

1月，梁太鹤等18人获文博馆员职称，龚正英获图书资料馆员职称。

1月，考古队学员培训班开班。

2月5日至10日，与贵州老年大学联合举办的"贵州部分名书画家作品展览"在省博物馆展出。

2月，董有刚、罗会仁、谭用中、刘锦、顾隆刚、熊水富、宋世坤7人获副研究馆员职称。

2月，梁太鹤、胡进协助"全国传统工艺保护与实施"课题组赴盘县、丹寨、贵阳等地拍摄录像资料。

2月，李学英参加省委扶贫队，赴沿河工作一年。

3月下旬，徐家敏赴昆明参加民族文物保护技术讨论会。

3月，全国人大常委会副委员长廖汉生、常委段苏权、中顾委常委肖克，以及贵州的老领导申云浦、秦天真、张一凡等为《贵州省博物馆开馆三十周年纪念专集》题词。该纪念专集于1988年10月作为《贵州省博物馆馆刊》第五期出版。

3月，省政府办公厅拨交新中国成立初期接收的旧字画62件给博物馆。

3月，日本"中国民俗研究会参观团"一行6人，参观我馆筹办中"可爱的贵州"陈列。

3月，刘锦、胡进在花溪收购一批清代字画。

3月，博物馆编辑的《可爱的贵州陈列资料汇编》一书，作为《贵州省博物馆馆刊》增刊之一出版。

3月，博物馆承担的电视系列片之一《红七、红八军转战黔桂边》摄制组赴黔桂边拍摄外景。

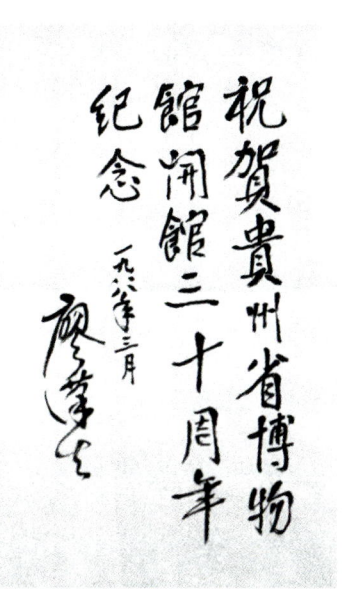

廖汉生题字

3月,"西南五省区出口广告展览"在省博物馆展出。

3至4月,张定福及考古技工与普安县文化局、县文管所组成联合调查组,对该县青山区辖地进行了历时40天的考古调查,发现战国秦汉遗址5处,六朝瓮棺葬1处,宋代石板墓1处,明代岩洞葬1处。

3至6月,李国庆赴扬州参加古陶瓷鉴定提高班学习。

3至7月,万光云和考古技工申书国、秦庭文,及县文管所殷其昌、陈黔灵发掘赫章可乐粮管所汉代遗址175平方米,获出土文物100余件。

4月3日至5月5日,贵州省博物馆与中国历史博物馆联合举办的"贵州苗族风情展"在北京中国历史博物馆展出,中国历史博物馆馆长俞伟超主持开幕式,中共贵州省委书记胡锦涛致欢迎辞,中顾委常委王首道、国家民委主任司马义·艾买提及贵州省省长王朝文剪彩,展览共接待来自美、英、德、日等20多个国家的外宾及国内外观众3万余人次,收到很好的展出效果。4月29日,展览会在中国历史博物馆举行专家座谈会。钟敬文、杨堃、王静如、靳之林、石兴邦、宋兆麟、史树青等30余位知名学者参加。7月,将座谈会记录整理编辑成书——《京师专家学者和外国友人盛赞贵州苗族风情展览》,作为《贵州省博物馆馆刊》增刊之四出版。本展览由梁太鹤主持,李黔滨编制陈列内容,徐念宏任陈列艺术设计。

4月13日至22日,王新金赴贞丰县,对青杠林乡之前发现的爬行动物脚印化石点及白蜡乡那绕村科香寨溶洞发现的动物化石点进行调查处理。

4月,新建的文物库房及图书室竣工验收。

4月,博物馆承担的电视系列片之一《黔东革命根据地》摄制组赴铜仁、四川拍摄外景,于9月剪接合成。

4月,与贵阳计划生育委员会联合举办的"贵阳药用花卉摄影展览"在北京展出。

4月,省博物馆编辑的《贵州历史人物资料汇辑》一书,作为《贵州省博物馆馆刊》增刊之二出版。

4月,吴业君、刘锦赴遵义接收美籍华人刘文锦、李煜屏捐献家藏字画(李筱荃篆书屏条),另购进赵以炯对联等旧字画7件。

4月,接收贵阳火车站派出所查获的马家窑文化彩陶罐,省博物馆授予该所奖旗和奖金1000元。陶罐经本馆专家及中国历史博物馆专家鉴定,定为一级文物。

贵州省博物馆馆长吴业君向刘文锦夫妇颁发贵州省博物馆收藏证并回赠礼品

4月，陈笑梅调图书仪器室接管报刊管理工作。

4至12月，鲁湘荣赴北京中国历史博物馆学习旧书画修复技术。

5月30日至7月3日，王新金、蔡回阳赴四川、湖南、湖北考察古人类及旧石器遗址。

5月下旬和8月下旬，谭用中参加省委机关党员代表会及中共贵州省第六次代表大会。

5月，陈云、唐文元、张宗屏（评退）、袁有真（评退）4人获副研究馆员职称。

5月，刘锦、胡进赴兰州收购清代绘制的《黔苗图说》画册。

5月，何凤桐赴北京参加文物鉴定培训班学习3个月。

5至6月，与北京国际友谊博物馆联合举办的"国际友谊珍品展览"在省博物馆展出。

5至6月，谭用中、刘恩元赴遵义流水堰清理明代杨辉墓，获陶俑、陶罐80余件。

6月11日至30日，由贵州省政府举办的"贵州酒文化展""贵州蜡染文化展"在北京民族文化宫展出。7月至1989年2月，先后赴天津、济南、淄博、青岛、无锡、广州等城市巡展。省博物馆熊水富、唐文元、韩庆林、简小娅等参与筹展等工作。

第二章 1953—1995年

6月，"可爱的贵州"大型基本陈列正式开放。它是"文革"后本馆举办的第一个较大规模的陈列展览，以丰富的文物、翔实的资料，比较系统地介绍贵州的旖旎风光、自然资源、悠久历史、多彩的民族风情和杰出的历史人物。展出至1996年。

6月，保管部完成复制独山县寄存的莫友芝文物资料50余件任务。

6月，龚正英编辑的《贵州文物考古博物馆文献目录》，作为《贵州省博物馆馆刊》增刊之三出版。

6月，程学忠负责筹备我馆参加北京"全国缉私文物展览"相关工作。

6月，唐文元任农工民主党贵州省直博物馆支部、文艺小组主任委员，任期至1999年1月。其间，博物馆的农工党员有唐文元、徐家敏、李盟、刘明琼、宋世坤、龚正英、阵丽艳、陈笑梅等。

6至7月，图书室完成图书资料搬迁新库的工作，同时增购书柜120个。

7月22日至8月22日，省博物馆主办的"贵州苗族风情展览"赴南京巡展。

7月，《陈恒安书法选》由人民美术出版社出版发行。

7月，英国牛津大学博物馆馆长访问本馆。

7月，由贵州省环保局组织编辑，本馆吴至康、杨炯蠡、黄桂彬、吴仕忠参与编写及摄影的《贵州珍稀动物》一书，由贵州人民出版社出版。

7至8月，暑假期间，由本馆与贵阳市教委联合举办、戴亚雄主持策划的"少儿文物夏令营活动"在镇远举行，这是开全国先河的青少年与文物互动的活动，影响很大，受全国文博界注目。

7至8月，龚正英与陈丽艳办理2万余册普通图书的交接手续。自此，图书室分三室管理，即龚正英管理古籍线装书，陈丽艳管理普通图书及仪器（仪器部分于1989年4月移交金萍管理），陈笑梅管理报刊资料。

8月，刘恩元、冉隆琳、周丽珍、宋先世、顾新民、李国庆等获馆员职称；杨弘获编辑专业职称；姬爱鸣获助理会计师职称。

8月，何佩玲赴内蒙古参加保管专业第二次学术讨论会。

8月，宋世坤赴水城、六枝，对"夜郎国都在毛口"一说作调查。

8月，董有刚赴成都征集周素园遗稿。

8月，李黔滨、张桂林、张元赴黔东南征集民族文物。

8至12月，省博物馆邀请画家谢孝思、刘淑华夫妇来馆作画；9月，办公室协助省电视台拍摄《水墨寄乡情》专题电视片（12月19日贵州电视台播出）。

9月14日至24日，与北京鲁迅博物馆联合举办的"鲁迅生平展览"在省博物馆展出。

9月21日至25日，戴亚雄赴北京参加中国博物馆学会社会教育专业委员会成立会及学术讨论会。

9月22日至10月6日，王新金、蔡回阳赴毕节金沙县进行野外调查，金沙县文管所张国华同行，新发现大宝洞遗址（石灵山飞云洞），并试掘，获石制品80多件及哺乳动物化石。

9至11月，张伟琴赴扬州参加古书画鉴定培训班学习。

10月7日至11月7日，王新金、蔡回阳赴毕节黔西县（今黔西市）调查，发现凤凰穿洞遗址，并进行试掘，获石制品近千件，骨制品数件。在黔西县调查发现的遗址还有：桐井包包上（苗坟包包上，注：指台地）、小坝白岩洞、谷地观音洞、谷里川洞、焦家坡岩洞、乌骡坝无名洞、雨朵岩封口大洞、小化竹广福洞、绿化四方井风水山岩洞、桂箐沙地白岩洞、桂箐朴书地小洞等。

10月18日至28日，贵阳市首届中学生"美育节"美术作品展览在本馆展出。

10月，由本馆社教部戴亚雄策划，省博物馆与省、市教委及贵阳电视台联合举办"可爱的贵州"陈列作文演讲电视大赛。

10月，考古队全队人员赴普安青山复查新发现遗址。

10月，董有刚应邀赴深圳市博物馆参加开馆典礼。

10月，考评临时讲解员，吴一方、蒋雪梅、丁映梅择优转正。

11月1日至20日，与中国历史博物馆联办的"中华英杰展览"在省博物馆展出。

11月10日至30日，与北京国际艺苑联合举办的"贵州民族民间工艺展览"在北京中国美术馆展出，李黔滨、张桂林、张元参与筹展，展览受到观众好评，接待观众3万余人。

11月28日至12月7日，考古队宋世坤、万光云及学员赴四川、云南等地参观学习。

11月，谭用中、龚正英、陈丽艳赴上海图书馆收集资料，将嘉靖《贵州通志》、康熙《黔灵山志》（下册）复印回馆，并采购一批图书资料。

11月，王新金、蔡回阳赴广东曲江县参加"纪念马坝人化石发现三十周年国际学术讨论会",提交论文《桐梓人一枚左上内侧门齿》。

11月,万光云、程学忠等赴北京将参加"全国缉私文物展览"的文物运回馆。

11至12月,保管部完成文物及资料搬迁新库的工作。

12月13日至15日,蔡回阳、王新金接待山西省考古研究所王向前先生等二人来馆参观旧石器标本,进行学术交流。

12月,文化厅同意梁太鹤辞职报告,免去副馆长职务。

是年,李黔滨等编辑的《贵州少数民族风情》(附英文对照),由贵州美术出版社出版。

是年,刘锦协助保管部编辑馆藏古书画要目1份(335条),呈报国家文物局。

是年,保管部新进文物资料189件。

1989年

1月13日至19日,罗会仁与文化厅吴正光等前往六枝、贞丰、安龙、兴义、安顺等地检查文物维修和民族文物征集工作。

1月、3月,顾隆刚、孙日锟等赴黔南、黔东南及遵义地区拍摄《红军长征》电教片。

2月15日,全省文物工作座谈会在水城召开,重点讨论举办各种展览和各种类型专题博物馆。

2月16日至22日,贵州新闻图片社举办的"中国贵州风情赴加拿大摄影艺术展览"在博物馆展出。

2月22日,宣布省博物馆二级机构任命名单:取消办公室,设秘书室及行政科,刘恩元任秘书,刘光伟任行政科长;撤销研究室,设业务顾问,谭用中、刘锦任业务顾问;撤销陈列部,设历史部及民族部,顾隆刚任历史部主任,唐文元任民族部主任,李黔滨任副主任;何佩玲任保管部主任,徐家敏任副主任;蔡回阳任自然部主任;戴亚雄任社教部主任,杨弘任副主任;熊水富任考古队队长,万光云任副队长;龚正英任图书资料室主任;高华东任保卫科科长。

2月28日,陈云赴北京参加中国自然科学博物馆协会常务理事会年会及国际博协第四届亚太地区大会。

2月底，何凤桐完成独山县捐赠本馆纸质文物的入库工作。

3月15日至19日，简菊华、吴仕忠等参与指导开展的抢救民族文物工作取得丰硕成果，分区各自在省博物馆举办汇报展览。

3月16日，在本馆召开庆祝贵州省博物馆开馆30周年纪念大会。

3月29日，中国历史博物馆征调省博物馆收藏的兴义猫猫洞遗址出土的器物标本4件，有骨锥1件、鹿角铲1件、心形尖状器2件。

3月，由省文化厅主办、省博物馆承办的"贵州文化旅游资源展览"开始筹展，李黔滨、张桂林、王红光、董有刚分别于3至7月间赴遵义、安顺、镇宁、安龙、黔南、黔东南等地征集展品。

3月，馆长辞退考古队全部临时技工。

4月15日，到贵州考察的美国华盛顿州斯波坎市举办的"四国艺术节"中国部负责人汉米尔顿及其妻子罗娜到省博物馆参观民族服饰展览。

4月30日，董有刚赴北京参加全国文物工作会。

庆祝贵州省博物馆开馆30周年纪念合影

4月，曹波赴德江参加扶贫工作。

4月，陈笑梅在省电大图书馆学专业成人高教班学习，至1990年3月毕业。

4月，吴业君、杨弘护送文物至北京中国历史博物馆参展，并联系临时展览事宜。

4月，经省文化厅及市公安局决定，由市公安局任积权、省文化厅陈龙元负责，省博物馆高华东配合调查本馆考古队文物被盗案件。

4至5月，受长江流域规划办公室委托，万光云、王新金等赴乌江彭水及构皮滩2个电站水淹区的7个县开展文物调查工作，共发现汉墓10余座、窑址5座、明墓3座。在彭水库区沿河大坝田及洪渡镇发现汉代窑址及墓葬，窑址属我省首次发现。调查洞穴20多个，在构皮滩库区发现了大量清代摩岩及碑刻，在水淹区外发现动物化石点1处。文物调查评价报告于5月报送武汉长江流域规划办，受到甲方好评。

4至5月，李学英、黄桂彬应邀赴威宁草海为自然保护区剥制标本，并为我馆征得国家二级珍贵动物灰鹤姿态标本2件。

4至6月，征集文物30余件，较有价值的有六枝特区农民罗启富在家乡山洞掘出的青铜器13件，其中有7件大小不同的青铜铃，最大者体表铸有纹饰符号。

5月8日，钟光源赴北京参加文物藏品学会理事会。

5月13日至25日，宋世坤赴长沙参加中国考古学会第七次年会，提交论文《试论夜郎与汉文化的关系》，再次当选中国考古学会第三届理事会理事。赴南宁参加中国古代铜鼓研究会第三届理事会。

5月20日至6月2日，考古队全队人员赴湖北省博物馆、荆州及重庆市博物馆参观学习。

5月，市区老人王奎向我馆捐赠宋代青铜簧形耳铃4件。

6月，德国朋友及日本奈良国立文化财研究所平城宫迹发掘调查部浅川滋南来馆参观。

7月11日，董有刚及考古队、保管部人员赴清镇红枫湖考察将军洞贝丘遗址的螺壳堆积状况，获得标本数件。

7月13日至15日，湖南省文物考古研究所所长袁家荣一行5人，到我馆参观交流。王新金、蔡回阳接待，陪同到标本室观看黔西观音洞、兴义猫猫洞、普定穿洞遗址的材料并就有关旧石器方面的见解进行学术交流。刘恩元、熊水富等陪同考察普定穿洞遗址。

8月10日，"'中国贵州苗族节日服装展览'赴美展出归来汇报展"开幕，作为贵州首届民族民间艺术节在省博物馆举办的三个展览之一向公众开放。简菊华、吴仕忠等参与筹办工作。

8月17日至9月30日，省博物馆与云岩区少年宫举办"小花自然陈列馆'地质、古生物'部分陈列展"。陈云、蔡回阳、王新金、戴亚雄参加筹展，博物馆提供实物标本与复制模型等各类展品共89件，陈列于14个展柜。1992年9月将展品如数撤回馆。

8月，由省文化厅主办、省博物馆承办，李黔滨编写陈列大纲，张桂林任陈列艺术设计的"贵州文化旅游资源展览"开幕。该展览在陈列上打破以往陈列展柜加展品的模式，采用展品与景观相结合的模式，空间形式新颖，受到好评。

9月4日，非洲布隆迪文化部副部长一行4人来馆参观"可爱的贵州"陈列。

9月中旬，万光云、宋先世等赴黔西、织金、清镇、平坝等地，对东风电站水淹区进行文物调查。

9月22日至10月3日，何佩玲等4人护送馆藏书画113件至渝博进行鉴定。

9月，吴业君、徐家敏赴长沙、福建等地参观博物馆文物库房安全报警设备。

9月，张桂林赴扬州参加国家文物局举办的博物馆陈列艺术培训班学习。

9月，王红光赴山东泰安参加国家文物局举办的陈列部主任培训班学习。

10月，钟光源、侯明德获副研究馆员职称。

10月，张兰冰调入省博物馆，被任命为人事政工干部（副科级）。

10月，成立贵州考古发掘领队资格初评组。11月3日根据申报材料，召开第一次会议，同意贵州省博物馆考古队参加考古团体发掘资格申报及熊水富、宋世坤、程学忠、蔡回阳、王新金等人考古发掘领队资格申报，报国家文物局评定。

10月，蔡回阳赴北京房山参加"古人类学国际学术讨论会暨纪念北京猿人第一个头盖骨发现六十周年"大会。

11月15日，与省委、省文化厅、省美术出版社等单位联合举办，省博物馆承办的"贵州解放四十周年成就图片展"在本馆展出，展览由董有刚主持，张双锡任形式设计。

11月23日至24日，省博物馆与省史学会联合召开"纪念贵州解放四十周年学术讨论会"。

12月9日，王新金、蔡回阳赴云南元谋参加"西南地区第四纪环境及古人类科学讨论会"。

12月15日至16日，省动物学会在本馆召开学术交流会。

12月23日，陈列楼二楼陈列的西汉铜提梁扁壶（一级文物）、铜马、东汉铜梁壶、双耳铜铣被盗（双耳铜铣次日找回）。

12月24日至28日，王新金、蔡回阳接待中国科学院古脊椎动物与古人类研究所古人类专家顾玉民先生一行2人来我馆参观交流。

12月25日，省文化厅成立贵州省博物馆文物被盗调查小组，随即落实博物馆安全保卫措施。

12月，由唐文元承担内容及形式设计的"贵州民族服饰展"在本馆展出，1990年3月后到重庆等地巡展。

12月，省博物馆以"贵州青少年校外教育会"的名义，组织编辑出版反映学校、家族和社会教育的文论集《今日空白地带：社会、家庭与青少年问题探索》。

12月，李黔滨在中央美术学院作"苗族文化"讲座。

四季度，杨弘等4人赴重庆博物馆参观学习，交流讲解工作。

是年，清理、鉴定旧存"文化大革命"的文物、资料900件，其中选出694件作社建文物入库。

是年，全年接待观众65000人次。

1990年

年初，民族部清理长期未入库的民族文物800件，历史部清理、鉴选文物、资料数千件，办理交库。

2月6日，陈云赴北京参加中国自然科学博物馆协会常务理事会。

2月9日，成立公安科，人员由省博物馆和系统内调整，预定7人，科长高华东，指导员陈龙元，副指导员潘成义，工作人员有万光云、黄健、刘明福、艾克非。

2月19日，召开全馆职工大会，宣布有关制度：《提用藏品制度》《陈列大厅安全工作规定》《文物库房安全规定》《医药费报销规定》《交通费报销规定》《返聘退休人员暂行办法》。

2月，任命李黔滨为民族部主任，王红光为历史部副主任。

2月，贵州电力器材修造厂王玉伦向省博物馆捐赠宋代"遵义型"铜鼓。

2月，博物馆编辑的《贵州省博物馆藏品志（一）》，由贵州人民出版社出版。

2月，先后安装陈列楼展厅及文物库房报警器40套。聘退伍武警4人，负责馆内日夜巡逻值班。

2月底至3月初，文化厅考察组来馆考察现任领导班子。

2至3月，考古队宋世坤、熊水富、万光云、程学忠、张定福、宋先世分两路赴思林电站水淹区进行文物调查，库区发现古墓葬148座，碑刻5通，并完成调查评价报告。

3月3日，国家文物局博物馆处张羽新处长等一行3人，来馆检查文物安全保卫工作。

3月4日至7日，由省博物馆社教部与贵州民族文化宫（筹）发起的贵州、四川、广西、湖南4省区博物馆、纪念馆社会教育工作交流会在凯里召开。

3月13日，何佩玲、刘明琼及保安人员护送馆藏的9件文物赴京参加"中国文物精品展览"。

3月22日，省、市公安机关侦破省博物馆被盗案件专案组进驻本馆开展工作。

3月29日，省博物馆举办的"贵州苗族服饰展览"赴重庆巡展；4月20日离开重庆，赴成都、太原巡展；9月初在呼和浩特市展出，其间唐文元分别在呼和浩特博物馆、内蒙古大学汉语言文学系、内蒙古自治区文化艺术干部学校文博班、内蒙古师范大学美术系作"贵州民族文化"讲座。

3月，制定《安全保卫工作条例》《保卫科工作人员守则》《保卫科科长职责》《负责防火工作干部职责》等制度。

3月，花溪区湖潮乡磊庄村刘华，向省博物馆捐赠清代六方提梁锡酒壶1件。

3月，博物馆举办"贵州近代史学术讲座"，聘请贵州师大胡克敏教授主讲，同时，本馆业务人员就陈列设计、文物征集等作专题讲座。

4月11日，澳大利亚罗伯茨博士来馆，参观了"可爱的贵州"陈列及民族文物藏品。

4月12日至7月15日，省博物馆引进青岛海产博物馆举办的"海洋水生动物展览"在馆展出，旋即赴黔南州博物馆巡展。

4月30日至5月8日，谭用中、熊水富赴务川官学清理基建工程中发现的大型东汉砖室墓1座。

4至6月，张桂林协助黔南州民族博物馆筹办"黔南民族风情展览"。

5月1日，"贵州明代古尸展"赴都匀展出，历时6天。

5月1日，传达国家文物局和省政府"关于博物馆文物丢失被盗"文件，发动职工投入破案工作。

5月15日至6月25日，省博物馆与贵阳市教委联办，戴亚雄主持的"中国近现代史爱国主义教育展览"在本馆展出。

5月20日至6月12日，姬爱鸣赴杭州参加国家文物局举办的"文物博物馆事业单位财务管理办法"讲解班学习。

5月22日，省文化厅以"（90）黔文物字第15号文"批复，建立贵州省博物馆考古研究所。1990年10月，任命熊水富为考古研究所所长、刘恩元为副所长，业务经费由文化厅戴帽下达，其余事宜仍归博物馆领导。

5月下旬，用博物馆参考品与省文物商店交换明清瓷器64件。

5月底，保管部办理1963年独山文化馆寄存的莫友芝文物资料50余件入藏手续，用复制品及复印件与对方换取拨交馆藏的正式收据。

5月，考古所赴东风电站水淹区进行文物调查，在黔西大关化屋乡境内发现近千座宋明时期的石板墓。

5月，李黔滨在北京服装学院作"苗族女性服饰的沿袭及演变"讲座。

5月，宋世坤赴广西参加中国古代铜鼓研究会学术讨论会。

5月，黄桂彬赴天津参加全国中、奥技术交流剥制训练班学习。

6月1日，与云岩区少年宫联办的"昆虫展览"在少年宫展出。

6月1日，馆长办公会议发布通知，限期于6月底之前办理职工个人保存尚未交库的文物入库手续。

6月中旬，徐家敏、刘明琼赴山东泰安培训中心参加国家文物局举办的保管工作培训班学习。

6月，印发《贵州省博物馆规章制度》汇印本，包含1984年至1990年6月期间制定的一系列规章制度。

6至7月，李黔滨、吴仕忠、梁太鹤、张桂林、唐文元、李国庆及省群众艺术馆黄守堡等对馆藏数千件民族文物进行鉴定，定出一级藏品3件、二级藏品40多件、三级藏品近500件。

二季度，由社教部组织承办的"中华英杰图片展"到部队、工厂巡展。

7月，汤鲁彬从武汉大学历史系考古专业毕业，分配到省博物馆；赵小凡从四川大学历史系考古专业毕业，分配到省博物馆。

7至12月，"贵州革命文化史展览"在省博物馆展出。

8月21日至26日，受中国自然科学博物馆协会委托，由省博物馆承办的中国自然科学博物馆协会第二届二次理事会在贵阳召开，自然部全体人员参与会务所有相关事宜。

8月，宋先世、王燕子、赵小凡在安顺市旧州镇松林村清理明代石室墓1座。

8月，受遵义会议纪念馆邀请，省文化厅文物处委派张桂林为遵义会议纪念馆辅助陈列布展，担任陈列艺术设计。

9月，羊艾农场居住的胡某，向本馆捐赠龙柱形青铜饰1件。

9月，王新金、蔡回阳与安顺文管所周大厚、郭秉红等在安顺旧州发现猫猫洞遗址，获得石制品100余件；在安顺三铺发现观音洞遗址，采集到石制品数十件和一些动物化石；在安顺安庄屯发现大岩洞遗址，获得石制品约200件。在安顺发现的遗址还有：二铺老母猪洞、砂锅寨穿洞、小寨高洞、大西桥马鞍山穿洞、旧州老孟寨地甲洞、旧州象鼻子洞、旧州环圆洞。

10月初，省文化厅任命陈云为省博物馆馆长兼党支部书记，谭用中为副馆长，潘成义为党支部副书记。

10月13日，馆长会议决定，将秘书室更名为办公室，胡进任办公室主任。

10月起，党支部副书记潘成义、保卫科艾克非及保管部工作人员，对馆藏所有文物进行清查（账对物）。经过近半年的清理，无差错。

11月14日至18日，蔡回阳、王新金赴中国科学院古脊椎动物与古人类研究所在桐梓县马鞍山遗址的发掘工地参观学习。顺途调查桐梓县官坝区域内的庄子上洞、观音洞及九坝区域内山王庙两洞穴，其一洞穴（2号洞）内发现啮齿类牙化石及动物碎骨片。

11月，省博物馆考古所及六盘水市文管所联合对水城马坝石棺墓进行抢救性清理发掘。

11月，吴晓秋调入省博物馆（1987年7月贵州师范大学历史系毕业，分配到贵州省艺术专科学校任教），2008年9月调贵州师范大学国际旅游文化学院。

12月，吴天庄进入博物馆工作。

12月，王新金、蔡回阳对安龙观音洞遗址进行20余天的洞穴平、剖面图测绘及基点定位、打格分方等工作，为次年正式发掘做准备。

12月，省博物馆考古所刘恩元、宋世坤、万光云在安顺宁谷镇进行文物调查，于龙泉寺、瓦窑发现汉代遗址和窑址各1处，同时在砖瓦厂清理汉墓1座，出土各种器物22件。

1991年

1月16日，省博物馆考古所顾新民对思南县鹦鹉区桶井乡大头坡村彭家洞洞棺葬进行抢救性清理。

1至2月，王新金对1990年安顺野外调查发现的10个石器时代遗址或地点采集的374余件化石进行整理、分类、编号。

3月22日至4月27日，胡进、黄桂彬、李学英、吴天庄、刘明福赴遵义仙人山采集鸟、兽类标本205号。

3月22日，任命张桂林任展览服务部主任，王新金任自然部主任，杨弘任社会教育部主任，唐文元任实验室主任，民族部合并于历史部，顾隆刚任主任，张佩文任副主任；设研究部，谭用中兼主任。

3月，王新金对安龙观音洞遗址1985年、1986年采集所获各类化石标本进行整理、分类、编号共782件，初步鉴定约10个属种。

3月，胡蓉进入省博物馆工作。

4月，省文化厅任命潘成义为党支部书记，陈云为副书记。

5月2日至11月14日，由中国科学院古脊椎动物与古人类研究所李炎贤领队，省博物馆蔡回阳、王新金、黄桂彬、邓雪梅组成野外发掘队，对安龙观音洞遗址进行首次正式发掘，其间，县文管所董光荣、陈佩英等参与发掘工作，共获石器、骨器、陶片等3万余件。

5月11日，"全国博物馆首届艺术设计展览"在广州开幕，由张桂林设计的"贵州文化旅游资源展"参展。

5月24日至29日，故宫博物院徐邦达先生以及王连起、王卫、张彬等专程到贵州省博物馆帮助鉴定馆藏字画356件，鉴选出一级品10件、二级品54件、三级品23件。

5月，潘成义、简小娅等赴毕节征集苗族银饰10余件。

5月，自然部李学英、吴天庄、黄桂彬、邓雪梅等协助市青少年宫筹办"动物陈列展"。

6月，刘锦、梁太鹤赴瓮安征集华天谷先生1944年绘《花溪全景图》。

6月，刘锦、梁太鹤着手筹办"方小石画展"。

6至7月，省博物馆聘邀北京自然博物馆专家房利祥先生来馆传授、交流现生生物的解剖与标本制作技术。其间，黄桂彬、吴天庄、李学英参加制作大熊猫、毛冠鹿、黄麂、野猪等生态标本。特别值得一提的是大熊猫生态标本是用馆藏熊猫皮制作的栩栩如生的生态标本，采用了当时国内外现生动物标本剥制及制作的新技术与新方法，为当时贵州的唯一和突破。就此，贵州电视台新闻频道作了新闻报道，《贵州经济报》刊载《贵州省第一只大熊猫标本诞生记》（1991年9月30日）。

6至7月，省博物馆考古所熊水富、刘恩元、宋世坤、万光云、宋先世、王燕子、赵小帆、汤鲁彬、曹波、顾新民清理东风电站黔西化屋乡水淹区明清墓数十座。

7月1日，梁太鹤赴湖北江陵参加中国博物馆学会第三届代表大会。

7月起，龚正英主动向从事古籍修复的专门人士学习，在完成本职正常工作外，不计报酬，每年用2个月时间修复图书室残破糟朽的古书。至2006年，经修复的古书有《雪斋诗存》《延江生诗集》《学道堂诗集》《毕节县志》《大定县志》等52种，计1220余页。

7月，张合荣从四川大学历史系考古毕业，分配到省博物馆；周瑟从贵州大学历史系毕业，分配到省博物馆；简小艳从贵阳市财政学校毕业，分配到省博物馆。

8月，方小石、戴明贤等先生来馆观看馆藏宋、元、明书画。

9月，中国历史博物馆史树青先生来馆观看馆藏字画及开元投龙简、大明通行宝钞壹贯钞版等文物。

9月，戴亚雄在长沙为全国博物馆群众教育部主任培训班作"博物馆教育科学研究"讲座。

10月10日至22日，戴亚雄参加国家文物局板仓培训中心举办的全国博物馆群教部主任培训班学习。

10月16日，唐文元赴南宁参加中国南方及东南亚地区古代铜鼓和青铜文化第二次国际学术讨论会。

10月，陈云、梁太鹤、张伟琴在北京自然博物馆举办"纪念辛亥革命八十周年蜡染艺术作品展"。

10月，王新金、蔡回阳获贵州省文化厅、贵州省人事厅授予的"贵州省文化系统先进工作者"荣誉称号。

11月4日至5日，省博物馆与省社科联、省史学会、省社科院、省文史馆、省档案馆、省地方志办公室、贵州大学、贵州师大、贵州民院（今贵州民族大学）等单位联合发起召开贵州省纪念辛亥革命80周年学术讨论会。

11月4日至18日，省博物馆与省社科联、省史学会等单位联合举办的"贵州省纪念辛亥革命80周年展览"在馆展出，省委领导苗春亭等到会剪彩。

11月16日至30日，王新金赴广东封开县参加纪念黄岩洞遗址发现三十周年暨西江流域古文化国际学术研讨会，提交论文《贵州织金猫猫洞发现的石制品》。

12月18日，王新金、蔡回阳、吴天庄、黄桂彬赴修文调查，发现修文扎佐猪头山叫化子洞石器点，获几件动物化石。

12月23日至28日，顾新民、汤鲁彬对仁怀合马东汉砖室墓进行发掘清理。

12月24日，席克定等在凯里市龙场镇鱼洞村旧院发掘古墓葬，出土银、铜、瓷器等数10件。

12月，刘锦、梁太鹤赴瓮安取华天谷《花溪全景图》。

是年，李学英参加中国共产主义青年团贵州省文化厅第三次代表大会。

是年，黄桂彬、吴天庄应邀协助贵州科学院、北京自然博物馆等单位赴梵净山、黄果树、农干院等地进行野生动物考察，并制作生态标本，历时约40天。李学英执笔完成《仙人山春季野外调查报告》。

是年，"苗族银饰展"开展，李黔滨编写陈列大纲，张桂林任陈列艺术设计。该展览的展出标志着本馆在苗族银饰的收藏、研究工作上进入一个新的阶段。

1992年

1月7日，省博物馆与省政协、省民盟、省文联、省美协、市文联等联合举办的"方小石画展"在本馆展出。

1月7日至14日，王新金、蔡回阳、王红光、陈维他陪同中国科学院地质力学研究所钱方先生实地考察桐梓岩灰洞、普定穿洞、普定白岩脚洞等遗址。

2月25日，董有刚率保管部何佩玲、李盟、刘明琼及民族部唐文元等赴遵义收回酒文化博物馆1991年4月借用本馆巡展的文物127件，同时送去调拨文物60余件。

3月1日，为配合"爱鸟周"宣传科普活动，省博物馆与贵州省林业厅联合举办的"贵州野生动物展"在本馆展出。

4月14日至30日，王新金赴杭州参加全国自然科学博物馆现代管理学习班培训。学习期间，王新金与相关方面协调，为省博物馆复制"穿洞人"第一头骨石膏模型。

5月20日，陈云、李学英参加省科委等联合举办的国际鸟类研究保护会议。

5月，梁太鹤赴西安参加中国博物馆学会十周年学术研讨会。

5月，王新金对松桃县长兴区天堂村化石点进行调查处理，收回3个目5个属种的动物化石。

5月，戴亚雄获文化部、教育部等六部委授予的"全国少年儿童校外教育先进工作者"称号。

5至6月，吴天庄、黄桂彬协助黄果树风景区举办动物陈列，采集、制作标本70多号。

6月，谭用中、顾隆刚、龚正英当选贵州历史文献研究会第二届理事会理事。

6至7月，保管部对省文化厅组织全省文物员征集的2600多件民族服饰进行建账、建档、抄库卡等工作，对鉴选出的几百件处理品造清册等，正式完成入库手续。

7月6日至7日，王新金、黄桂彬、艾克非、邓雪梅赴修文县，调查处理六屯乡发现的化石点，经对露出部位观察，初步定为鳞木化石。后于2001年发掘收回。

7月16日至19日，广东省文物考古研究所邱立诚一行5人来我馆参观交流，参加接待与陪同的有文物处胡朝相处长、陈云馆长、谭用中副馆长、熊水富、梁太鹤、王新金、蔡回阳等。

7月，周瑟、张合荣、姚爱荣获助理馆员职称，简小艳获会计员职称。

8月30日至9月20日，值中日建交20周年之际，应日本有关方面邀请，由省文化厅组织的贵州少数民族文化艺术展示团赴日本开展文化交流活动。博物馆陈云、陈宁康为展示团成员，该团由15人组成，在日活动21天。活动分为展览和文艺表演两个部分，博物馆负责展览，提供的展品有民族服饰17套，银饰90件，傩面具26面，贵州风情照片90张。张桂林参与前期文物展品、资料编选等筹备工作。展览于9月2日在登别市"天华园"展出，在日期间，参观了日本爱奴民族博物馆，与该馆进行了座谈交流、表演活动，又在东京参观了一些大的博物馆。

8月，王新金、蔡回阳赴大连参加全国脊椎动物学与相关学科综合学术年会。提交论文及报告《安顺东两区史前文化新发现》《安龙观音洞遗址首次发掘》。

8月，省博物馆考古所张合荣等对福泉县（今福泉市）城外环公路4座明墓进行抢救性清理。

9月7日至15日，贵州省人事厅在馆举办"'92贵州人才交流会"，胡进、梁太鹤、蔡回阳、王新金等参与筹办。

9月14日至10月17日，由中国少数民族文化艺术基金会举办的第二届中国民族文化博览会（即"民族之花"活动）选手决赛在成都举行，赛后获奖人员在北京参加颁奖活动。吴一方荣获"苗族宝石花"称号。

9至12月，胡进、蔡回阳、梁太鹤、唐文元、张桂林、王新金、龚正英、徐念弘等帮助筹办贵阳市天河潭风景区管理处于该景区举办的恐龙展。

10月4日至7日，四川省博物馆馆长范桂杰一行2人到我馆交流学习，陈云馆长、王新金和蔡回阳陪同接待。

10月4日，省博物馆举办"纪念黎庶昌诞辰155周年展览"。展览由顾隆刚主持，张佩文、吴晓秋、朱良津承担内容设计。

10至11月，省博物馆考古所熊水富、万光云、宋先世、赵小帆、汤鲁彬及赫章文管所殷其昌、陈黔灵发掘可乐粮管所汉遗址200平方米。

11月，省博物馆考古所熊水富、张合荣赴兴义万屯镇后海子唐家松林堡对9号汉墓进行抢救性清理。该古墓系兴义市农委在该地进行果园工程改土时发现。

是年，唐文元论文《试论南方铜鼓与中原青铜器文化的渊源关系》获1987至1991年度贵州省史学优秀成果奖。

1993年

1月，成立贵州博文展览服务公司，公司受省博物馆领导，实行独立核算，全部筹办资金由职工自愿参加集资，每份1000元，至1995年3月公司撤销。

1月，唐文元当选为贵州省第七届政协委员，任期五年（1993至1997年）。

3月13日至16日，安徽省文物考古研究所房云山先生一行来馆交流学习，其间，蔡回阳、王新金陪同参观馆藏旧石器标本。

3月，为配合"爱鸟周"活动，省博物馆与省林业厅联合举办"贵州珍稀动物展"。张桂林任陈列展览艺术设计。蔡回阳、王新金等参加拟定展览提纲、标本鉴选、布展等工作。

4月16日至24日，张桂林与遵义会议纪念馆副馆长费侃如在北京向国家文物局汇报期间，于17日在中国革命博物馆参加学术研讨会，研究遵义会议纪念馆陈列问题。19日到国家文物局汇报遵义会议纪念馆陈列方案。20日到卢沟桥参观中国人民抗日战争纪念馆。之后到全国风景名胜区河北野三坡参观，张桂林应时任野三坡苗寨首席顾问的贵州省文化厅吴正光的要求，为野三坡设计《中国野三坡风景名胜区》册页。

4月21日，任命蒋雪梅为社教部副主任。

4月，贵州省人事厅在馆举办"'93贵州省人才交流暨人才市场成立"展会。

5月20日至21日，吴业君、王新金等参加中共贵州省文化厅中国共产党第三次党员代表大会。

5月，潘成义、唐文元、简小娅等到北京中国航空博物馆举办"贵州苗族银饰展览"，历时50天。

6月，省博物馆办公会议决定，由馆方与职工共同集资建房，经营创收，改善职工生活，以办公区后院东南角为集资建房基地建写字楼，经营利润按集资股份分红，不投资者不受益，凡在册职工、离退休人员，每人限集一股，每股金额1000元。

6月，省博物馆考古所、遵义地区文化局、仁怀县文管所在仁怀县合马镇大渡口村卢缸嘴发现1处汉代遗址。

上半年，谭用中赴西安参加全国文物工作会。

8月，申报中高级职称人员参加古汉语、外语资格考试。

9月27日至28日，广西右江民族博物馆一行8人到馆参观交流，陈云、谭用中、蔡回阳、王新金陪同接待。

9月，省文物博物系列职改领导小组办公室设在省博物馆，具体负责评审工作的各项事宜，办公室行政领导有陈云、谭用中、潘成义，具体工作由梁太鹤、张兰冰、张元负责。从1993年至1995年，办公室负责全省文博系列专业职务评聘工作文件的起草；副高、中级评审委员会专业评审组的组建；职称资格审核、送审、职称评定；古汉语培训、考试等工作。

9月，王新金、吴天庄、艾克非等赴岑巩县思旸镇平坝村发现的化石点进行调查处理，获得10种50余件动物化石标本。

10月，省博物馆考古所宋先世、顾新民及遵义地区文化局周必素在正安新州官田清理宋墓2座。

10至11月，吴天庄、邓雪梅对自然部年初库房搬迁的6000余件动物标本进行清理、鉴定、编号、登录，分门别类上架、入柜，初步理顺和摸清了馆藏现生动物标本的家底。

11月3日至4日，中国水电部安锦山等一行，为"乌江流域开发史前文化考古"课题之贵州，到省博物馆拍摄黔西观音洞遗址石器，普定穿洞遗址人头骨、骨器等标本。王新金陪同接待。

11月16日至25日，省博物馆在广州出口商品交易会大厦参加由文化部艺术局组织的中国艺术博览会，展品从馆藏非文物和参考品中鉴选19件参展。

11月24日至27日，谭用中、王新金、蔡回阳应邀赴盘县参加盘县大洞遗址保护与研究规划工作会。

11月30日至12月6日，在馆举办"李慧君书画作品展"，李慧君为都匀师专教师、黔南州书协主席、贵州省书协顾问。

12月3日至4日，谭用中、蔡回阳、王新金应邀赴普定县参加穿洞古人类文化遗址博物苑项目论证会。

12月，吴天庄、艾克非赴织金县马家小坡调查处理化石点，获得10种50余件动物化石标本。

12月，贵州省博物馆考古研究所编辑的《贵州田野考古四十年（1953—1993）》由贵州民族出版社出版发行。该书收集了新中国成立以来贵州新石器时代至明清时期的田野考古调查与发掘资料，收入文章计90余篇，约40万字，数百幅插图。

12月，省博物馆举办"毛泽东诞辰100周年纪念展"，展出毛主席像章1300余枚。

是年，为纪念毛泽东诞辰100周年，由戴亚雄主持，省博物馆策划联合了22个单位（包括省、市教委）的"贵州百人百米少儿书画蜡染大型展览"，在馆展出。蜡染书画百米长卷1幅被中共中央办公厅毛主席纪念堂管理局收藏，又于12月出版了《贵州百名少儿书画集》画册。

是年，梁太鹤、蔡回阳获副研究馆员职称；吴仕忠获二级摄影师职称；张伟琴、胡进、张元、李学英、陈丽艳、王燕子获馆员职称；徐念宏获工艺美术师职称；吴天庄、艾克非、孙力、鲁湘荣、陈笑梅、邓雪梅、胡蓉获助理馆员职称。

是年，撤销展览服务部及实验室，恢复陈列部，唐文元任主任，戴亚雄任副主任；张佩文任历史部主任。

1994年

1月，省博物馆在广州文化公园举办"贵州苗族服饰银饰展览"，展览由李黔滨带队，陈维他、翁泽坤等参加。2月，应广州美院邀请，该展览由陈维他带队在广州美院艺术中心展出一周。

2月，文物出版社出版发行的《书法丛刊》1994年1期，辑录了《贵州省博物馆藏品专辑》（书法）。

2月，张合荣、宋先世及遵义地区文化局黄泗亭、罗洪滔清理习水土城东汉崖墓。

2月20日至24日，贵州省文物工作会在镇远召开。

4月，万光云、张合荣及仁怀县文化馆蔡永德、龙先绪对仁怀云仙洞商周遗址进行清理。

4月，王新金被评为1993年度省直文化系统优秀共产党员。

5月12日，中共贵州省文化厅直属机关委员会以省文直党〔94〕10号文批准建立中共贵州省博物馆离退休干部支部委员会，支委会成员有孙日锟、顾隆刚、吴业君，孙日锟任支部书记。

5月，成立文博系列副高职称评审委员会。

二季度，拆除基本陈列"可爱的贵州"中"美丽富饶的贵州"和"珍稀动物展"两部分全部展板与陈列品。

7月2日，为贯彻中宣部《爱国主义教育实施纲要》，省博物馆与北京路办事处社区教育委员会、省精神文明办、省教委等单位共同发起组织的"'94贵州青少年爱祖国、爱家乡、爱文物夏令营"开营仪式在贵阳十七中举行，拉开了此次活动的序幕。

7月31日，国家文物局博物馆处赵永芬在文化厅吴正光的陪同下，来馆考察。她代表国家文物局到贵州给遵义会议纪念馆颁授"全国优秀社会主义教育基地"匾牌。

7月，王新金、吴天庄、黄桂彬等赴大方县理化镇大塘村处理化石点1处，获动物化石标本2种2件。

8月，蔡回阳赴山西太原参加丁村文化与晋文化考古学术研讨会。

9月，为配合1994年中国文物古迹游活动，由省文化厅、省旅游局主办，省博物馆承办的"贵州文物珍品展"开展，并请来民间艺人进行制陶表演，观众参观后可以亲自操作。

10月18日，任命金萍为社教部副主任。

11月28日至30日，省博物馆与省委宣传部、省精神文明委员会、省教委等单位共同举办的"贵州省青少年爱文物（书法、绘画、摄影）展览"在馆展出。

11月，省博物馆考古所刘恩元、万光云清理安顺宁谷龙滩汉墓。

12月，唐文元、简小娅赴海南征集苗族银饰和服饰。

是年，受梵净山自然保护区邀请，黄桂彬、吴天庄赴江口县，为保护区自然博物馆筹办陈列展，为之采集、制作现生动物标本30余件和3只金丝猴（病故）生态标本，其中采集制作的2只白颈长尾雉为贵州新纪录；工作结束后，梵净山自然保护区赠送国家二级保护动物勺鸡标本1只，为省博物馆馆藏增加藏品。

是年，宋世坤参加《中国大百科全书·文博卷》编撰，撰写贵州全国重点文物保护单位的条目。

是年，唐文元、胡进等为贵阳针织厂制作大型玻璃钢雕塑——《鹰》。

1995年

1月至1996年7月，博物馆馆长空缺（1994年底，原馆长陈云离休、副馆长谭用中退休），由党支部书记潘成义主持工作。

3月23日，省文物处陪同省政府龚贤永副省长，考察省博物馆、贵阳阳明洞、甲秀楼、镇山露天民俗博物馆。

3月29日，国家文物局组织革命文物藏品鉴定专家万冈、夏传鑫、季如迅、王南、陈肇庆一行5人到省博物馆开展鉴定工作，博物馆提供藏品35件，确认为一级藏品的15件。

3至4月，考古所宋先世、张合荣、顾新民、曹波对金沙后山汉画像石墓进行清理发掘。墓中出土几块珍贵的画像石，内容有伏羲女娲神龙交尾图、门阙图、人物图等。

4至12月，蔡回阳、王新金、吴天庄、黄桂彬、邓雪梅赴安龙县，对安龙观音洞遗址进行第二次发掘，获得石器、骨器、陶片等4万余件；对安龙龙广镇七星洞第5号洞进行试掘，获得标本1000余件。

5月11日至18日，梁太鹤赴北京参加中国传统工艺研究会成立暨学术研讨会，任中国传统工艺研究会常务理事。

6月13日，蔡回阳、王新金应邀参加《贵州通史》审稿讨论会。

6月27日，省博物馆承办的"纪念抗日战争暨世界反法西斯战争胜利50周年展览"在馆展出。后在贵阳大中学校巡展，暑假期间和9月以后到省内地、州、市部分地区（独山、都匀、平坝）及大中小学巡展。展览由董有刚主持，张桂林总体策划，设计、绘制广告屏风。

7月24日至26日，省文化厅文物处吴正光、娄清，省博物馆唐文元、王红光，贵州省地矿厅陈文益，农工党贵州省委宋秋星等组成的调研组赴兴义调查贵州龙化石保护情况。与兴义市文管所座谈举办贵州龙化石展览事宜。

7月，江苏南通青年画家施作雄画展在省博物馆展出。

8月，省博物馆与省文化厅、省民委、省旅游局联办，由吴仕忠拍摄的"贵州少数民族风情暨服饰、头饰摄影展"在北京民族文化宫展出。

9月25日，省人民政府办公厅下发黔府办发〔1995〕85号文件，成立贵州夜郎考古领导小组，组长龚贤永，副组长曹新忠、王恒富、顾庆金、李嘉琪。成员中，本馆有谭用中、熊水富、梁太鹤，办公室设在省文化厅，办公室主任胡朝相（兼），副主任刘恩元、宋世坤。

10月，省博物馆考古所万光云、王燕子、张合荣在威宁中水镇附近吴家大坪调查发现商末周初时期墓葬2座。同年进行试掘，出土有磨光石锛、石凿、长领壶等，两墓底均发现百余斤全部炭化但颗粒饱满、轮廓清楚的稻谷，为贵州罕见。

11月23日，省博物馆与黔西南州文化局等单位共同举办的"贵州龙展"在馆开幕，省领导王朝文、陈士能、龙志毅等出席了开幕式，陈士能省长为展览题名。贵州龙的第一发现者胡承志老先生应邀参加了开幕式。同时开展的还有"贵州观赏石展""贵州少数民族风情暨服饰头饰摄影展"。

11月30日，经贵州省机构编制委员会"黔机编〔1995〕44号文"批复，建立"贵州省文物考古研究所"，为文化厅领导下的县级事业单位，暂定编制15名，配备正副职领导职数3名（含党支部书记1名），专业人员10名，后勤人员2名。经过筹备，于1996年9月16日宣布正式成立。

11月，国家文物局鉴定专家组一行9人来馆对馆藏历史文物进行评级鉴定，本馆提供98件文物，经专家组鉴定，有41件被定为一级藏品（其中7件为兴仁交乐出土）；另对馆藏出土文物和传世瓷器等720件进行鉴选，拟评二、三级藏品百余件。

11月，本馆较圆满地完成了44个国家驻华大使参观省博物馆的接待工作，接待工作受到有关部门的高度赞扬。

11月，王新金、张桂林、李黔滨、万光云、刘恩元、张佩文、何凤桐（破格）获副研究馆员职称；赵小帆、朱良津、简小娅、吴晓秋、王红光、张合荣（破格）获馆员职称。

12月，梁太鹤、张伟琴到安顺接收平坝棺材洞出土宋明时期鹭鸟纹彩色蜡染衣裙。

是年，董有刚荣获文化部授予的"全国革命文化史料征集工作先进工作者"称号。

是年，与花溪区政府联合筹办贵州古文化博物馆。筹办"贵州古代文明展"，展览由梁太鹤编写陈列大纲，张桂林任陈列艺术设计，王新金、吴天庄鉴选提供展品，张伟琴、张元、张合荣参加筹展。展览于1996年2月在花溪公园礼堂开幕。

"贵州古代文明展"展厅(张桂林 提供)

是年，为庆祝故宫博物院建院70周年，省博物馆在故宫举办"贵州民族服饰、银饰展"。

是年，鉴选馆藏1950年之前的邮票216种，计1569枚，并造册上报国家文物局邮票鉴定委员会。

是年，接办临时展览（不含展销）14个，其中自办或协办展览6个，接待观众5万多人。

是年，征集流散文物20余件。

第三章

1996—2024年

1996

2024

1996年，贵州文博工作有重大调整，考古工作从博物馆分离，成立贵州省文物考古研究所，博物馆的业务工作更趋专业。

1996年

年初，中共贵州省委和省人民政府把维修扩建省博物馆列为1996年十件大事的组成部分来抓。党的十四届六中全会后，省委和省政府再次强调要搞好省博物馆的维修扩建工程。

1月，省博物馆考古所对安顺宁谷遗址进行广泛勘探和局部发掘，探明宁谷龙泉寺汉代遗址有9万多平方米，遗址附近还有陶窑遗址和数百座汉代古墓。

2月1日，省文化厅直属机关党委任命陈云为离退休支部书记。

3月14日，龚贤永副省长在省文化厅主持召开省夜郎考古领导小组第一次全委会，有关厅、局及省社科院、科学院，省博物馆、考古研究所的领导及专家出席了会议。

3月26日，全省文物工作会召开，本馆董有刚、梁太鹤、王新金、张兰冰、潘成义被评为"八五"期间全省文物工作先进个人。

3月，博物馆联合北京路地区教育委员会，在实验小学组织"贵州革命烈士诗抄朗诵会"，利用革命文物资料进行爱国主义教育。

4月，唐文元研究发现威宁县出土鲵鱼形铜带钩身上有五字铭文和纹饰。经除锈处理，现"日利八千万"铭文，该件后来被鉴定为一级文物。

4至5月，黄桂彬帮助梵净山自然保护处制作标本20多件，并从该处获得珍贵的国家一类保护动物标本3件，填补了馆藏标本的空白。

4至5月，省博物馆考古所宋世坤、万光云、刘恩元、张合荣、赵小帆、曹波赴六枝毛口镇，对光照电站水淹区进行文物调查。

5月，刘恩元及毕节地区文管办等一行6人，赴赫章可乐对被盗墓葬进行清理，清理残墓9座。

5至6月，配合"严打"斗争，自然部蔡回阳、王新金、吴天庄、邓雪梅与文化厅吴正光等赴关岭协助公安机关依法收缴古生物化石千余件，与有关专家共同进行鉴定，其中一级标本29件，一至二级标本13件，二级标本119件，二至三级标本27件，三级标本171件，鉴定工作得到国内权威专家的肯定。5月24日，龚贤永副省长到省博物馆视察收缴的化石。

6月，贵州省文化厅任命孙志刚为省博物馆助理调研员（副处级）。

7月19日，省文化厅主办，省博物馆承办，由娄清、胡进与自然部完成的

"抢救珍贵化石展"参展人员合影（吴正光 提供）

"抢救珍贵化石展"在博物馆开展，为配合展览宣传，编印《贵州——古生物的王国》小册子，制作有"抢救珍贵化石"字样和贵州龙图案的文化衫。展出时间3个月。

7月19日，文化厅领导召集博物馆部室领导宣布关于吴正光任省博物馆馆长兼文化厅文物处副处长（正处级）的任命通知。

7月23日，吴正光在省文化厅举办的文物法制学习班授课，重点讲授"具有科学价值的古脊椎动物化石和古人类化石同文物一样受国家保护"等理念。

7月31日，"陈忠恒书画展"在馆开幕。

7月，王新金被评为贵州省文化厅直属机关1994—1995年度优秀共产党员。

8月3日，吴正光与文化厅张诗莲、娄清应邀前往大方，参加毕节地区在大方召开的文物保护与利用工作会议，对毕节地区各县的文物保护工作分别提出建议。

8月26日至29日，吴正光以中国民俗学会民俗博物馆专业委员会副主任身份赴黑龙江哈尔滨参加中国民俗学会民俗博物馆专业委员会第三届年会，就《夜郎遗风拾零——贵州系列专题博物馆巡礼》作专题发言，并主持闭幕式。

8月，"孔繁森同志事迹展"在馆展出。

9月4日，吴正光到国家文物局汇报、请示工作，张文彬局长指出：贵州要继续发挥民族文物的优势，进一步办好独具特色的系列专题民俗博物馆，建立民族文化史迹网。

9月16日，省文化厅在省博物馆召开全馆大会，宣布省博物馆及省考古所领导任命名单：任命吴正光为省博物馆馆长、潘成义为党支部书记兼副馆长、李黔滨为副馆长、张兰冰为党支部副书记；宣布成立"贵州省文物考古研究所"，任命梁太鹤为所长，宋世坤、刘恩元为副所长。业务费用由文化厅拨专项经费，人员工资暂由省博物馆财务代发，因共产党员仅3人，考古所与博物馆共一个党支部。自此，田野考古工作从省博物馆分出。

9月，省博物馆二级班子进行调整：设办公室，由胡进任主任，简小娅任副主任；设陈列部，将原民族部、历史部、社教部合为一部，由唐文元任主任，张桂林、戴亚雄、金萍任副主任；设保管部，将原保管部、图书资料室合为一部，由刘明琼任主任，龚正英、张伟琴任副主任；设研究部，由董有刚任主任；设自然部，由王新金任主任；设保卫科，由公安部门推荐的人员任科长；设馆长助理1人，由王红光担任。

9月，新班子迅速对馆内机构进行调整后，及时提出"办好十件事，争创新局面的近期工作安排"，得到国家文物局、省文化厅领导的肯定，各部室迅速制定了15项切实可行的规章制度。

9月，鲁湘荣在青岛参加全国文物修复学术研讨会。

9至12月，蔡回阳、王新金、吴天庄、邓雪梅及兴义市文管所王忠寿、罗松对安龙观音洞遗址进行第三次发掘，获得各种标本4万多件。中国科学院古脊椎动物与古人类研究所李炎贤先生到发掘工地作指导。

10月22日，由吴建民大使带队的中国驻外使节赴黔考察团来馆参观。

10月30日，"陈恒安先生书法遗作展"在省博物馆开幕。

下半年，先后举办、承办和引进的展览还有"迎接'97香港回归祖国大型图片展""中国贵阳·澳大利亚悉尼版画交流展""'96贵阳写生作品展""纪念红

1996年省博物馆新班子人员组成名单报告（吴正光 提供）

军长征胜利60周年摄影作品展""贵州省检察机关惩治贪污贿赂犯罪展""贵州省纪念红军长征胜利60周年美术书法作品展"等展览和2个展览会，全年接待观众50多万人次。

11月6日至12日，吴正光、唐文元与考古所梁太鹤赴桂林参加中国南方及东南亚地区古代铜鼓和青铜文化第三次国际学术讨论会。吴正光增补为常务理事、副理事长。

11月15日，吴正光、唐文元与考古所梁太鹤等陪同在美国纳尔逊艺术博物馆任职的原中国对外文物展览公司考古专家杨晓前往郎德寨"过苗年"，并参观黔东南州民族博物馆。

11月25日，国家文物局来函，对《贵州省博物馆近期工作安排（征求意见稿）》作出答复："你馆近期工作计划重视职工思想教育和队伍建设，对全馆基础设施、陈列展览、科学研究、宣传出版等均有新的构想和措施，从总体看比较全面，并切合你馆现阶段的实际，有具体目标和可操作性。"最后嘱咐："在搞好馆舍维修、加强基础设施的同时，着手更新陈列展览，适应时代要求，以新的展陈面貌面向社会。"给一个省级博物馆致函，就其工作计划（征求意见稿）作出指示，足见国家文物局对本馆的关心。

11月，潘成义、龚正英（破格）、戴亚雄（破格）获副研究馆员职称；鲁湘荣、娄清、黄桂彬获馆员职称；金萍、吴一方、蒋雪梅获助理馆员职称。

12月1日至11日，省文物考古研究所在镇远举办贵州省考古训练班，唐文元、张伟琴到训练班讲课。

12月27日，省文化厅李嘉琪副厅长将赴法国参观学习期间，法国相关部门赠送的8件不同类别标本，送省博物馆自然部入库保存。

12月28日，吴正光在花溪参加民族文化学会第八届年会，被增补为常务理事。会上作"巩固充实、完善提高、发展办活贵州系列专题博物馆"的发言。

是年，董有刚协助安顺市为纪念王若飞诞辰100周年，在其故乡举办"王若飞烈士生平事迹展"；吴晓秋为兴义贵州民族婚俗博物馆主持举办"贵州少数民族婚恋习俗"展览。

是年，吴一方参加国家文物局举办的文博研究生班培训。

是年，进行宿舍集资建房准备工作。

是年，娄清调入省博物馆。

是年，博物馆编制确定为65人，实际在职职工53人。

至本年底，博物馆83位职工（含30位离退休职工），获得初级职称的有19人，中级职称的有23人，高级职称的有24人，其中正研究馆员3人。

是年，本馆征集传世文物和珍贵拓片26件。

1997年

1月8日，文化部派驻奥地利和捷克使馆前文化参赞、时任中国对外文化交流协会主办的《中外文化交流》主编孙书柱到贵阳，想帮助贵州开展对外文化交流，在外举办民族文化展览。吴正光陪同参观博物馆展览，1月10日至13日，吴正光、李黔滨、龚正英陪同前往兴义，参观"贵州龙化石展"、民族婚俗博物馆，到云南昆明参观云南省民族博物馆、云南省博物馆。

1月28日，省文化厅文物处、省博物馆、省考古所联合举办的贵州文博界与学术界、新闻界新春茶话会暨省博物馆学术委员会成立大会，在省文化厅召开。会上宣布了省博物馆学术委员会的成立，董有刚任主任委员，谭用中、刘锦、唐文元、李黔滨、王新金、张桂林、费侃如等任委员，特聘国家文物局局长吕济民、贵州文史研究馆原馆长冯楠任学术委员会顾问。拟定了《贵州省博物馆学术委员会组织条例》。

1月29日，省博物馆与省考古所共同举办新春联欢会。

1月，吴正光、董有刚获研究馆员职称。

1月，省财政厅下拨维修款140万元，用以维修省博物馆陈列大楼。1月31日维修工程开工，历时88天，于4月底竣工交付使用，以崭新的面貌迎接5月28日省委、省政府在贵阳举办的"'97贵州招商旅游暨贵阳龙洞堡机场建成通航大典活动"。

2月，陈云、蔡回阳赴北京参加中国自然科学博物馆协会常务理事会。

2月，曾嵘调入省博物馆（1995年7月贵州师范大学外贸英语专业毕业）。

3月10日，吴正光、李黔滨、唐文元、王洪光、徐念宏等与省民委的领导、专家学者余克、张仕平、翁家烈、黄才贵、陈国安等座谈，听取他们对《贵州风情摄影艺术展陈列大纲》的意见。

3月26日，全省文物工作会议在贵阳召开。吴正光起草《贵州民族文物工作汇报提纲》。

3月30日至4月1日，吴正光遵照省文化厅的安排，陪同全国人大常委会法制委员会副主任聂大江等前往天台山、蜡染文化博物馆、贵州民族婚俗博物馆、贵州龙化石陈列馆、安龙招堤、十八先生墓、兴仁鲤鱼坝苗寨、安顺麒麟地戏班考察。2日上午陪同聂大江等到贵州民族学院座谈。下午在省政府汇报，听取聂大江等领导实地考察后对贵州民族文物保护工作的意见。

3月，芦媛调入省博物馆。

4月18日至21日，应南明区教育局团委及区青少年科普协会邀请，黄桂彬为南明区举办2期4天150人次的科技辅导员动、植物标本制作培训班。

4月22日至27日，中国历史博物馆王立岩等到馆提一级文物铜车马进京参加"中国科技文明展"。

4月28日，副省长龚贤永、省长助理马文骏及省计委、省财政厅、省文化厅等负责同志到馆检查工作，现场办公，解决维修工程问题。

4月，韦太均调入省博物馆。

4月，吴正光、唐文元参与由国家文物局副局长马自树主编的《中国边疆民族地区文物集萃》贵州部分撰稿。该书于1999年12月由上海辞书出版社出版。

5月初开始，全馆职工全力以赴，加班加点，用不到1个月时间，完成"5·28"活动7个展览的筹展任务。

5月5日，吴亦侠省长来馆视察工作。

5月13日，省计委主任陈大卫，省委宣传部副部长姚康乐、卜茂生，省文化厅厅长张继增、副厅长李嘉琪，来馆检查工作。

5月18日，与省文化厅等单位联合召开纪念国际博物馆日20周年座谈会。

5月21日，副省长楼继伟、省计委主任陈大卫，及省文化厅领导来馆检查工作。

5月22日，"5·28"活动组委会组织省人大、省政府、省政协、省民委、省旅游局、省建设厅来馆检查工作。

5月29日，"5·28"活动组委会在省博物馆举行展览开幕式，本馆同时推出"贵州风情摄影艺术展""夜郎寻迹展""贵州石文化展""贵州铜鼓文化展""贵州明清以来书画藏品展""贵州省国画院美术作品展""贵州少儿书画展"7个展览。省委副书记王寿亭、副省长龚贤永等领导及来自北京、山东、江苏、台湾等地的嘉宾出席了开幕式。其中"夜郎寻迹展"由唐文元主持，翁泽坤任陈列艺术设计；"贵州石文化展"由自然部负责策划；"贵州铜鼓文化展"由唐文元、吴晓秋共同主持，张桂林任陈列艺术设计。

5月29日至6月11日，吴天庄赴北京，参加中国科学院古脊椎动物与古人类研究所和中国古生物学会古脊椎动物学会联合举办的纪念杨中健先生百年诞辰暨学术研讨会。

5月31日，省长吴亦侠来馆视察工作。

5月，为配合"5·28"期间的展览，编印了《醉人的贵州风情》《神秘的夜郎寻迹》《多彩的石头文化》《悠久的铜鼓遗音》等小册子资料。

5月，贵州省文物干部培训班在镇远开班，李黔滨、娄清等到训练班授课。

5月，吴天庄、邓雪梅在遵义北关乡五星村大宝山发现古脊椎动物化石点1

吴亦侠省长（前排左一）来馆视察工作（吴正光 提供）

"5·28"期间展览的配套册页资料（吴正光 提供）

第三章 1996—2024 年

处，获得动物化石43件。

5月，唐文元当选为中国农工民主党贵州省第四届省委副主委，任期五年（1997年5月至2002年5月）。

6月1日，省博物馆与贵阳市教委联合主办的"黔山英烈爱国主义教育巡回展"，到清镇、修文、息烽、开阳和贵阳市白云区、花溪区、乌当区等地巡回展出，参观的大、中、小学师生共10万余人。

6月2日，邮政局在馆举办侗族建筑邮票首发式。

6月6日至9日，馆长吴正光与党支部书记潘成义带领博物馆职工20人赴黔东南考察，参观了黄平飞云崖民族节日博物馆、镇远青龙洞民族建筑博物馆、黔东南州民族博物馆、郎德苗寨博物馆等8个专题民族民俗博物馆，为帮助基层提高博物馆展览水平，配合开展民族文化旅游收集资料。

6月10日，"5·28"活动总结表彰大会在贵州电视台演播厅举行，省博物馆被评为先进单位，受到省委、省政府表彰。

考察合影

"5·28"活动总结表彰大会，前排右三为本馆代表（吴正光 提供）

6月16日，省博物馆举办的"贵州省文物建筑精华图片展"开展。

6月17日，省博物馆团支部改选，吴天庄任团支部书记，曾嵘、芦媛任委员。

6月24日，省博物馆征集到正安出土的春秋战国时期的青铜甬钟。

上半年，为迎接香港回归，省政府将贵州省赠送香港的礼品——《苗岭欢歌庆回归》大型彩色蜡染画的装裱任务交给省博物馆，在鲁湘荣等人的努力下，圆满完成任务。年底，贵州省委、省政府为省博物馆颁发了荣誉证书和奖金，为鲁湘荣颁发了荣誉证书。

7月1日，为迎接香港回归，与有关单位联合举办"贵州省老干部庆回归书画作品展""贵州省文化系统'7·1'迎回归老年书画展"和文博界、史学界、艺术界迎回归庆"7·1"联谊会。

7月1日，为庆祝香港回归祖国，邀请文化名人挥毫泼墨，创作书画作品20余幅，全部由省博物馆收藏。

7月7日至10日，吴正光赴内蒙古呼和浩特市参加全国人大常委会法制委员会召开的全国少数民族文物保护座谈会，并作大会发言。7月23日，吴正光向全馆职工传达座谈会精神，向厅党组织提出贯彻意见。

8月5日至6日，省文化厅举办的全省文物系统讲解员选拔赛在省博物馆举行，全省26名讲解员参加，我馆唐艳获一等奖。

8月12日至19日，为纪念鲁迅先生诞辰115周年，与中国书法家协会、中国博物馆学会、北京鲁迅博物馆等单位联合举办"全国鲁迅文学作品书法大展"，在省博物馆展出。

8月26日至28日，吴正光、谭用中等到花溪参加审阅第三批省级文物保护单位、第二批省级历史文化名城、首批民族保护村寨报批材料。

8月26日至9月4日，中共贵州省委、省人民政府主办，省博物馆承办的"苦熬没有出路，苦干才有希望——罗甸县大关村艰苦创业先进事迹展"在馆展出。旋即在省内巡展，至11月，接待观众10多万人次。

8月，刘明琼获副研究馆员职称；谭湘雯、翁仁康、吴天庄（破格）、翁泽坤（破格）获馆员职称；陈薇获工艺美术师职称；陈维他获助理馆员职称。

8月25日，贵博〔97〕办字第19号，关于成立第三产业办公室的决定。为进一步做好"以文养文""以副养文"的决定，成立"第三产业办公室"（简称"三产办"）。三产办主任由馆长助理王红光兼任，成员有娄清、陈维他、芦媛、郑芳芳等。负责组织策划展览制作和接办展示会、展销会，是年创收20多万元。

9月1日至23日，省文物考古研究所在兴义举办兴义地区夜郎考古训练班，唐文元、张伟琴、吴晓秋到训练班讲课。

9月9日，省文化厅黔文经〔1997〕10号文，关于同意省博物馆成立"贵州省文博艺术中心"的批复：希望该中心以此为突破口，探索、总结文化系统非经营性单位"以文补文"的经验，促进贵州文博事业的发展。

9月12日，省博物馆举办的"贵州省博物馆藏书画精品系列展"（海派部分）在馆展出。

9月30日，省博物馆举办的"黔山英烈展"开幕，省政协主席王思齐等出席开幕式，展出至10月15日。后在省内巡展。展览由董有刚编写陈列大纲，张桂林任陈列艺术设计。

9至11月，唐文元、张伟琴、吴晓秋参加省文物考古研究所在兴义郑屯、鲁屯、下五屯等区进行的第二次夜郎考古调查。

10月12日至15日，吴正光与省文化厅侯天佑陪同应邀前来贵州讲课的国家文物局综合司负责人李晓东参观息烽集中营旧址、遵义城内革命旧址，考察遵义杨粲墓、黄平飞云崖民族节日博物馆、镇远青龙洞民族建筑博物馆等文物保护单位。

10月18日至25日，李黔滨、吴正光、娄清、张伟琴在全省民族文物干部培训班授课。讲授民族文物征集、民族文物概论、专题民族民俗博物馆、民族建筑、馆藏文物保管等内容。

10月起，省博物馆向在岗职工免费提供中餐。

11月3日至6日，全国考古工作汇报会在贵阳冠洲宾馆召开，吴正光等参加了会议，王新金、蔡回阳、吴天庄列席会议旁听。省博物馆自然部对观音洞第三次发掘的收获与成果作为贵州汇报材料之一。会议期间，陈云、王新金、蔡回阳、吴天庄接待、陪同参会的部分专家、学者到馆参观旧石器时代各类标本，进行学术交流。

11月5日，国家文物局副局长马自树在省博物馆召集省城民族工作者参加民族文物座谈会，赞扬我省民族文物保护工作。

11月8日，吴正光陪同参加全国考古工作汇报会的部分代表赴郎德考察。

11月9日至12日，吴正光与省文化厅侯天佑陪同国家文物局罗伯健、朱晓东二位领导前往郎德、榕江、从江、黎平、天柱、镇远、黄平考察民族建筑及民族民俗专题博物馆。

11月14日，国家文物局罗伯健、朱晓东二位领导到省博物馆调研视察，并在馆召开座谈会。

11月17日，由贵州师范大学蜡染研究所与省博物馆联合举办，陈宁康主持筹办、张桂林任陈列设计的"'97中国贵州国际蜡染联展"在博物馆展出。20日，澳大利亚、奥地利、阿根廷、英国、日本、印度、印度尼西亚、比利时、荷兰、加拿大和苏格兰、爪哇斯拉根共12个国家及地区的18位蜡染艺术家，将21件作品无偿捐赠给省博物馆。在馆举行了捐赠仪式，并为捐赠者签发收藏证书。

11月19日，博物馆部分专家参加省文化厅举行的纪念文物保护法颁布15周年座谈会。

11月21日至28日，为庆祝南昆铁路开通，黔西南州文物、旅游部门在省博物馆举办"贵州民族婚俗展"。

11月25日，兴仁县谭修业把珍藏几十年的1双清代妇女小脚鞋捐赠给博物馆收藏。

11月28日，吴正光、唐文元、吴晓秋与省文化厅文物处处长侯天佑，前往兴义，帮助当地修改民族婚俗展览。

11月，为配合"黔山英烈展"的展出，扩大宣传教育效果，博物馆编辑出版《贵州革命烈士诗书选抄》。

11月，吴天庄、邓雪梅应邀赴水电九局安装处鉴定古脊椎动物化石100余件。

11月，蔡回阳、王新金、吴天庄在贵阳乌当区东风镇大堡村猫猫山发现1处距今万年左右的古人类遗址，获遗物40余件，填补了贵阳史前考古的空白。

12月10日，吴正光在省社科联参加史学年会换届选举，当选常务理事。

12月11日，著名书画家谢孝思先生向省博物馆无偿捐献其师吕凤子先生为贵阳正谊学校题写的隶书横幅"正谊明道"和十六罗汉像拓片30页。

12月18日，《贵州省志·文物志》编委会成立，博物馆董有刚、熊水富、罗会仁、李黔滨、蔡回阳为编委会委员；董有刚、熊水富、罗会仁任副主编；董有刚任总纂。

12月19日，贵州省博物馆被贵州省委、省政府授予"省级爱国主义教育基地"称号，挂牌仪式在本馆举行。

12月19日至21日，"谢德萍书画展"在馆展出。

12月，蔡回阳、吴天庄与毕节地区文管办郑远文，前往纳雍古生物出土地点进行清理调查，出土熊、牛等动物化石。

12月，曹颖从贵州民族学院民族文化与旅游专业毕业，到博物馆工作。

是年，戴亚雄策划，博物馆以"贵州民族风情摄影展"为内容，以云岩小学、实验小学为基本单位，组织"家庭走进博物馆"专题讲解活动。

是年，吴正光、王红光、娄清、徐念宏、陈薇、张伟琴等帮助部分专题博物馆修改基本陈列，有贵州民族建筑博物馆（镇远）、贵州民族婚俗博物馆（兴义）、贵州傩文化博物馆（铜仁）、贵州民族节日博物馆（黄平）、郎德苗寨博物馆（雷山）。为息烽集中营旧址拟订"息烽集中营展览"陈列提纲，并协助完成展览制作。

是年，博物馆承接的展览还有"省艺专美术系97届毕业生作品展""刘洪兴师生书法作品展""世界军事（模型）知识展"等。全年自办、协办、承接展览29个，接待观众30余万人次。

是年，唐文元论文《竖耳深腹烹牛锅考》获贵州省民族研究学会优秀奖。

是年，潘成义任主编，顾隆刚、简家奎任编辑的《中国西南地区历代石刻汇编》贵州卷，由天津古籍出版社出版。

是年，购买了打字机、复印机、激光刻字机，为展览制作及科学管理奠定了基础，同时更换了办公桌和文件柜，使办公室条件得到一定改善。

1998年

1月8日至10日，吴正光、张伟琴与省文化厅文物处胡朝相及公安厅人员赴德江收缴当地老乡在生产中发现的铜鼓、铜锣各1面。

1月14日，省博物馆、省考古所在馆举行新春联欢会。

1998年新春联欢会

1月15日至18日，为迎接改革开放20周年，省博物馆协助省建设厅完成建设部举办的"全国城市建设档案工作成就展·贵州展厅"，展览在北京民族文化宫展出，荣获最佳组织奖。

1月17日至26日，与省文化厅、精神文明办、中华文化研究会、文联在省博物馆举行"'98迎春社区文化十日场"大型文娱商贸活动，有省杂技团、省京剧团、省花灯团、市艺术中心及社区群众文艺团体、业余文艺爱好者每天表演节目，活动最后一天，由省知名书画家挥毫为广大群众现场作画、书写春联。

1月，省博物馆举办"馆藏系列精品·中国现代名画家作品展"，由朱良津主持。

1月，唐文元、王新金当选为贵州省第八届政协委员，任期五年（1998至2002年）。

1月，唐文元获研究馆员职称。

2月21日，吴正光与张伟琴等陪同广西壮族自治区博物馆罗坤馨到高坡考察岩洞葬。

2月27日至3月15日，与省文化厅等单位主办，由中国工商银行贵州省分行和贵阳市税务局等单位赞助举办，从中国革命博物馆引进的周恩来百年诞辰纪念展览"人民的好总理"大型图片展在省博物馆展出，张桂林任陈列艺术设计。展览期间，于3月3日召开"人民的好总理"图片展览观后座谈会。

3月16日至20日，吴正光、张伟琴前往都匀、三都、荔波考察民族风情，为撰写《中国民族民俗文物辞典》搜集资料。

4月28日至29日，全省文物工作会在贵阳召开，省博物馆被评为贵州省文博系统先进集体，唐文元被评为先进个人，受到表彰。

4月，二级班子调整，成立技术部，唐文元任主任，娄清、吴晓秋任副主任；张桂林任陈列部主任，戴亚雄任副主任；张伟琴任研究室主任；王新金任自然部主任；刘明琼任保管部主任，龚正英任副主任；胡进任办公室主任，简小娅、姬爱鸣任副主任。

4至6月，省博物馆在铜仁地区、黔南州等地征集文物130余件。

5月7日至16日，吴正光、张伟琴、曾嵘赴铜仁、石阡等地调查民族风情，征集民族文物。

5月8日至11日，吴天庄、邓雪梅赴绥阳县，调查处理郑场镇梓桐村莲花田大洞化石点，征集获1枚剑齿象臼齿，顺途调查，新发现郑场镇底坝村岩山营盘洞化石点、洋川镇王家土圾口石器点，采获标本60余件。

5月14日至20日，张桂林、陈维他等帮助镇远县文管所在周公祠举办"镇远名城风貌展"。

5月16日，为纪念"国际博物馆日"，省博物馆与文物处联合在贵阳邮电大楼前开展文物保护法宣传活动。

5月29日，吴正光在镇远参加博物馆开馆仪式。中国历史文化名城镇远博物馆，为省博物馆王红光、娄清帮助建立，其馆名为吴正光邀请罗哲文先生书写。

5至6月，省博物馆举办了"民族学概论""馆藏文献概况与利用""贵州建置沿革""古代巴蜀与三大起源"专题讲座，由吴正光、龚正英、谭用中、宋世坤等主讲。

6月11日，吴正光入选中央电视台"'东方之子'第二届全国优秀电视人物展播"，播出《民族学人吴正光》。

6月23日至27日，与文物处赴赤水复兴镇考察岩墓群。

举办"镇远名城风貌展"工作人员合影（陈维他 提供）

6至7月，蔡回阳、吴天庄赴息烽县，主持完成由省博物馆组织、县市文化局协助，对息烽县大林坡恐龙化石点进行抢救性发掘，历时59天，共获恐龙化石标本200余件。发掘所获材料为目前贵州发现恐龙化石单个点中，出土材料数较多、单个体较大、含属种相应较多的一处恐龙化石产地。

7月1日，吴正光、董有刚被评为1996—1997年度省直文化系统优秀共产党员。

7月2日，为纪念建党77周年，吴正光带领博物馆职工赴息烽参观息烽集中营旧址。

7月21日至26日，与铜仁地区傩文化博物馆联合举办的"古朴神奇的贵州傩文化展"在博物馆展出，徐念宏、陈薇帮助设计制作。

8月21日，博物馆与省旅游局承办的，由张伟琴等编写陈列大纲、娄清任陈列艺术设计的"郎德开放成就展"开幕，国家文物局博物馆司发来贺函。为了宣传展览，吸引观众，于开展前一日（8月20日）在馆陈列大楼广场举行露天吃"长

省博物馆职工参观息烽集中营旧址时留影（吴正光 提供）

桌宴"活动。为配合展览，编印《郎德苗寨博物馆》小册子。

8月30日至9月5日，"高原明珠摄影展"在省博物馆展出。

8月，苏洪彪调入省博物馆。

9月5日，文化部部长孙家正在省文化厅张继增、曹雨煤、李嘉琪、王泽州4位厅长陪同下，来馆视察工作，观看正在举办的"郎德开放成就展"后，称"展览办得好，可以拿到别的地方去展出，通过文物保护，开展文化扶贫，很有教育意义"。同时还参观了"贵州风情摄影艺术展""夜郎寻迹展""贵州铜鼓文化展""贵州石文化展"，查看了文物库房，抽查了部分馆藏文物及民族服饰精品，对省博物馆的文物保护和陈列展览工作表示满意。

9月15日至20日，王新金参加贵州省第八届政协文史委员会，视察我省爱国主义教育基地的相关单位及地点。赴遵义市仁怀县（今仁怀市）、习水县、赤水市、桐梓县、遵义县等县市考察历史文化遗存和文物保护单位。

9月22日，吴正光退休，省文化厅任命李黔滨为馆长，王红光为副馆长。潘

举办"郎德开放成就展"时，省文化厅、省博物馆领导及办展人员与郎德寨村民合影（吴正光 提供）

文化部部长孙家正（一排右四）及省文化厅领导视察省博物馆时与职工合影（吴正光 提供）

成义为党支部书记，张兰冰为副书记。

10月13日至18日，"'98贵州美术作品展"在博物馆展出。

10月16日，法国国家科学院JOSETTE SABEL博士前来我省参观考察古人类遗址和标本，在筑期间参观了省博物馆，与贵州古人类旧石器考古工作者进行了一系列学术交流活动。

10月20日至24日，由贵州省文化厅与中国古代铜鼓研究会联合主办，贵州省政协文史学习委员会、贵州省民族研究所、贵州省公安厅保卫处、贵州省博物馆、贵州省文物考古研究所等单位参与协办的中国南方及东南亚地区古代铜鼓和青铜文化第四次国际学术讨论会在贵阳召开。吴正光、唐文元、李黔滨、王红光、王新金、吴晓秋和省考古所梁太鹤等出席会议。10月21日，吴正光、唐文元、吴一方、梁太鹤等陪同与会人员前往郎德考察苗族村寨的铜鼓文化。

10月，四川大学考古学教授林向来馆作"中国西南地区青铜树之研究"讲座。

10月，馆二级机构调整，娄清任办公室主任；戴亚雄任社教部主任，金萍任副主任；朱良津任陈列部主任；胡进任技术部副主任。

10至12月，王新金参加上海自然博物馆与日本静冈大学合作的"中国贵州苗族、水族、布依族的食物营养与生态环境"考察活动，为馆创收逾万元。

11月1日，国家文物局副局长马自树、博物馆司司长李文儒来我省参加中国第一座生态博物馆在六枝梭戛建成开馆仪式，其间来馆指导工作。

11月16日至20日，"刘少奇光辉业绩展"在省博物馆展出。

11月23日，举行纪念贵州省博物馆开馆40周年暨建馆45周年庆典，国家文物局副局长董宝华、副省长龙超云、省人大常委会副主任龚贤永，以及有关厅局的领导及中国博物馆学会，上海、安徽、湖南、重庆、甘肃等地博物馆专家和领导，省内文博界人士和专家出席庆典活动。博物馆推出"贵州省博物馆馆藏文物珍品展"。展览由唐文元编写陈列大纲，张桂林任陈列艺术设计。馆庆期间，在筑的8家新闻单位推出报道新闻30条，专稿26篇，专版1版，专题电视片1集。

11月25日，由贵州老年书画研究会举办的"全省老年书画展"在省博物馆开展。

11月，省博物馆组织，张桂林编辑，娄清、唐文元、梁太鹤摄影的《贵州省博物馆馆藏文物珍品》画册印刷完成。

11月，省博物馆编辑的《黔博耕耘录——贵州省博物馆开馆40周年暨建馆45周年文集》，由贵州人民出版社出版发行。

11月，董有刚将退休后征集到的文物、复制品、历史照片、书籍共千余件，吴仕忠将20年拍摄的民族照片4000余张，无偿捐赠给省博物馆。

11月，唐艳进入省博物馆工作（贵阳幼儿师范学校毕业）。

12月10日至14日，省博物馆承办的"李琦书画展"在馆展出。

12月，唐文元、吴晓秋参加省文物考古研究所在兴义鲁屯、马岭等镇进行的第四次夜郎考古调查。

12月，吴正光与娄清参与编著的《中国民族建筑》第二卷，由江苏科学技术出版社出版。吴正光为该书《贵州篇》副主编。

是年，吴正光、唐文元、张伟琴、吴晓秋等参与撰写，由宋兆麟主编的《中国民族民俗文物辞典》，2004年由陕西人民出版社出版。

是年，安哥拉总统访问贵州期间，专程到省博物馆参观。

是年，省博物馆向20多个单位和部门提供文物藏品资料千余件。

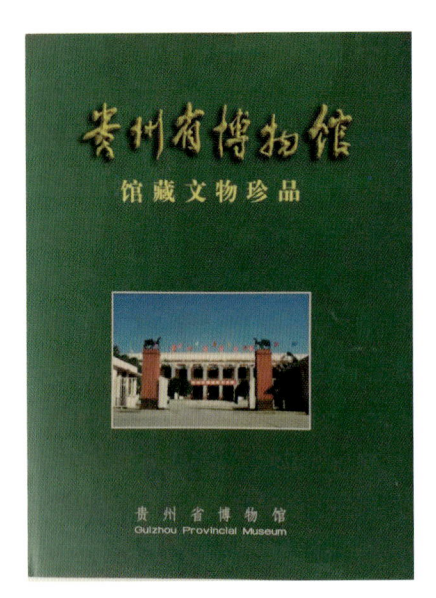

《贵州省博物馆馆藏文物珍品》画册
（陈维他 提供）

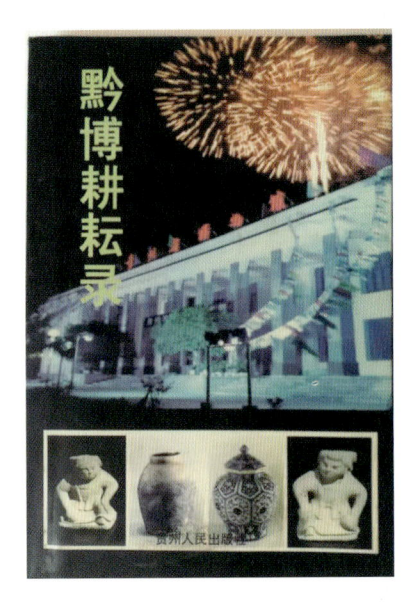

《黔博耕耘录》封面
（陈维他 提供）

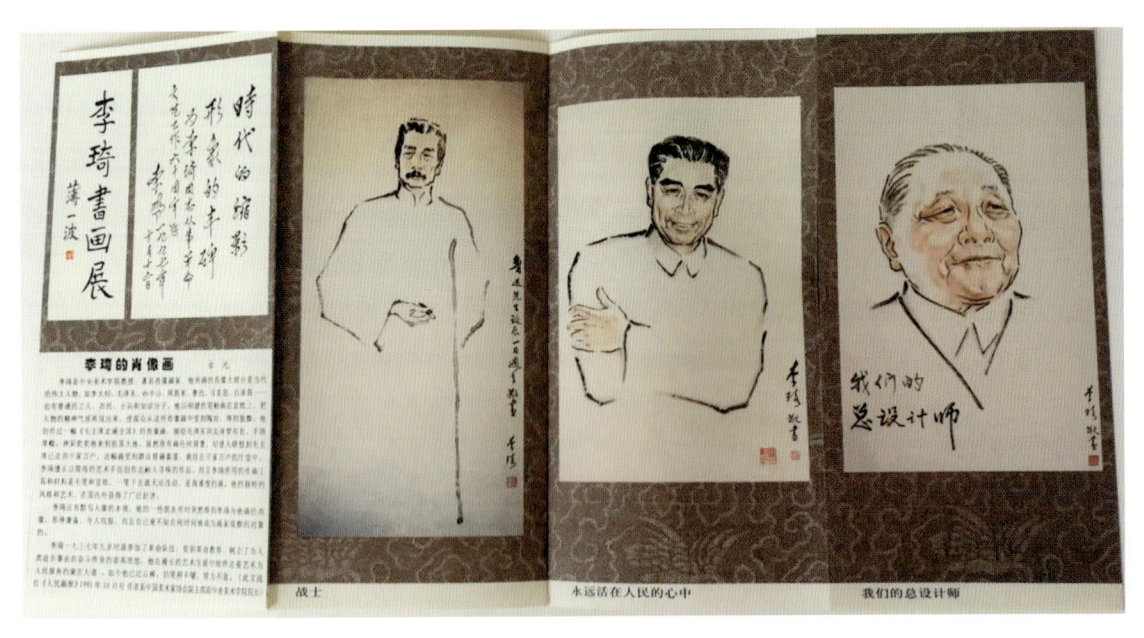

"李琦书画展"展览册页（陈维他 提供）

是年，省博物馆举办、承办、接待的展览、展销会还有："全国民族服饰图片展""南京美术品展""中外艺术图书展""改革开放20周年暨周恩来总理诞辰100周年书画展""珍爱生命、拒绝毒品展""王忠诚同志事迹展""乌当改革开放成就展""上海永佳羊毛衫展销会""毕节熊头集团产品展示会""'98贵州CAD技术应用推广及学术交流会""上海秋季服装展示会"等。参与六枝梭戛生态博物馆的基本陈列工作。全年共承办展览18个，展销展示会6个，接待观众20万人次。

是年，根据省人民政府《关于进一步落实和完善文化经济政策的若干规定》这一政策，省博物馆接受捐款8万元，保证了《贵州省博物馆馆藏文物珍品》图册出版。

是年，张伟琴获副研究馆员职称；金萍（破格）、蒋雪梅（破格）、邓雪梅获馆员职称；曾嵘获助理馆员职称；芦媛获管理员职称。

是年，博物馆征集文物123件。其中民族文物120余件，出土文物3件，尤其是出土于普定县化处镇化处村雄家林寨龙潭凹地的青铜剑。青铜剑形制特殊，在我国西南地区属首次发现。

1999年

1月9日，吴正光被中共镇远县委、县政府聘为中国历史文化名城镇远管理保护建设委员会顾问。

1月，龚正英任农工民主党贵州省直文化支部（在原省博物馆支部、文艺小组基础上组建）主任委员，刘明琼任支部委员，任期至2006年5月。

1月，吴天庄、邓雪梅与修文县文管所赵星等，对修文县文物部门发现的城关镇泥竹寨（泥猪寨）附近石灰岩洞穴进行调查，于洞内外发现并采集石制品40余件。

1至3月，王新金撰写《中国文物地图集·贵州分册》哺乳动物条目103条。

2月1日，省博物馆与修文县文体广电局联合举办的"贵州野生动物展"在修文县展出。黄桂彬、吴天庄、邓雪梅主持完成陈列提纲和布展工作。

2月5日至3月1日，由董有刚、谭用中、顾隆刚等组成的专家组，对保管部提出的2000余件革命（近现代）类文物藏品进行定级工作，初步评选定出一级藏品5件、二级藏品18件、三级藏品50件、珍贵照片40余张。

1月28日至31日，"香港收藏家方帮宁先生书画藏品扶贫展卖会"在馆举行。

2月6日至3月15日，省博物馆承办制作了在喷水池举行的"'99迎春大型灯展"。

2月25日，王新金接待施秉县文化局戴时光副局长一行2人，对其带来的零星化石材料进行鉴定，从中鉴选7枚动物牙化石留馆。

3月2日至15日，贵阳市乌当区洛湾乡大堡村望天洞石器时代遗址的试掘项目启动，蔡回阳、王新金、吴天庄对遗址进行现场实测，绘制洞穴图，填写遗址发掘申请书，送省文化厅审批转报国家文物局。

3月31日，全省文物工作会议代表到省博物馆参观。

3至4月，朱良津、陈维他、芦媛参加国家文物局在云南大理举办的西南少数民族业务干部专业培训班学习。

4月12日，王新金在惠水摆金清水苑发现洞穴遗址，采集标本30余件。

4月13日至21日，省博物馆到北京民族文化宫举办"北京文化周全国少数民族风情展"。

4月，蔡回阳赴云南玉溪参加中国古脊椎动物第七次学术年会。

4月，贵州文物建筑保护培训班在铜仁开班，娄清到培训班授课。

4月，为配合省政府在青岛举办大型旅游招商引资推介活动，省博物馆同期推出"贵州风情展"，徐念宏任陈列艺术设计，提供展品60件。

4月，蔡回阳、吴天庄陪同北大教授王幼平实地考察普定穿洞、白岩脚洞遗址。

5月1日至7日，"黎培基书画展"在省博物馆展出。

5月18日至24日，为纪念"国际博物馆日"，省博物馆举办"书画藏品展"。

5月26日至6月2日，国家文物局副局长郑欣淼、秘书处处长张健到贵州检查文物工作。在筑期间，郑副局长等到省博物馆、省考古研究所检查工作。

5月27日，任命陈维他为陈列部副主任。

5月28日至31日，蔡回阳、王新金与中国科学院古脊椎动物与古人类研究所李锦玲课题组（3人）、贵州省地矿局王立亭等6人一行，联合考察兴义、关岭等相关区域水生爬行动物产地的地层状况。

6月15日，李黔滨、蒋雪梅、张伟琴加入中国共产党。

6月22日至26日，省文化厅文物处胡朝相处长带队，蔡回阳、王新金一行3人赴兴义市落实省博物馆，黔西南州、县（市）文化及文物部门对"贵州龙"发掘课题的实施方案，并对兴义市、安龙县、兴仁县有关文物点及单位进行视察。

6月23日至29日，由宋庆龄基金会、新华社、人民日报社、光明日报社主办，贵州省委宣传部、省教委等单位协办，省博物馆承办的"呼吁和平，反对战争——北约轰炸南联盟图片纪实展"在馆展出。

6月28日至7月3日，王新金参加贵州省政协文史委组织的"黔西南州夜郎史料考察"活动，为是年11月由贵州省政协文史委员会、贵州省史学会、贵州省中华文化研究会、贵州省文化厅联合筹办的"'99夜郎学术研讨会"进行实地考察。

6月，中法"贵州古人类和旧石器"合作项目法方负责人，法国ERICBOEDA教授到我省进行实地考察，在筑期间，参观了贵州部分旧石器时代古人类遗址、标本及贵州省博物馆的民族和考古陈列。

7月5日至9月5日，承德避暑山庄博物馆在本馆举办"清宫廷部分文物精品展"。

7月20日，李黔滨馆长主持，文物处胡朝相处长、王红光副馆长、蔡回阳、王新金等5人开座谈会，商讨省博物馆与中国科学院古脊椎动物与古人类研究所李锦玲课题组申报国家科学基金课题——"贵州三叠纪爬行动物及地层研究"的有关事宜。此后课题组于2000年赴关岭自治县新铺乡、兴义市顶效镇、盘县等区域进行野外调查。2001年课题组赴关岭自治县新铺乡相关地区发掘。2002年因国务院决定爬行动物化石部分划归国土资源部管理，当年古脊椎所课题组不再将博物馆列入课题成员，王新金、吴天庄退出课题。

8月2日至8日，"黄源师生书画展"在省博物馆展出。

8月12日至16日，自然部完成5000余件各类现生动物标本搬迁移库工作。

8月18日至12月11日，蔡回阳、吴天庄、王新金联合平坝县文化局、县文管所，对平坝县城关镇中山村转坡恐龙化石点进行抢救性清理发掘。共获10个个体的恐龙化石800余件。特别是发掘所获的含有孵化幼崽胚胎的恐龙蛋标本，填补了贵州这方面的空白。发掘期间，省领导龙超云、楼继伟等到发掘工地视察，中国科学院恐龙化石研究专家董枝明先生到发掘现场考察。

8月25日至30日，省政府在上海举办大型旅游招商引资推介活动，省博物馆推出"向黔进·贵州观龙"展览。

9月,《贵州省志·文化志》由贵州人民出版社出版,省博物馆董有刚任常务副主编,孙日锟任编务,董有刚、谭用中参加撰稿。

9月1日至5日,"庆祝建国50周年贵州美术作品展"在省博物馆展出。

9月8日,"贵州社会科学院建院20周年成果展"在省博物馆展出。

9月15日至20日,"贵州书画摄影大展"在省博物馆展出。

10月1日至10日,"外国人眼中的贵州摄影图片展"在省博物馆展出。

10月,潘成义、顾隆刚、谭用中、龚正英当选贵州历史文献研究会第三届理事会理事。

10月,为庆祝中华人民共和国成立50周年暨贵州解放50周年,省文化厅主办,省博物馆承办,9个地、州、市文化局协办的"贵州省五十年文物精品百例展"在省博物馆展出。省委宣传部部长张健、省人大常委会副主任李万禄、省政协副主席王惠业出席了开展仪式。该展览由唐文元编写陈列大纲,张桂林任陈列艺术设计。

11月13日至19日,"全省新编志书成果展"在省博物馆展出。

11月13日至19日,"纪念贵州解放50周年集邮展览"在省博物馆展出。

11月25日,"夜郎学术研讨汇报展"在省博物馆展出。

11月27日至12月2日,省博物馆承办了省委、省政府庆祝澳门回归活动领导小组主办的"庆祝澳门回归暨风光图片展",后展览到遵义、黔南、黔东南巡展。

11月,社教部利用博物馆文献资料,主动到云岩区部分小学进行"澳门回归史话"讲座。

11月,吴晓秋赴浙江参加国家文物局召开的全国首届文博展览项目交流会。

11月,金萍赴北京参加中国博物馆学会举办的博物馆群众教育管理人员培训班学习。

12月3日,贵州省人民政府赠送澳门特别行政区政府礼品——铸铜镶宝石工艺品"欢乐鼓"从省博物馆正式启运。铸铜镶宝石欢乐鼓高185厘米,长128厘米,宽90厘米,净重800公斤。铜鼓悬挂在由四组凤和龙龟构成的支架上,鼓面是贵州各族人民载歌载舞欢庆澳门回归的浮雕及寓意"中华民族与日月同辉"的传统铜鼓纹样图案,其他部位装饰着具有贵州民族特色的图案。欢乐鼓共铸造2

贵州省五十年文物精品百例展（张桂林 提供）

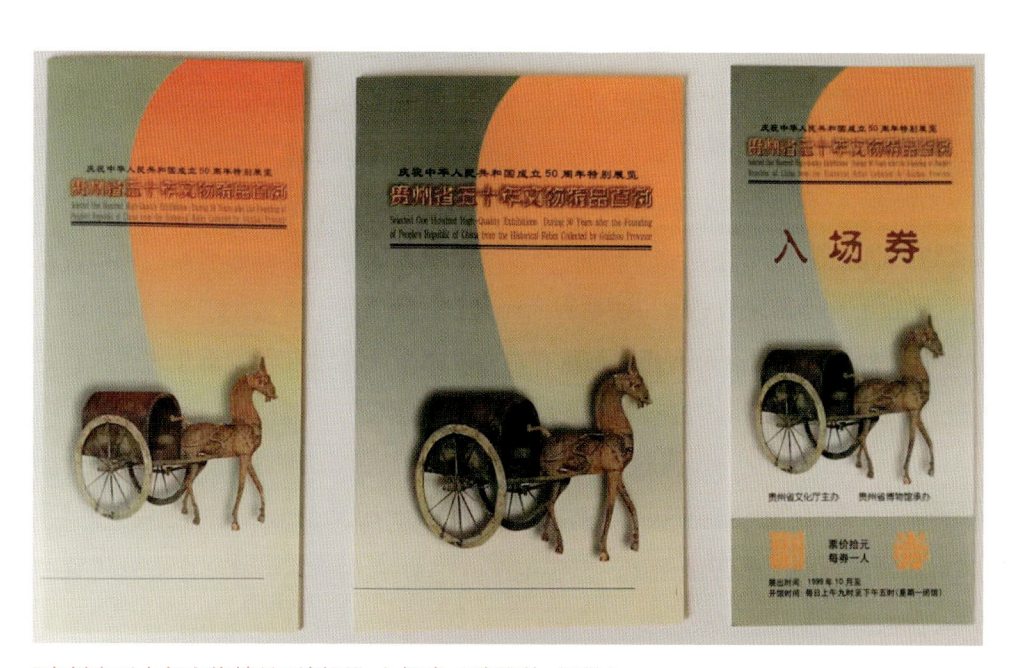

"贵州省五十年文物精品百例展"入场券（陈维他 提供）

第三章　1996—2024 年

贵州省人民政府赠送澳门特别行政区政府礼品启运仪式（陈维他 提供）

贵州省人民政府赠送澳门特别行政区政府礼品——铸铜镶宝石工艺品"双乐鼓"（陈维他 提供）

套，尺寸、纹样、重量均完全相同，其中1套镶宝石的欢乐鼓赠送澳门特别行政区，未镶宝石的由省博物馆收藏保存。

12月8日，"贵州省历届部分领导题字、题词"捐赠仪式在省博物馆举行，共捐题字、题词19件。

12月，以充实苗族服饰库为主，在黔东南州、黔南州和铜仁地区征集民族文物，共入库91件。

12月，唐文元、张伟琴参加"云南曲靖珠街八塔台——越州横大路古墓群学术讨论会"。

12月，吴正光、唐文元参与编著，由国家文物局副局长马自树主编的《中国边疆民族地区文物集萃》，由上海辞书出版社出版。

是年，省博物馆为国家文物局、中国历史革命博物馆承办的"中国文物事业五十周年"展览选送展品。

是年，省博物馆在庆祝中华人民共和国成立50周年暨贵州解放50周年活动中，由于成绩突出，受到省委、省政府庆祝中华人民共和国成立50周年暨贵州解放50周年活动领导小组的表彰。

是年，将馆藏1958年出土的汉代针刻铭文漆耳杯、漆盘共3件，送湖北省博物馆进行抢救性脱水处理。

是年，为解决藏品数字化管理，开发完成了贵州省博物馆数字化藏品管理系统，安装调试。

是年，王红光（破格）、朱良津（破格）获副研究馆员职称；吴一方、陈维他（破格）、陈笑梅（破格）获馆员职称；曹颖、唐艳获管理员职称。

是年，唐文元获省政府授予"贵州省首批省管专家"荣誉称号。

是年，省博物馆有50多人次发表学术论文近百篇，5人次在各种国际国内学术交流会议上宣读学术论文，有3人的论文或作品获奖。参与《贵州省志·文物志》《中国文物地图集·贵州分册》《中国美术分类全集·陶瓷全集》《贵州土家族》等图书的编撰，完成《贵州苗族银饰（图录）》的编撰工作。

是年，省博物馆全年举办展览、展示活动共42个，接待观众20万人次。

是年，投入20万元资金，对办公楼进行全面维修，于2000年初完工。

是年，省博物馆由财政补助经费购置了2000标准型桑塔纳轿车1辆。自筹资金购置吉普车1辆。

是年，共征集文物385件，接受社会捐赠文物（资料）30件。

2000年

年初，省博物馆与云岩区教育局、云岩区机关工委联合组织的"纪念党的一大代表邓恩铭同志诞辰100周年"专题展览，在贵阳的18所小学、1所大学巡展12天。

1月5日至8日，蔡回阳赴兴义顶效为"贵州龙发掘"课题的启动作发掘开工准备。

1月8日至15日，王新金参加贵州省政协第八届第三次全会，提交提案《贵州古生物化石的管理、保护、利用》。

1月25日，全馆职工大会，无记名投票产生8位优秀职工，有李黔滨、张兰冰、韦太均、龚正英、蔡回阳、陈永忠、王新金及保管部1人。

3月17日，省文化厅李嘉琪副厅长陪同国务院经济发展中心王梦奎主任到馆视察工作。

3月30日至31日，全省文物工作会在筑召开。

3月，李黔滨主编的《苗族银饰》一书，由文物出版社出版发行。

4月7日至24日，王新金整理国家文物局要求贵州上报黔西观音洞遗址、安龙观音洞遗址、关岭爬行动物与海百合化石点、平坝转坡恐龙化石点等4大遗址的详细材料，汇总上报省文物局转报国家文物局。

4月中旬与7月上旬，蔡回阳对修文县龙场镇泥猪洞古人类遗址、六桶镇高家旮旯古生物化石点、蛇田磨制石器点进行调查。

4月，由贵州历史文献研究会组织编辑，博物馆龚正英、钟光源参加撰写条目，龚正英任副主编编撰的《贵州古旧文献提要目录》一书，获贵州省政府颁发的贵州省第四届社会科学优秀成果奖三等奖。

4月，张桂林等为"贵州省委党校建校50周年成就展"设计、制作及布展。

5月10日至20日，与贵阳市文联合办的"刘知白个人画展"在省博物馆展出。

5月15日至21日，蔡回阳、吴天庄在兴仁、贞丰两县进行野外调查。对兴仁扇子岩哺乳动物化石点进行试掘，获动物化石9种；在屯脚杨柳塘新发现1处旧石器时代晚期至新石器时代的遗址，采集遗物200多件；对贞丰下坝爬行动物脚印地点的具体地层作了进一步了解。

5月20日至6月2日，与天津艺术博物馆联合主办的"二十世纪中国画回顾展"在省博物馆展出。

5月25日至6月3日，与省文明办、省科委、省教委联合举办的"崇尚科学文明，反对封建愚昧"大型图片展在省博物馆展出。该展览在贵阳展区结束后，到8个地州市巡展，历时月余。

5月，成立贵州省博苑文化艺术商务展览中心，经贵州省工商管理局核准，获得企业营业执照。王红光任总经理及法人代表，中心成员有陈维他、翁泽坤、芦媛、郑芳芳。

5月，张桂林编制《2003年法国巴黎中国文化周贵州参展方案》。

6月12日，王新金获贵州省委、省政府授予"贵州省先进工作者"荣誉称号。

6月13日至7月3日，王新金、吴天庄参加由中国科学院古脊椎动物与古人类研究所、省地矿厅、省博物馆组成的"贵州三叠纪爬行动物及地层研究"课题组，调查了省内4个地、州、市及云南罗平的30余个化石点。又为博物馆翻模1套贞丰牛场水生爬行动物脚印。

6月24日至26日，与宏文广告公司合办的"土地生存当代艺术展"在省博物馆展出。

7月5日，唐文元赴北京参加中国文物保护技术协会理事扩大会。

7月20日，吴正光、唐文元、蔡回阳在省文化厅参与第五批全国重点文物保护单位推荐材料评审工作。

7月，唐文元组织编写的《前进中的农工民主党贵州省组织》出版。

7月，为发展经济搭台献力，省博物馆张桂林、李国庆随同省民委参加昆明"全国少数民族服饰展"，张桂林任展览顾问。

8月11日至20日，与省群众艺术馆合办的"香港艺术摄影大展"在省博物馆展出。

8月13日至20日，与久美企业公司联合举办的"久美杯当代书画名家精品展"在省博物馆展出。

8月25日，省博物馆在河滨公园举办"贵州观龙展"。

8月28日，吴正光被织金县政府聘请为织金文物工作顾问。

9月1日，为配合西部大开发，塑造贵州新形象，参加由贵州省委、省政府、国家民委、文化部、中国文联联合主办的"2000北京贵州文化周"活动。省博物馆承办，由李黔滨编写陈列大纲，徐念宏、张桂林任陈列艺术设计，李国庆参加筹展，黔南歌舞团担任服饰模特的"贵州民族服饰精品展"在北京民族文化宫展出，历时5天。中央电视台为该展览编录了专题节目，张桂林现场对展品进行解说，并在展览期间播放。由于成绩突出，受到组委会表彰。

9月1日，吴正光受织金县政府邀请，参加中国贵州首届竹荪溶洞节暨丁宝桢诞辰180周年学术座谈会。

9月1日至3日，湖北省考古所李天元所长一行2人到省博物馆参观，蔡回阳、王新金等陪同，对贵州旧石器遗址出土的各类材料进行观察交流。

9月3日至16日，受挪威政府和荷兰阿姆斯特丹艺术学院的邀请，以龙超云

"贵州民族服饰精品展"在北京民族文化宫展出（张桂林 提供）

副省长为团长的贵州省政府代表团和中挪生态博物馆研讨班一行15人赴挪威进行考察和培训，本馆李黔滨作为研讨班成员随团在挪威参观和参与培训。

9月19日至10月31日，吴晓秋参加省文物考古所主持发掘赫章可乐汉墓群的文物现场修复工作。

10月1日，吴正光受邀前往凯里，参加"2000年神州世纪游中国黔东南苗族侗族服饰文化节"，并在学术讨论会上作"开放式保护民族村寨的实践与收获"的发言。

10月11日至24日，蔡回阳、王新金对威宁、赫章、毕节、大方的化石点进行实地调查，其中最有科学价值的是赫章古植物化石点。

10月18日，吴正光到国家文物局《中国文物地图集》总编委汇报《贵州分册》编写工作，请示如何处理一些疑难问题。总编委认为，贵州可根据自身情况，扩展收录范围，不受《编制细则》的局限。

10月，职工集资房交付使用。

10月，为配合省政府在武汉举办的招商引资推介活动，省博物馆举办"贵州省民族服饰展"。

10月，吴仕忠等编著的《中国苗族服饰图志》由贵州人民出版社出版发行。

11月3日，吴正光应邀与织金县文化局、文管所的负责人赴京，向国家文物局汇报工作，为将"织金古建筑群"申报为全国重点文物保护单位征求意见。

11月17日，吴正光受邀前往榕江，参加中国侗族萨玛节。

11月起，组织专家对馆藏近现代书画进行鉴选，提升为文物的有100多件。

12月8日，省政协主席王惠业到馆调研、视察，还特地视察自然部办公室和临时标本室现状。

12月12日，蔡回阳、王新金、娄清赴修文扎佐林场六屯分场之前发现的化石点进行调查处理。回馆后，王新金拟写《修文六屯鳞木化石抢救性发掘》计划，报馆领导转文化厅及文物处审批执行。2001年2月26日至3月19日，吴天庄、邓雪梅、曾嵘对扎佐镇六屯石猫猫山鳞木化石进行抢救性发掘，获鳞木化石13件。

12月，由我省首次组织的高级评审委员会对我馆申报高级职称人员进行评审，李黔滨、蔡回阳、王新金获研究馆员职称；吴晓秋、程学忠获副研究馆员职称。

是年，由朱良津主持举办的"艺海钩沉——贵州省博物馆书画存查品展览"在馆展出。

是年，自然部对搬迁库的现生动物标本进行整理，重新统计馆藏现生动物标本4900多件。

是年，为解决历史遗留的陈年旧账，组织专家对近现代文物存查品进行品鉴，处理存查品550件、参考品163件。依据专家意见，其中52件提升为文物，入藏近现代资料200余份。

是年，继续完善苗族服饰库的建设，年内派专人赴黔东南、黔南征集民族服饰，共入库25套204件。

是年，王新金被评为1998年至1999年度省直文化系统优秀共产党员。

是年，博物馆职工发表文章近50篇，继续参加《中国文物地图集·贵州分册》《贵州省志·文物志》的编撰。

是年，技术部唐文元、胡进、吴晓秋等为遵义杨粲墓陈列馆复制杨氏家族的出土文物90多件，有陶俑70件，以及石刻、铜鼓、铜镜、铁器等。

是年，继1999年开发"贵州省博物馆数字化藏品管理系统"之后，今年系统再度升级，使藏品管理趋于科学系统化。

是年，博物馆全年举办各种展览19个，接待观众10万人次。承接服装丝绸、印刷机械、电子信息技术产品展示会8次。

是年，征集近现代文物13件；接受社会各界捐赠文物13件。

是年，入库文物337件，整理待入库476件。

是年，贵州省博物馆新馆的建设提上议事日程，分别被省人大、省政协列入政府工作议案、提案。

2001年

1月17日至2月19日，应新加坡宗乡会馆联合总会的邀请，省旅游局组织了贵州民族文化展示团，参加在新加坡举行的"春到河畔迎新年"大型文化商展活动，博物馆潘成义、唐文元、陈维他为展示团成员，在新加坡进行贵州少数民族工艺品展销，同时举办吴仕忠的"贵州开阳风光摄影展"。1月25日，应新加坡国家电视台新传媒第8频道的邀请，唐文元等3人前往电视台作《早安您好》的现场直播节目。

1月，王新金参加省政协第八届四次全会，提交提案《建议成立贵州省自然博物馆》。

2月24日至26日，省招生办在省博物馆举办"出国留学展"。

2月，张桂林主持调整修改"贵州民族风情展"。

3月1日至31日，与安徽省博物馆（今安徽博物院）、《贵州都市报》[①]、贵州修文六广河大峡谷旅游开发有限公司联合举办的"画魂——传奇才女潘玉良画展"在省博物馆展出，由张桂林主持筹备展览，任陈列艺术设计，编写宣传方案、布展。

3月6日，党支部召开全体党员大会，全票通过金萍加入中国共产党（预备党员）。

3月14日，中国历史博物馆专家祝大震等一行5人来馆考察。

3月，吴天庄、邓雪梅赴修文县扎佐镇调查，新发现四明洞化石点，获石制

[①] 2024年4月更名为《贵州教育报》。——编者注

品5件。

3月，戴亚雄任研究室主任，金萍任社教部主任，陈维他任展览中心副经理（正科级），苏洪彪任保卫科副科长。

4月10日，省博物馆、省考古研究所团支部改选，选举曾嵘、李飞、唐艳为支委成员。

4月，吴天庄、邓雪梅赴修文县久长镇驴坊村调查处理化石点2处，获动物化石标本59件。

5月1日至7日，"贵州、湛江书画摄影展"在省博物馆展出。

5月7日至17日，省保密局主办的"警钟长鸣——窃密泄密展"在省博物馆展出。

5月8日至20日，蔡回阳、王新金、曾嵘参加渝怀铁路（贵州段）建设涉及范围内的铜仁市、思南县洞穴调查。其间，专程前往铜仁黔东水泥厂一分监采石场，对之前发现的剑齿象化石及茶店发现的豪猪、熊猫等化石进行鉴定。

5月30日，吴正光应邀前往镇远参加"名城保护论证会"。在会上作"发展镇远旅游业要在历史文化内涵上下功夫"的发言。

6月6日至10日，贵阳市对外友好协会主办的"飘移的视野——法国人眼中的贵州"摄影展在省博物馆展出。

6月20日至23日，省美协举办的"美协书画展"在省博物馆展出。

6月22日至24日，农工党贵州省委为庆祝中国共产党建党80年，在省博物馆举办"'威门杯'书画、工艺美术作品展览"。

6月25日至7月7日，省新闻图片社举办的"贵州实施西电东送摄影展"在省博物馆展出。

6月26日至7月1日，蔡回阳、王新金参加专家组赴黔西南州，对涉案收缴的两批古生物化石进行整理鉴定，共鉴定化石标本95件，对定级的标本逐件填写鉴定书和拟写鉴定结论。

6月28日，由省委组织部、省委宣传部、省文化厅等8家单位联合主办，省博物馆承办的"纪念中国共产党成立80周年大型图片展览"在馆展出，展出12天，接待观众58000多人次。

6月30日，为纪念中国共产党成立80周年，博物馆党、团支部和农工民主党省直文化支部共同组织了"党的基础知识"竞赛活动。

7月17日至19日，李黔滨馆长带队，王新金同行，前往兴义市，到黔西南州文物科对接省文化厅及文物处调拨，黔西南州公安局6月底7月初收缴涉案鉴定化石材料中的海龙化石标本1件、贵州龙化石标本1件、海百合化石标本1件（共3件标本），将之接运回省博物馆。

8月1日，任命李国庆为保管部副主任。

8月2日，自然部赴贵阳朱昌镇调查处理化石点1处，获哺乳动物化石3件。顺途调查，新发现乌当区百花镇大河湾爹口洞古人类遗址，采集实物标本100件。

8月3日至9月4日，省博物馆与北京民族文化宫、《贵州都市报》联合举办的"阳光·生命——俄罗斯人体艺术摄影展"在省博物馆展出。后又到黔东南州民族博物馆展出。

8月8日至30日，省文物局在安顺举办全省文物保护单位档案工作培训班，省博物馆吴正光、王新金、李国庆、娄清等到培训班授课。

8月24日至30日，与省委宣传部联合主办的"反对邪教，崇尚文明"大型图片展在省博物馆展出。年内，该展览在贵阳市属一市三县中、小学进行巡展。

8月28日至9月27日，蔡回阳、王新金、吴天庄帮助安顺市关岭县举办"关岭新铺古生物化石展"。

8月28日至10月10日，省博物馆参加在北京中国历史博物馆举办的"声震神州——滇、黔、桂铜鼓大观"展览。滇、桂各提供铜鼓20面，贵州提供10面。

8至10月，吴正光、娄清为编写《中国文物地图集·贵州分册》核实材料，分别对大方、紫云、六枝、青岩、乌江、都匀、凯里、三都、天柱、锦屏、黎平、铜仁、石阡等地的文物古迹尤其是桥梁进行实地调查、测量。

9月7日至11月7日，省博物馆主办的"中国大型恐龙展"在馆展出，后又到黔东南州民族博物馆展出。

9月26日至30日，省群众艺术馆主办的"海外艺术家看贵州摄影展"在省博物馆展出。

9月，张桂林受派指导和帮助锦屏县举办"龙大道烈士展"。

9月，宁健荣从贵州民族学院历史学专业毕业到省博物馆工作。

10月8日，蔡回阳、王新金、吴天庄3人赴平坝县，为对平坝转坡恐龙化石地进行第二次抢救性发掘做前站准备事宜。到转坡化石点踩点时，转坡化石已被夷为平地，遭毁灭性破坏，9日上报李黔滨馆长，当即安排王新金将平坝转坡恐龙遗址破坏情况，拟写文字报告交馆里上报省文化厅及文物处。博物馆派蔡回阳参与事故调查、评估、鉴定等事宜，其间分别陪同省政府等各级有关部门及领导赴平坝及现场视察处理7次，并起草《对平坝转坡恐龙化石点现状的几点看法》报告，逐级上报领导及省政府法规处。同时蔡回阳作为转坡恐龙化石点遭破坏事件专家组成员，参与起草调查报告、化石鉴定书。

10月20日至30日，省博物馆举办，由吴晓秋主持的"辛亥革命90周年图片展"在馆展出。

10月24日，蔡回阳、吴天庄对平坝砂坡古植物化石点进行调查，获植物树干化石2块。

10月29日至12月3日，王新金、吴天庄参加由中国科学院古脊椎动物与古人类研究所、省地矿厅、省博物馆组成的"贵州三叠纪爬行动物及地层研究"课题组，在关岭进行发掘工作。

10月，蔡回阳在中国自然科学博物馆协会第四次全国会员代表大会当选理事。

11月11日，吴正光与省文物局侯天佑赴北京，出席国家文物局召开的研究加速《中国文物地图集》编辑工作会议。国家文物局副局长张柏对编辑工作提出具体要求。他对《贵州分册》写出民族特色和地方特色寄予厚望。为贯彻会议精神，吴正光起草《关于贯彻全国编图会议精神加快我省编图进度的通知》，由省文物局下发到全省各地。

11月12日至15日，省环保局举办的"全国环境警示教育展"在省博物馆展出。

11月12日至28日，王新金、蔡回阳赴毕节为毕节地区史前考古培训班学员授课。

11月28日，自然部赴黔西县城西水泥厂采石场发现的化石点进行考察。

12月11日，省博物馆财务管理工作获"2000年度省直文化系统财务决算一等奖"。

12月27日，王新金受省博物馆党支部选派到省文化厅参加中国共产党贵州省文化厅第四次党代会，选举产生省文化厅新一届机关党委和纪律委员会。

是年，省政府专题会议纪要决定，成立贵州省博物馆新馆建设工作小组，由此拉开新馆筹建工作的序幕。

是年，以完善苗族服饰库为主，征集民族服饰、银饰184件（套）。

是年，经报省文物局批准，正式委托湖北省博物馆对汉代针刻铭文漆耳杯进行整体修复。

是年，在职职工有20人共撰写学术论文近50篇，参与《中国文物地图集·贵州分册》《贵州省志·文物志》《中国考古学年鉴》《中国美术全集·金银器集》《西南文化旅游丛书·贵州卷》《中华文明之旅丛书·夜郎文明卷》《民国画家·贵州部分》等图书的编撰工作。

是年，由戴亚雄承担的国家文物局2000年人文社会科学重点课题"中国博物馆教育与社区教育发展现状的对策研究"，中期报告获通过，进入课题报告的撰写阶段。

是年，吴一方撰写的论文《民族文物保护中的古老问题》获中央民族大学研究生院"优秀论文"奖，同时入选由中央民族大学出版社出版的《中国中西部经济与社会协调发展战略研究文库》。

是年，省博物馆主办、承办、协办和接办各类展览及人才交流会、展销会计32个。

是年，保管部组织有关人员对20世纪50年代以来积压封存的文物进行鉴选，首次理顺接通B·1基本藏品总账，增加馆藏文物974件，文物参考品3837件。

是年，对陈列大楼屋面渗水问题进行处理，完成屋面维修工程。

是年，王红光赴南开大学历史学院攻读明清史博士学位。

是年，胡进获副研究馆员职称，简小艳、唐艳获助理馆员职称。

是年，启动建立省博物馆网站的前期准备工作。

是年，共征集文物203件。

2002年

1月，《陈恒安诗词集》由贵州人民出版社出版。

1月10日至14日，"贵阳百年风云照片展"在省博物馆展出。

年初，省博物馆恢复"贵州民族风情展"，并对"馆藏文物精品"陈列进行了修改、调整和充实。

3月11日，蔡回阳、吴天庄对修文县之前发现的化石点进行调查处理，顺路复查修文县扎佐镇四明洞石器点，采获各类标本共10件。

3月14日至17日，吴正光、娄清前往凯里、麻江、都匀、独山等地考察桥梁及古碑。

3月15日，自然部全体人员应邀参加省考古所组织的龙里县谷脚镇巫山村白果寨大岩脚"巫山岩画"地点的考察，并参与龙里县与省考古所举办的岩画相关学术座谈会。

3月22日，自然部全体人员、新华社驻贵州记者站记者杨俊江、《贵阳晚报》记者陈本荣、花溪区文化局及文管所人员前往青岩，对青岩镇城南发现的古人类头骨地点及"化石山"等处进行调查。

4月9日至13日，省文化厅在遵义会议纪念馆举办了首届全省文博系统讲解员培训班，省博物馆简小艳、唐艳参加培训班学习。

4月9日至19日，蔡回阳、王新金、吴天庄赴平坝县对该县现存的侏罗系地层进行调查，新发现恐龙化石点3处，石器地点8处，哺乳动物化石点2处，复查古人类文化遗址2处，共获标本100多件。

4月25日至6月9日，省博物馆首度自筹资金且完全以商业化方式运作，与西安秦始皇兵马俑博物馆联合举办大型文物展览"世界第八大奇迹——秦始皇兵马俑展"。该展览由张桂林主持筹展，徐念宏任展览艺术设计。展出期间每周安排专门时间，免费向老年人、残疾人、现役军人开放，此举得到社会各界赞许。

4月28日至29日，李黔滨赴北京参加中国博物馆学会第四届会员代表大会，当选中国博物馆学会第四届理事会理事。

5月8日，受贵州省委宣传部外宣办的邀请，蔡回阳为之撰写《贵州古脊椎动物大事记》一文，约2000字，刊登于2002年5月8日《欧洲时报》8版。

5月18日至24日，"我和身边的科学展览"在博物馆展出。

5月，唐文元继续当选为中国农工民主党第五届贵州省委员会副主委，任期5年（2002年5月至2007年6月）。

5月，张桂林参加全省文化基础设施调查，该调查由省政府组织，省文化厅、省财政厅、省体委等共同参与。

6月，省文物考古研究所在馆举办"赫章可乐考古发掘汇报展"。

6至12月，贵州人民出版社利用计算机技术扫描本馆收藏的清光绪黎庶昌日本辑刻的《古逸丛书》并影印出版，共印刷300部。

7月2日，吴正光被贵州省旅游规划局聘请为贵州旅游规划咨询顾问。7月17日，受邀参加旅游规划论证会，提交论文《贵州旅游资源的地方特色与民族特色》。

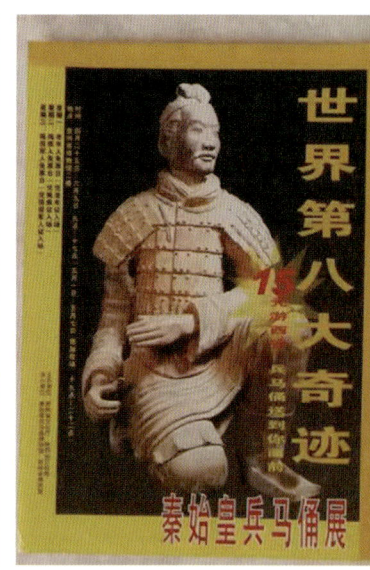

世界第八大奇迹——秦始皇兵马俑展（陈维他 提供）

7月12日至14日，由贵阳市文联等单位联合举办的"章光恺先生遗作展"在省博物馆展出。

7月16日至19日，蔡回阳、王新金、宁健荣、丁洪熠、刘秀丹5人前往六枝郎岱镇实地考察郎岱镇青菜塘村独坡丫口杨富贵采石场化石点，获剑齿象、犀、牛、鹿等属种的化石标本共2水泥袋。

7月25日至9月4日，鲁湘荣赴北京参加国家文物局和中央美术学院联合举办的书画鉴定与修复高级研修班学习。

7月，在省博物馆举办"施作雄书画展"。

7月，董有刚向省博物馆资料室捐赠图书186册。

7月，刘秀丹、丁洪熠从武汉大学考古专业毕业到省博物馆工作。

8月7日至10日，受省文化厅、省文物局的指派，省博物馆的委派，蔡回阳、王新金、吴天庄等3人组成专家组，赴兴义市鉴定涉案的海生爬行动物化石标本2件，其中1件定为1—2级，1件定为3级。完成鉴定结论交兴义市公安局。

8月15日，老红军余英向省博物馆捐赠文物（资料）仪式在馆举行，余英是贵州省委原副书记徐健生的妻子，此次她捐出徐老生前留下的文物68件（套），资料66件（套）。

8月17日至19日，李黔滨随国家文物局专家考察团赴云南丽江考察。

8月22日至29日，蔡回阳、宁健荣、丁洪熠、刘秀丹等4人赴金沙、织金2县对3处化石点进行实地调查，获哺乳动物化石83件。还新发现1处古人类文化遗迹（织金三塘园口洞遗址），获石制品等标本150多件。

8月，贵州人民出版社向省博物馆捐赠新编贵州地方志图书167册。

8月，张婵调入省博物馆（1999年7月贵州商业高等专科学校毕业）。

9月3日至11月5日，蔡回阳、王新金、吴天庄、宁健荣、丁洪熠、刘秀丹等6人对贵阳金阳新区（今属观山湖区）境内60多平方公里范围内的基本建设项目，进行全面史前考古调查，对原乌当区所辖的朱昌镇、野鸭乡境内的近100个洞穴进行专门踏勘，新发现16处石器时代文化遗址地点，获得打制石器1139件，磨制石器2件，陶片129件，烧骨17件，动物遗骸40多件，人类遗骸（人牙）2枚，以及人类用火遗迹等标本。11月14日，在省博物馆召开金阳新区史前考古调查与收获汇报会。

9月9日至15日，省委对台办在省博物馆举办"台湾问题图片展"。

9月28日至10月17日，为方便在校中小学生接受爱国主义教育，迎接党的十六大召开，省博物馆以"缅怀革命先烈，发扬革命传统"为主题的"展览大篷车"，深入贵阳市属10所小学进行巡回展览。

10月9日至23日，刘明琼参加国家文物局在杭州中国丝绸博物馆举办的古代纺织品鉴定保护培训班学习。

10月15日至11月14日，为促进西部开发，宣传贵州，加强文化交流，省博物馆精心组织了"贵州少数民族服饰展览"赴安徽省博物馆展出。由张桂林编写陈列内容，任陈列艺术设计，主持加工布展。

10月20日，李黔滨赴上海参加国际博协关于无形文化遗产的保护学术讨论会。

10月20日至25日，中国李可染基金会等单位主办的"西部如画——贵州美中国画展"在省博物馆展出。

10月25日至11月15日，与贵州省计生委、省文化厅、省市教委等单位主办的从江西引进的"人体奥秘展览"在省博物馆展出。

10月，张桂林帮助印江举办"印江民族历史陈列"，任方案总体策划、陈列艺术设计，指导加工布展。

10月，戴亚雄编著的《博物馆社会教育研究》一书，由贵州人民出版社出版。

11月14日至16日，吴正光前往遵义，核实《中国文物地图集》资料。先后考察黎庶昌故居、海龙屯。发现《骠骑将军示谕龙岩屯严禁碑》的碑文与《遵义府志》有出入，当以实物为准。

11月17日至12月4日，李黔滨参加中国友好交流协会组织的中国文物专家赴欧洲考察团，先后考察了德国、荷兰、比利时、卢森堡、法国、摩纳哥、西班牙、意大利、梵蒂冈等国文化遗产保护工作。

11月25日至29日，省文化厅、省文物局指派蔡回阳、王新金、吴天庄等3人组成专家组，赴安龙县文物管理所鉴定涉案海生爬行动物化石标本78件。上等级的68件，其中三级标本43件，二级标本22件，一级标本3件，其余10件为一般标本。

11月，简小娅、娄清获副研究馆员职称。

12月12日，自然部蔡回阳、王新金与省考古研究所梁太鹤、宋世坤等14人一行，赴金阳新区实地考察上将军山白岩洞遗址、上将军山顶残营盘遗址、皂角垭望天洞遗址、下将军山空岩洞遗址等4处新发现地点。

12月，刘明琼赴广西南宁参加中国南方古玻璃研讨会。

是年，在省博物馆举行贵州铜仁万山汞矿（2001年关闭）向我馆捐赠建矿以来见证万山汞矿创建、发展，为新中国建功立业藏存的有关物件与资料仪式大会。

是年至2003年，吴晓秋等先后十余次到惠水，对"八番"进行考证，征集到"八番"中清代小龙番长官司印章、家谱，卢番长官司印章，明代金石番长官司印章、卧龙长官司家谱、印模及元代本当三寨等处蛮夷官印章等实物及资料。

是年，唐文元、张伟琴为安龙县文管所鉴定文物，指导该所对文物进行登记、编目。

是年，保管部文物藏品数字化管理工作启动，输入一级藏品131件，二级藏品161件，三级藏品38件。

是年，为了更好地服务观众，方便市民，经与贵州信息中心及电信部门协商，在展厅内安装了2台"贵阳通"触摸屏和10部公用磁卡电话。

是年，为了使世界更好地认识贵州，促进文物对外交流工作，结合贵州文物的特点，完成6个以上民族文物展览的详细方案。年底，赴法民族服饰展览方案已获通过，待命出发。

是年，《贵州省博物馆馆志》编辑工作启动，资料收集工作已近尾声，进入全面整理和初步编辑阶段，95%的业务人员参加撰文。2003年因负责编辑的罗会仁病逝，馆志的编辑工作就此停止，未能如期完成。

是年，由戴亚雄承担的国家文物局2000年度文物博物馆人文社会科学重点课题"中国博物馆教育与社区教育发展现状对策研究"顺利完成。

是年，全年主办、承办、协办展览、展示活动14个，接待观众20多万人次。

是年，省委、省政府已将省博物馆新馆建设摆在重要位置，年内已委托完成《贵州省博物馆新馆建设项目建议书》并通过省计委召集的专题论证会，省财政先后下达项目启动资金160万元。

是年，博物馆在岗职工51人，具有专业任职资格46人，其中，高级专业技术职称13人（正研4人）、中级专业职称20人，初级专业职称13人。

是年，全年入库文物428件。

2003 年

1月1日至5日，举办"世界珍奇昆虫展"。

1月20日至21日，举办贵州省大中专毕业生用人单位双向选择洽谈会。

3月，王红光副馆长任贵州省文物考古研究所所长、贵州省文物保护研究中心主任。

3月，由贵阳市金阳新区管理委员会办公室、贵州省博物馆主编，自然部蔡回阳、王新金、吴天庄、刘秀丹、丁洪熠、宁健荣等6人撰写的《金阳史前文化探秘》，由贵州省人民出版社出版。

3月，贵州省人民政府聘董有刚同志为贵州省文史研究馆馆员。

4月16日，陈维他同志任第三产业办公室主任，兼任贵州博苑文化艺术商务展览中心法人、总经理。

4月，《贵州省志·文物志》由贵州人民出版社出版。省博物馆董有刚、熊水富、罗会仁任副主编，董有刚任总纂。参加撰稿的有：万光云、刘恩元、李黔滨、宋世坤、梁太鹤、何凤桐、吴正光、罗会仁、张桂林、龚正英、蔡回阳、熊水富、董有刚、王新金、吴仕忠、娄清、吴天庄等。

5月20日至26日，举办"党风廉政建设和反腐败斗争成果展览"。

7月，甘霖清同志入职贵州省博物馆（贵州大学历史系历史学专业，历史学学士）。

7月，贵州省文化厅向贵州省人民政府提出《关于贵州省博物馆新馆建设选址的报告》，对新馆建设选址提出建议。

7月，承接贵州省纪委"党风廉政建设和反腐败斗争成果展览"，张桂林、徐念宏负责形式设计。

8月1日至9月8日，由陈维他、金萍带队，抽调12名讲解员，组织"党风廉政建设和反腐败斗争成果展览"赴全省8个地州市巡展。

9月28日，举办"馆藏书画展"。

9月，承接贵州省委宣传部"血染的丰碑展"。

11月9日，举办"纪念贵州建省590年文物展"。

11月10日，贵州省博物馆与贵州省文物考古研究所、贵州省文物保护研究中心联合组建贵州文博信息网。

11月14日，贵州省博物馆成立信息中心，芦媛任主任。

11月，由陈维他带队，帮助贵阳市武警三支队完成"武警三支队建队史陈列"设计及布展工作，张桂林、徐念宏负责形式设计。

11月，李甫同志入职贵州省博物馆（贵州民族学院历史系民族学专业，历史学学士）。

11至12月，社教部举办"贵州古生物王国图片巡展"，在贵阳市10余所小学巡展。

12月7日，协助贵州省收藏家协会举办"纪念毛泽东诞辰100周年收藏展"。

12月5日至10日，举办"形色贵州——贵州画院画家作品系列展"。

是年，社教部组织贵阳市小学生到省博物馆参加"非遗传承技艺——体验陶艺制作"活动。

是年，贵州省文化厅组织专家对新馆建设选址进行了多方征求意见和专题研究，完成了《贵州省博物馆新馆建设预可研报告》及《关于贵州省博物馆新馆建设选址的报告》，选址报告提出了原贵阳一中（筑城广场）及原址（现贵州省美术馆）两个方案。

是年，举办、承办及协办展览展示活动24个，观众30万人次。

2004年

3月8日，组织女职工赴安顺文庙开展三八妇女节活动。

3月19日，文化部、国家文物局印发《关于公共文化设施向未成年人等社会群体免费开放的通知》，贵州省博物馆在显著位置向公众公示、宣传和介绍公共文化设施向未成年人等社会群体免费开放的通知。

4月27日至6月中旬，刘锦、谭用中、龚正英、刘明琼组成专家组，对省博物馆图书资料室收藏的部分珍贵古籍线装图书进行鉴选、评定工作。提升为文物的有98种，共981册。由龚正英逐一写出鉴定意见，编写文物藏品卡，于2005年交保管部文物库房收藏保管。

4月28至5月10日，本馆举办"明清以来画家笔下的贵州山水展览"。

4月，完成"遵义会议精神大型展览"的基础内容提纲。

4月，按照国家发改委要求，在我省批复贵州省博物馆新馆建设可行性研究

在安顺文庙开展三八妇女节活动（龚正英 提供）

报告后，再申请国家专项补助资金。

5月1日，按照文化部、国家文物局《关于公共文化设施向未成年人等社会群体免费开放的通知》，贵州省博物馆正式向未成年人免费开放。

5月26日至30日，举办"情系母亲河摄影展"。

7月30日至8月8日，本馆与六盘水市文化局在水城联合举办"夜郎故地探索展"，由张桂林、敖天海负责形式设计，人员有潘成义、张定福、陈维他、宋云、王昭银、杨英权等。

9月16日，协办"省政协成立55周年书画展"。

9月20日至27日，承办"中国人民的儿子——邓小平图片展"。

9月21日至25日，举办"庆祝中华人民共和国成立55周年书画作品展"。

9月30日，完成《夜郎文化陈列大纲》，黄果树集团独家资助，贵州省博物馆与贵阳卷烟厂联合举办"夜郎故事展"。

9月，吴晓明同志入职贵州省博物馆（中央民族大学装潢艺术设计专业）。

10月，敖天海同志入职贵州省博物馆（贵州师范大学美术学院美术设计专业，文学学士）。

10月，承办"贵州省庆祝中华人民共和国成立55周年书画展"。

10月，吴正光、娄清主编，吴正光执行主编的《贵州的桥》，由贵州科技出版社出版。该著作荣获中国版协科技出版工作委员会西部地区优秀科技图书评委会授予的第十三届中国西部地区优秀科技图书二等奖。

11至12月，社教部举办"贵州龙"巡展，到贵阳市10余所小学校巡展。

12月，全锐同志入职贵州省博物馆（贵州大学艺术学院美术系绘画专业，文学学士）；李琬祎同志入职贵州省博物馆（贵州大学历史系历史学专业，历史学学士）；宋云同志入职贵州省博物馆（贵州师范大学美术学院美术教育专业，文学学士）。

是年，梁太鹤与贵州省文物考古研究所张元同志开始整理编写《赫章可乐二〇〇〇年发掘报告》，2008年8月由文物出版社出版。

是年，接待观众20万人次。

是年，向国家文物局申报《中国苗族服饰库文物征集方案》《馆藏文物保护修复方案》项目，通过国家论证。

2005年

1月12日至15日，举办"纪念遵义会议70周年美协书画展"。

1月15日，吴正光与谭用中、梁太鹤等应邀前往黄果树，参加首届红崖天书文化研讨会。

1月，吴正光著《郎德上寨的苗文化》，由贵州人民出版社出版。

3月9日，组织干部职工赴遵义会议纪念馆参观遵义会议旧址、"历史的转折——遵义会议永放光芒"专题展览。

3月，张桂林、陈维他、敖天海协助安顺市文化局完成《王若飞生平事迹展览方案》。

5月，举办"科学发展观——人与自然和谐发展"展览。

5至7月，张婵、甘霖清、刘秀丹、宋云、李琬祎、全锐参与由省考古所组织实施的六枝特区岩脚镇老卜底村火电站抢救性考古发掘工作。

5月17日，贵州省林业厅下达《关于同意贵州省博物馆制作非正常死亡来源和正常死亡野生动物标本的批复》。

6月，贵州博苑文化艺术商务展览中心完成《发挥博物馆专业优势向社会开展动物标本制作服务方案》。

8月13日至20日，举办"抗日战争文献史料展览"。

8月22日至25日，举办"纪念抗日战争暨反法西斯战争胜利60周年书画展"。

8月，在青岛市博物馆举办"贵州少数民族服饰展"。

2005年3月9日，遵义会议纪念馆前，干部职工合影（陈维他 提供）

10月10日，组织离退休同志开展重阳节活动。

10月，万旻同志入职贵州省博物馆（贵州大学计算机科学与技术专业，工学学士）。

10至11月，社教部举办"2004感动中国"巡展，到贵阳市10余个社区巡展。

12月8日，李黔滨馆长带队参加首届中国西部（昆明）文化产业博览会，贵州展区荣获最佳展览奖、优秀组织奖。设计：敖天海，成员：陈维他、米兰、徐雁玲等。

2003、2004、2005年，陈维他同志连续3年被省文化厅授予省直文化系统

离退休同志重阳节合影（陈维他 提供）

"优秀共产党员"称号。

是年,向国家文物局申报《贵州水族地区水书抢救性征集项目方案》《抢救征集贵州傩面及傩器具实施方案》,通过国家论证。

是年,协助毕节、遵义完成向国家文物局申报的《毕节地区文物保护修复方案》《遵义地区文物保护修复方案》。

首届中国西部(昆明)文化产业博览会最佳展览奖、优秀组织奖奖牌(陈维他 提供)

文化产业博览会之贵州厅(陈维他 提供)

2006年

1月，米兰同志入职贵州省博物馆［贵州财经学院（今贵州财经大学）市场营销专业，管理学学士］。

2月，为庆祝中国博物馆学会民族博物馆专业委员会成立暨首届学术讨论会，特邀"贵州少数民族服饰展"赴北京展出。

4月，"贵州少数民族服饰展"赴山东博物馆展出；

5月，李黔滨馆长带队参加第二届中国（深圳）国际文化产业博览交易会，荣获最佳展示奖、优秀组织奖。设计：敖天海，成员：李甫、米兰、徐雁玲等。

5月，刘明琼同志任农工党贵州省文化支部副主任委员，任期至2011年3月。

5月，陈维他同志赴黔东南凯里舟溪新光村征集到8只大芦笙。

5月，省长石秀诗同志赴贵州省博物馆，对新馆建设选址进行调研，提出在原贵阳一中建设新馆的建议。

6月23日，召开会议研究《中国文物地图集》出版事宜，贵州省文物局张勇，贵州省博物馆梁太鹤、谭用中、唐文元、宋世坤、蔡回阳、娄清参加。

6月，中国首个自然和文化遗产日期间，举办"贵州省文化遗产保护成果展"。

6月，李渊同志入职贵州省博物馆（河海大学计算机与通信工程系通信工程专业，工学学士）。

6月，贵州博苑文化艺术商务展览中心帮助镇远县文广局，完成"在华日本人民反战同盟和平村工作队旧址陈列展览"的设计、制作和布展。

7月，陈维他带队，帮助镇远县文物局，在该县周公祠举办"镇远名城风貌风情展"。由张桂林、敖天海负责设计，成员有陈维他、徐雁玲、米兰、王昭银、杨英权等。

8月2日，参加省文化系统举办的廉政歌曲（八荣八耻、八个坚持、八个反对）比赛，龚正英同志任比赛指挥，省博物馆获三等奖。

8月，陈列部徐念宏同志退休（工艺美术师）。

9月，"贵州少数民族服饰展"赴大连现代博物馆（今大连博物馆）展出。

9月，保管部送文物至中国人民革命军事博物馆参加"红军长征70周年纪念大型主题展"。

10月，陈维他同志任贵州省博物馆副馆长。

省文化系统廉政歌曲比赛合影（龚正英 提供）

10月，陈维他副馆长到天津南开大学文博行政管理学院，参加由国家文物局举办的全国博物馆第四期省级博物馆馆长专业培训班。

10月，李黔滨带队参加中国西部（成都）第二届文化产业博览会，荣获最佳展创意、优秀组织奖。由敖天海负责设计，成员有米兰、徐雁玲。

10月，李黔滨、杨庭硕、唐文元主编的《贵州民族民俗概览》，由贵州人民出版社出版。

11月23日，由中组部、中宣部、中共中央文献研究室、中共中央党史研究室、解放军总政治部联合主办，中国人民革命军事博物馆、贵州省委宣传部及省委组织部、贵阳市委等单位承办，贵州省博物馆协办的"伟大壮举 光辉历程——纪念中国工农红军长征胜利70周年展览"，先后在贵阳、遵义展出。

12月底，贵州省博物馆新馆立项被确定为2007年省委、省政府"十件实事"之一，新馆建设提上工作日程。

是年，协助贵州省文物考古研究所完成"黔西甘棠文物考古发掘""沿河洪渡文物考古发掘""金阳新区考古调查""善泥坡水电站库区淹没区文物调查""双

中国西部（成都）第二届文化产业博览会贵州厅（陈维他 提供）

河口、团坡、上尖坡、冗各、灰洞等5个水电站库区淹没区及施工区文物调查"；参加"国道主干线贵阳绕城公路南段小河区王宽村西段侏罗系红层"探测性发掘、贵阳市环城公路墓葬发掘、开阳水电站及红水河水电站水库淹没区考古发掘、贵阳市金华镇三铺村大山脚汽油洞遗址发掘等项目。

是年，吴一方应美国民间文学学会邀，赴美国参加会议，并借此机会推介本馆展览，并与俄亥俄州立大学东亚文学系马克·本法尔教授合作，完成苗族古歌教学内容。

是年，刘明琼应邀参加贵州省钱币学会第二届会员代表大会，当选为贵州省钱币学会副秘书长。

是年，承办由贵州省文化厅主办的"贵州威宁中水考古发掘成果展"。

是年，征集文物1000余件，含郑珍等珍贵墨宝及青铜兵器等历史文物。

是年，入库文物992件，接受资料25份，装裱字画19件。

是年，举办、承办、协办展览24个，观众26万人。

2007年

1月9日，林树森省长赴贵州省文化厅调研，对新馆建设作出指示："建设省博物馆这类大型的公共文化设施，要么就不搞，要搞就把它搞成一流的。"明确新馆选址在贵阳市金阳新区，就立项、建设方面的一系列问题提出重要要求。

1月19日，在贵州省建筑设计研究院，贵州省文化厅组织召开有关专家参加省博物馆新馆建设选址会议。会上，就省博物馆新馆的建馆面积、选址条件作了具体讨论。

1月22日，贵州省文化厅正式委托贵州省建筑设计研究院编制选址方案。

1月24日，贵州省文化厅、贵州省发展和改革委员会（以下简称"贵州省发改委"）、贵州省建筑设计研究院、金阳新区管理委员会及贵州省博物馆的有关负责同志，在金阳新区管理委员会召开博物馆新馆选址会议，并对金阳新区的体育中心东北角地块、文化山西南角地块及观山公园北大门地块进行了实地考察。

1月26日，贵州省文化厅、贵州省博物馆及贵州省建筑设计研究院有关负责同志在贵州省建筑设计研究院召开"金阳新区可选择选址比选会议"，对金阳新区地块作了比较分析研究。

1月26日至2月3日，吴正光、梁太鹤在北京参加《中国文物地图集·贵州分册》终审会。终审内容有概述、专题图文字说明、重点图文字说明及插图几大部分。

1月30日，贵州省文化厅党组召开扩大会议，成立了贵州省博物馆新馆建设领导小组，徐圻厅长任组长，董林生为常务副厅长、李黔滨馆长为副组长，负责新馆建设领导工作。

1月，保管部陈笑梅同志退休（馆员）。

2月6日至10日，贵州省文化厅常务副厅长董林生带队，组织贵州省发改委、贵州省建筑设计研究院、贵阳市规划局、金阳新区管理委员会有关规划和建设专家到广州、福州考察了广东省博物馆、福建博物院的新馆建设及国际招标情况。副馆长陈维他、办公室副主任李甫参加考察。

2月，蔡思夫同志入职贵州省博物馆（贵阳医学院医学检验系医学检验专业，医学学士）。

3月15日，贵州省博物馆新馆建设领导小组制定通过了"贵州省博物馆新

2007年2月，考察组在广州大学城留影（陈维他 提供）

右起：陈维他　高　杨　罗德启　董林生　张曙华　魏定梅　吴朝霞　李　甫

建设立项工作计划"，对今年的立项工作作了具体部署。

3月29日，贵州省博物馆新馆建设领导小组组织省政府办公厅、贵州省发改委、贵州省建设厅、贵州省文物局、金阳新区管理委员会、贵阳市规划局、贵州省规划专家委员会、贵州省建筑设计研究院、贵州省博物馆、贵州省考古所等单位专家及领导在贵州省建筑设计研究院，召开贵州省博物馆新馆选址方案论证会。绝大多数专家认为观山公园北侧为选址的第一方案，奥体中心东北角（现华润地产万象汇商场）为选址的第二方案，文化山选址应不予考虑，并形成了评审意见。

3月30日，贵州省文化厅徐圻厅长将3月29日新馆选址会议论证结果，向省长林树森同志作了汇报。

4月4日，新馆建设领导小组在省文化厅召开第二次工作会议。对新馆选址工作进行专题研究，通报了省领导对选址工作的要求，确定了"争取观山公园，

第三章　1996—2024年

保证奥体中心东北角，放弃文化山"的选址思路，决定立即就选址论证会的情况及省文化厅的意见向省委、省政府有关省领导书面汇报，并函告贵阳市人民政府。会议初步议定由国信招标有限责任公司负责招标代理工作。

4月5日，贵州省文化厅致贵阳市人民政府《关于省博物馆新馆选址专家评审结果的函》(黔文函〔2007〕7号)，将专家评审结果告知贵阳市人民政府。

4月11日，由贵阳市人民政府李忠副市长带队，市政府办公厅、金阳新区管理委员会、市规划局等相关职能部门到贵州省文化厅与新馆建设领导小组商定意见，原则同意将新馆选址定于观山公园北侧。

4月12日，贵阳市金阳新区管理委员会致省文化厅《对〈贵州省文化厅关于省博物馆新馆选址意见〉的回函》(筑金管函字〔2007〕43号)，明确指出原则同意将省博物馆新馆选址定于观山公园北侧。

4月16日，贵州省文化厅向省人民政府呈报了《关于省博物馆新馆立项工作中急需解决问题的请示》(黔文呈〔2007〕23号)。

4月18日，贵州省政府领导对新馆建设项目签署意见："请贵州省发改委会同有关部门按基本建设程序进行论证和申报。"

4月，陈琤同志退休(管理员)。

5月8日，贵州省博物馆与国信招标有限责任公司签订《委托组织贵州省博物馆新馆建筑方案设计国际竞赛协议书》。

5月21日，贵州省发改委组织省政府办公厅、省文化厅、省建设厅、省文物局、省博物馆有关专家和领导，在省发改委专题研究新馆建设规模问题。

5月28日，陈维他副馆长带队参加第三届(深圳)国际文化产业博览会，荣获优秀组织奖。由敖天海负责展台设计，参加人员有米兰、徐雁玲。

6月7日，贵州省发改委将《关于省博物馆新馆建设有关问题的请示》(黔发改呈〔2007〕731号)呈报省政府。建议采用5

第三届(深圳)国际文化产业博览会·优秀组织奖奖杯(陈维他 提供)

贵州厅展馆（陈维他 提供）

月27日专题会议研究的建设规模。

6月29日，贵州省文化厅致贵阳市人民政府《关于省博物馆新馆建设规模待批的函》（黔文函〔2007〕11号），明确指出：新馆建设的投资规模、建筑规模及用地规模等问题在省政府审批过程中，请贵阳市政府继续保留已确定的新馆建设选址用地。

8月6日，省长林树森同志主持召开贵州省人民政府第143次办公会议，就新馆建设做出三点决定：1.原则同意省博物馆选址金阳新区观山公园北侧异地建设；2.新馆项目建设用地应由贵阳市政府无偿提供；3.由省发改委根据会议讨论意见对请示事项进行修改，按程序送审后提请省委常委会议审定。

8月15日，文化部下达《关于同意邀请澳门特别行政区总督考察团前往河南省、贵州省考察春节习俗展的批复》。

8月18日至21日，张兰冰书记带队参加中国西部（呼和浩特）文化产业博览会，荣获最佳创意奖、优秀组织奖。

8月20日、9月20日、9月28日、10月23日，连续邀请了省内知名的历史、民族、古生物方面的专家召开了新馆陈列大纲论证会。专家有熊宗仁、范同寿、侯绍庄、谭用中、翁家烈、颜勇、席克定、史继忠、赵元龙、曹泽田。

8月，龚正英参与编撰、任副主编的《贵州省古籍联合目录（上下册）》，由贵州人民出版社出版。

8至9月，为庆祝中国人民解放军建军80周年，由中国人民革命军事博物馆提供资料，贵州博苑文化艺术商务展览中心完成展板制作，社教部金萍带队将"五千年金戈铁马与四次军事变革——军事科普展"送到部队军营、大专院校开展国防教育巡展。

9月14日，贵州省委书记石宗源同志主持召开贵州省委常委会第十次会议，会议原则同意省政府党组关于新馆建设有关问题的请示，并确定：1.同意由省发改委对省博物馆新馆项目进行立项；2.要科学规划，精心设计，争取把省博物馆新馆建设成为我省公益性文化设施中的精品工程、利民工程。

10月19日，组织全国离退休同志赴贵阳市药用植物园开展重阳节活动。

10月，委托贵州国建投资咨询公司编制《贵州省博物馆新馆建设项目建议书》。

10月，陈维他副馆长参加北京市文化局第二届中国（北京）国际文化创意产业博览会。

在贵阳市药用植物园开展重阳节活动（龚正英 提供）

11月13日，金阳新区管理委员会报贵阳市人民政府，请求将原观山湖公园绿化用地调整为省博物馆新馆建设用地。

11月19日，贵州省文化厅将《贵州省博物馆新馆建设项目建议书》（黔文〔2007〕32号）报送省发改委。

12月4日，贵州省发改委组织省政府办公厅、省文化厅、省建设厅、省财政厅、省国土厅、省环保局、贵阳市政府及相关专家对《贵州省博物馆新馆建设项目建议书》进行评审，原则予以通过。

12月6日上午，在省政府办公厅，贵州省委常委、常务副省长王晓东同志听取了省文化厅厅长徐圻、厅巡视员董林生、省博物馆馆长李黔滨有关新馆立项工作的汇报。

12月11日，贵州省发改委下达《关于贵州省博物馆新馆建设项目建议书的批复》（黔发改社会〔2007〕2123号），项目总投资估算3.68亿元。

12月18日，在贵州省文化厅会议室，徐圻厅长组织省发改委、省建设厅、市规划局及有关专家召开贵州省博物馆新馆建筑概念设计方案国际邀请竞赛文件论证会。

贵州省博物馆新馆建设项目建议书评审会（李甫 提供）

新馆建筑概念设计方案国际邀请竞赛文件论证会（李甫 提供）

12月21日至2008年1月3日，贵州省博物馆新馆建筑方案设计国际邀请竞赛发布公告，共49家报名。根据"报名通知"符合性审查要求，国信招标有限责任公司筛选出15家参赛单位。

12月25日，贵州省博物馆与贵州省环境科学研究设计院签订了《贵州省博物馆新馆环境影响报告表（含污染防治措施专项）编制合同书》。

12月，保管部龚正英同志退休（副研究馆员），由陈丽艳接管古籍图书管理工作。

12月，崔丽同志入职贵州省博物馆（贵州大学外语系英语专业，文学学士），张昊帆同志入职贵州省博物馆（贵州民族学院文化与传播学院广播电视新闻学专业，文学学士）。

12月，吴正光著《带你走进博物馆·郎德苗寨博物馆》《带你走进博物馆·青龙洞民族建筑博物馆》，由文物出版社出版。

是年，征集苗族服饰25套（117件）。

是年，完成《毕节地区文物保护修复方案》。

是年，在连云港举办"少数民族服饰展"，在杭州举办"霓裳银装——少数民族风情服饰展"，在江苏省博物馆举办"贵州少数民族服饰展"。国际博物馆日期间，主办"贵州文物精华图片展""清代画家作品展"。在中国文化遗产日期间，引进了"黄宾虹书画展"，主办了"非物质文化遗产图片展""版本书画图片展"，承办了由文物局主办的"五千年金戈铁马与四次军事变革——军事科普展"，先后到20个部队及学校巡展。此外，还举办了"贵州首届绿色食品展""走进奥运奇石展"等商业性展览。

是年，主办、承办、协办各类展览20多个，观众30余万人。

2008年

1月16日，贵州省文化厅召开贵州省博物馆新馆建筑设计方案国际邀请竞赛参赛单位资格审查专题会议，对国信招标有限责任公司经符合性审查提供的15家参赛单位进行了资格审查，并以无记名方式进行了投票，确定了8家参赛单位：

1. 同济大学建筑设计研究院；
2. 英国工程设计院&中国建筑技术集团有限公司；
3. 香港国际工程设计研究院；
4. 北京市建筑设计研究院；
5. 贵州省建筑设计研究院；
6. 清华大学建筑设计研究院&汪克艾林建筑设计（北京）事务所；
7. 中国建筑设计研究院重庆建筑设计股份有限公司；
8. 安井·GLAnet设计联合体&厦门中合现代工程设计有限公司。

贵州省博物馆新馆建筑设计方案国际邀请
竞赛参赛单位资格审查专家名单

序号	姓名	单位	职务（职称）
1	徐圻	贵州省文化厅	厅长
2	董林生	贵州省文化厅	厅巡视员
4	王宝麟	贵州省文化厅监察室	处长
5	李黔滨	贵州省博物馆	馆长
6	张曙华	省发改委社会发展处	处长
7	张平	省发改委重点项目处	处长
8	冯泽民	省监察厅执法监察室	主任
9	高国富	省建设厅	总工程师
10	王吉英	贵阳市规划局	高级规划师

1月24日，贵州省环境科学研究设计院完成《贵州省博物馆新馆建设环境影响评价报告》。

1至2月，在澳门举办"喜庆汇莲城——河南省、贵州省春节习俗展"。

2月18日，贵州省博物馆向省文化厅呈报了《关于向社会免费开放的工作方案、具体措施及所需经费预算的报告》。

3月3日和4月11日，贵阳市规划局两次组织城乡规划建设委员会有关专家对新馆建设地址进行评审，作出新馆选址移到观山公园东北侧的决定，占地79亩。

4月5日，根据中宣部、财政部、文化部、国家文物局《关于全国博物馆、纪念馆免费开放的通知》要求，贵州省博物馆向社会免费开放。

4月，博物馆举办"澳门特别行政区基本法颁布十五周年图片展览"。

4月，举办"'抗击冰雪、心系人民'全国新闻摄影展——贵州巡展"，接待观众2万余人次。

4月，吴正光著《青岩镇的建筑文化》，由贵州人民出版社出版。

时任省委常委、宣传部部长谌贻琴参观"'抗击冰雪、心系人民'全国新闻摄影展——贵州巡展"（陈维他 提供）

4月，吴正光撰写《凤凰勾良的苗文化》，由贵州人民出版社出版。

5月15日，陈维他副馆长带队参加第四届中国（深圳）国际文化产业博览会，荣获最佳展示奖。由敖天海负责展台设计，参加人员有孙力、米兰、徐雁玲。

5月18日，在"5·18国际博物馆日"期间，举办了专家讲座、文物鉴赏及贵州籍雕塑家刘万琪先生雕塑展暨作品捐赠仪式等系列活动。

5月，唐文元同志退休（农工党贵州省委副主委，研究馆员）。

5至7月，应广东省博物馆聘请，鲁湘荣前往广东省博物馆修复国家级书画文物5件。

6月10日，在本馆贵宾室召开"贵州省博物馆新馆建筑方案设计国际邀请竞赛"发布会。

"5·18国际博物馆日"
系列活动新闻发布会暨
刘万琪作品捐赠仪式
（陈维他 提供）

新馆建筑方案设计国际
邀请竞赛新闻发布会
（李甫 提供）

6月14日，由贵州省文化厅主办、本馆承办的"中国文化遗产日"贵州省系列活动在本馆启动。活动内容有贵州省非物质文化遗产项目代表性传承人颁证仪式、贵州省非物质文化遗产项目代表性传承人技艺展演、贵州省获得国家一级博物馆的单位授牌仪式及"黔籍书画家作品展"等。

6月20日，本馆举办"'走进奥运'选送贵州观赏石精品展"。

6月，提供馆藏东汉铜车马赴香港"中国马文化展"参展。

6至7月，举办"多彩贵州——少数民族风情图片展"巡展，到贵阳市10所小学巡展。

6至10月底，对基本陈列及庭院环境进行改造，其中涉及招标项目10项，其他项目28项。陈维他作为甲方代表负责现场施工推进工作。10月23日至30日，先后有国家文物局单霁翔局长、省委宣传部谌贻琴部长、省政协副主席吴嘉甫、村落文化景观保护与可持续发展国际学术研讨会的中外专家对博物馆进行了考察。10月30日预展，11月11日正式向社会开放。

7月，举办"'抗震救灾，众志成城'大型新闻图片展"，接待观众6万人次。

7月，陈维他副馆长带队到北京奥林匹克公园，完成"祥云小屋""讲好中国故事——贵州民族文化展"布展工作。

8月2日至6日，在花溪迎宾馆，贵州省文化厅组织召开了新馆建筑方案设计国际邀请竞赛技术评审会（专家有：张家臣、覃士杰、高国富、魏定梅、张平、王红星、李惠成、刘忠、詹炎松、周继烈、苏平、王宁、张世礼等13位）和新馆建筑方案设计国际邀请竞赛评审委员会（专家有：董林生、李黔滨、李耀申、陈航、马克俭、冯明才、王其钧、崔彤、许安之、李雄伟等11位），并通过《贵州都市报》向广大市民征求意见，最终选出3个优胜方案，设计单位是：

1. 同济大学建筑设计研究院；
2. 清华大学建筑设计研究院&汪克艾林建筑设计（北京）事务所；
3. 贵州省建筑设计研究院。

8月中旬，省长林树森同志对3个新馆建筑设计优胜方案进行审查，认为不适合博物馆设计，要求进行优化，经优化后的设计方案由省文化厅通过邀请招标的方式给予确定。

9月，吴正光撰写《凤凰勾良的苗文化》，由贵州人民出版社出版。

10月，举办"澳门回归图片展览"，接待观众2万余人次。

2008"中国文化遗产日"贵州省系列活动启动仪式（陈维他 提供）

"抗震救灾，众志成城"大型新闻图片展（陈维他 提供）

贵州省博物馆新馆建筑方案设计国际邀请竞赛技术评审会、新馆建筑方案设计国际邀请竞赛评审会（李甫 提供）

10月，在陈列大楼正面东西两侧壁龛，安装多彩贵州龙凤浮雕。浮雕由刘万琪设计，卢向勇制作。

10月，按照《贵州省博物馆新馆建筑方案设计国际邀请竞赛文件》第八章"奖励与成本补偿办法"规定，向参与入围新馆建筑设计方案的8家参赛单位发出《关于领取竞赛成本补偿的通知》。其中：英国工程设计院&中国建筑技术集团有限公司15万元；香港国际工程设计研究院10万元；北京市建筑设计研究院10万元；中国建筑设计研究院重庆建筑设计股份有限公司10万元；安井·GLAnet设计联合体&厦门中合现代工程设计有限公司15万元；同济大学建筑设计研究院40万元；贵州省建筑设计研究院40万元；清华大学建筑设计研究院&汪克艾林建筑设计（北京）事务所40万元。

10月，吴正光主编《玛瑙山官田寨》，由贵州人民出版社出版。

10月，龚正英被贵州省文化厅聘为贵州省古籍保护工作专家委员会委员。

11月，接待八一制片厂及大方县委宣传部《奢香夫人》资料采集组进行馆藏彝族文物资料的查询和拍摄。

2008年10月，谌贻琴（中间位置者）参观展览（陈维他 提供）

2008年10月，吴嘉甫（右一）参观展览（陈维他 提供）

我们的70年
贵州省博物馆记事 ｜ 1953—2024

12月初，编制上报《贵州省博物馆新馆可行性研究报告》，呈省发改委。

12月26日，贵州省发改委组织省政府办公厅、省文化厅、省建设厅、省财政厅、省国土资源厅、省环保局、省博物馆、省建筑设计研究院、市政府、市规划局及金阳新区管理委员会等单位相关专家，对省建筑设计研究院编制的《贵州省博物馆新馆建设项目可行性研究报告》进行评审，获得通过。

12月29日，贵州省发改委下达《关于贵州省博物馆新馆建设项目可行性研究报告的批复》（黔发改社会〔2008〕2584号）。项目地点调整为贵阳市金阳新区观山公园北侧、林城东路南侧地块，总建筑面积42996平方米，总投资3.8553亿元，资金来源除争取国家发改委安排地方省级博物馆建设专项补助资金外，其余建设资金列入省财政专项预算资金解决。

12月，清华大学建筑设计研究院&汪克艾林建筑设计（北京）事务所、贵州省建筑设计研究院签订联合设计协议，分为方案调整深化设计、初设施工图及施工配合3个阶段。分工如下：方案调整深化设计阶段，由贵州省建筑设计研究院承担，主持方案深化工作；初设和施工图、建筑、结构、给排水、通风、空调、

2008年10月，单霁翔（右二）参观展览
（陈维他 提供）

电气图纸等部分，由清华大学建筑设计研究院&惟邦环球建筑设计（北京）事务所［原汪克艾林建筑设计（北京）事务所］联合体承担；施工配合阶段共同完成。

12月，党支部书记潘成义同志退休（研究馆员）。

是年，本馆文物《北宋写大般若波罗蜜多经册》入选第一批国家珍贵古籍名录。

是年，办理完成新馆建设环境影响评价、选址意见书和建设用地规划许可。

是年，省文物局拨款3万元，将"贵州文博信息网"更名为"贵州遗产网"。

是年，征集苗族服饰20余套（150余件），文物库房接收藏品314件。

是年，陈维他副馆长组织完成"苗族银饰盛装"（5件/套）设计。该作品，分别为四川博物院新馆民族服饰陈列、首都博物馆举办"多彩中华——56个民族文化展览"订制。该套苗族银饰盛装，总重近20千克，组合高3.2米。由非遗传承人杨光滨精心打造。

是年，举办、承办、引进及输出展览"开国之路——庆祝建国60周年红色经典油画展""徐悲鸿留在云贵的足迹展""多彩中华——中国的少数民族展览""云南古代佛教艺术展""徐悲鸿书画特展""七彩霓裳——云贵高原民族服饰展""黄宾虹书画展""霓裳银装——少数民族风情服饰展""贵州少数民族服饰展"及"中国原生态·摄影大赛精品展"等展览。

是年，接待观众26万人次。

2009年

1月，承办"金牛聚福大家乐"群众文化活动。陈维他副馆长工作突出，获得省文化厅表彰。

2月23日，贵州省文化厅向省发改委报送《关于请核准贵州省博物馆新馆建设项目招标初步方案的报告》（黔文函〔2009〕3号）。

2月27日，陈维他副馆长参加第29届奥运会、残奥会开闭幕式实物捐赠仪式，接收捐赠服装及道具82件（套）。

2月，云海同志入职贵州省博物馆（中国政法大学行政管理专业，管理学学士）；杨婧宁同志入职贵州省博物馆（贵州大学艺术学院戏剧系表演专业，文学学士）；毛家艳同志入职贵州省博物馆（吉首大学历史与文化学院民族学专业，法学硕士）；安琪同志入职贵州省博物馆（中国人民解放军空军工程大学管理系行政管理专业，管理学学士）。

2月，在云南省博物馆举办"徐悲鸿书画展"。

3月，在陈列大楼广场绿化区，安装刘万琪先生设计石俑、石帆两座雕塑作品。

3至6月，推出专题"多彩贵州——贵州少数民族服饰及传统手工艺赏析"系列讲座，赴贵阳市幼儿园、小学、中学及大学讲授。

4月8日，贵州省文化厅向贵阳市规划局金阳分局递交了《关于贵州省博物馆新馆规划总图报建的申请》。

4月13日，贵州省人民政府批复了省发改委《关于省博物馆新馆建设方式的建议》，同意新馆采取招标方式选择专业化、具有博物馆建设经验的代建单位对项目实行代建。

4月15日，贵州省博物馆新馆开工建设被列入2009年省重点建设项目。但因用地性质调整（林业用地改为建设用地）尚未获国土资源部批复，且用地规划手续、初步设计方案等系列工作也未完成，至年底未如期开工。

4月30日，社教部推出专题"特别的爱给特别的你——关爱残疾儿童，共同体验文化享受"活动，组织贵阳市聋哑学校学生参观展览。

5月18日，"5·18国际博物馆日"，博物馆开展系列宣传活动。

5月19日，贵州省人民政府批复了省发改委《关于省博物馆新馆建筑设计方案采取邀请招标有关问题的请示》，同意新馆建筑设计方案采取邀请招标方式进行。

5月21日，贵阳市城乡规划建设委员会召开新馆单体方案论证会，参会专家15人，投票结果15人同意，占100%，在同意票中，同意方案一的占10票，同意方案二的占5票。该方案原则通过专家评审，同意以方案一为主，同时结合方案二的设计优点，进一步优化单体设计，然后按程序报审。

5月28日，陈维他副馆长带队参加第五届（深圳）国际文化产业博览会，荣获优秀展示奖。参与人员有敖天海、孙力、米兰、徐雁玲。

6月13日，社教部推出专题社教活动"六一特别活动：共享一片蓝天"，组织贵阳市郊大坪小学的农民工子女走进省博物馆参观展览，组织学生进行"我心目中的博物馆"演讲活动。

6月16日，贵州省发改委下发《关于贵州省博物馆新馆建设项目招标初步方案核准的通知》（黔发改社会〔2009〕1225号），对新馆建设项目招标范围、组织形式和方式进行了明确。将新馆建设划分为设计、勘察、监理、建安等14个标段，同意采取邀请招标方式先行开展设计招标工作。

6月，中国自然文化遗产日期间，举办"邱石冥书画展"。

6月，参与贵州省政协"庆祝中华人民共和国成立60周年暨人民政协成立60周年书画精品展"。

6月，陈萍同志从贵州省毕节地区林业局百里杜鹃国家级森林公园保护处调到省博物馆工作。

6月，中国文化遗产日期间，在本馆设立主会场。省文化厅公布国家级、省级非遗传承人名单，举办馆藏书画展览、考古所近年考古发掘重大成果展、传承人技艺展演等活动。

9月1日，吴正光主编的《沃野耕耘：贵州民族文化遗产研究》，由学苑出版社出版。该书对贵州民族文化遗产基本状况、保护措施、开发利用等都进行了较为全面、系统、深入的介绍和研究，是一部了解贵州民族文化遗产的重要学术著作。

9月9日，设置新馆建筑设计方案邀请招标（招标编号：GXTC—0932036）拦标价为797.99万元，最低下限价为718.19万元。

9月23日，经过国际邀请招标，新馆建设工程设计由清华大学建筑设计研究院、惟邦环球建筑设计（北京）事务所、贵州省建筑设计研究院设计联合体中标。中标价788万元。

10月22日，组织离退休同志开展重阳节活动。

11月19至11月17日，与中国人民革命军事博物馆举办"开国之路——庆祝建国60周年经典油画展"。

11月21日，陈维他副馆长与办公室主任李甫赴北京参加国家文物局数据中心、中国文物保护基金会、中国博物馆学会举办的"2009首届中国文化产业对策高峰论坛暨全国优秀文物安全消防系统展览"活动。

11月，本馆委托国信招标集团有限公司，负责组织新馆工程项目建设管理服务机构（代建机构）招标工作。

11月，保管部主任刘明琼同志退休（副研究馆员）。

12月18日，贵州省文化厅成立了贵州省博物馆新馆建设指导委员会，由省文物局局长王红光担任主任，李黔滨担任副主任，成员有高国富、张曙华、魏福忠、魏定梅、李黎、张桂林、黎明、汪克、刘兆丰、陈顺祥。指导委员会下设办公室，李黔滨兼任办公室主任。

2009年10月22日，离退休同志开展重阳节活动（龚正英 提供）

12月，本馆与省文化厅共同出版《贵州文物精华》。

12月，贵州省文化厅、贵州省博物馆与清华大学建筑设计研究院、惟邦环球建筑设计（北京）事务所、贵州省建筑设计研究院签订新馆建设设计合同。

是年，完成国家级课题"毕节地区青铜器修复方案"，并向毕节市文物局移交文物100余件。

是年，完成遵义市博物馆文物复制、仿制122件（其中书画12幅）。

是年，参与国家文物局组织开展的"文物调查及数据库管理系统建设"项目，启动贵州省博物馆馆藏藏品申报录入工作。

是年，本馆9件古籍文物入选第二批国家珍贵古籍名录，分别为唐人写《大般涅槃经》卷三十四，元《新编方舆胜览》刻本，宋人写《放光摩诃般若波罗蜜经》卷五，清郑珍标记《〈仪礼·丧服〉汉魏六朝注说》稿本，明《贞观政要》刻本，明《策要》一、二卷刻本，明《韩文公文抄》朱墨套印刻本，明《欧阳文忠公文抄》朱墨套印刻本，清莫友芝《邵亭诗抄》稿本。

是年，完成国家级课题"贵州省博物馆馆藏丝织品保护维修方案"。

是年，还举办、承办及协办"一个普通工人的水彩世界""开国之路——庆祝建国60周年红色经典油画展""徐悲鸿书画展""多彩贵州·中国的少数民族展览""庆祝建国60周年暨贵州解放60周年老年书画展""徐悲鸿书画特展""邱石冥书画展""多彩中华展""遵义市博物馆基本陈列展""贵阳市警备区军史博物馆基本陈列展"等展览。

是年，完成博物馆办公区后院维修、卫生间维修和绿化环境改造工作。

是年，接待观众40万人次。

2010年

1月，陈列部主任张桂林同志退休（研究馆员）。

2月，董佩佩同志入职贵州省博物馆（贵州师范大学美术学院艺术设计专业，文学学士）；陈雨欣从花溪区委宣传部新闻信息中心调到省博物馆；黄琳同志入职贵州省博物馆（贵州师范大学中文系汉语言文学专业，文学学士）；黄镇邦同志入职贵州省博物馆（中央民族大学民族学与社会学学院人类学专业，法学硕士）；胡永祥同志入职贵州省博物馆［贵州教育学院（今贵州师范学院）数学系计算机科学与技术专业］。

2月，陈维他副馆长参加全国博物馆文化产品大赛，水晶飞鸟镇纸、民族图案镜子荣获优秀奖。

2月，举办"寅虎闹春大家乐"春节群众文化活动。

3月15日，为配合博物馆基本陈列展览，充分展示物质与非物质文化，我馆与多彩民族民间艺术发展有限公司合作，利用天井小戏楼，联合打造"赶黔音"贵州非物质文化民族歌舞表演。

3月16日至4月16日，在贵州省博物馆，与江西省博物馆联合举办"千年瓷都——江西景德镇瓷器展"。

3月，研究室主任梁太鹤同志退休（原副馆长、贵州省文物考古研究所所长、研究馆员）。

3月，刘恒同志入职贵州省博物馆（四川大学历史文化学院中国近现代史专业，历史学硕士）。

4至5月，本馆与四川博物院、云南省博物馆联合举办（成都）"徐悲鸿书画展——留在云贵高原的足迹"展览。

4月7日，贵州省博物馆新馆开工建设再次被列入2010年省重点建设项目。

4月20日，吴正光赴大方参加"2010中国大方第二届奢香文化节开幕式暨贵州宣慰府落成典礼"。

4月27日至6月18日，从中国人民革命军事博物馆引进"名人名枪——中国人民革命军事博物馆馆藏枪械珍品特展"。

5月，贵州博苑文化艺术商务展览中心帮助黔东南黄平县文化局完成"贵州民族节日博物馆展览陈列"，由张桂林、敖天海负责设计。

非遗剧场（陈维他 提供）

6月3日，贵州省文化厅成立了含建筑结构、设计、节能、环保、经济、规划、博物馆等方面专家组成的贵州省博物馆新馆建设指导委员会，共13人，王红光任主任，成员：孔锦、张曙华、魏福忠、魏定梅、张桂林、黎明、汪克、刘兆丰、陈顺祥、李黔滨、高国富、李黎。徐圻厅长代表厅党组向新馆建设指导委员会各委员颁发了聘书，宣布贵州省博物馆新馆建设指导委员会正式成立。

6月28日至8月28日，本馆与云南省博物馆、南宁博物馆联合举办（南宁）"徐悲鸿书画联展"。

6月，中国文化遗产日期间，在本馆设立主会场。省文化厅、省文物局颁发二三级博物馆、十大考古精品、非遗传承项目等证书。举办馆藏瓷器展、非遗传承人作品展，并向群众发放保护文化遗产宣传资料。

6月，贵州省博物馆接待"重走故宫文物南迁路"考察队，并召开座谈会。

6月，刘玫丽同志从部队转业到贵州省博物馆工作（贵州大学艺术学院声乐专业）。

2010年6月3日，贵州省博物馆新馆建设指导委员会第一次会议（李甫 提供）

2010年6月,"重走故宫文物南迁路"考察队在省博物馆前留念合影(陈维他 提供)

6月,举办"大匠之迹——贵州省博物馆·馆藏齐白石书画展"。

7月3日,贵州省博物馆成立新馆建设基建办公室。李黔滨馆长任主任,李甫任副主任,成员有王少华、周军、沈慈华、米兰、崔丽、胡永祥、徐雁玲、万旻、陈萍等。

7月5日,举办"大写贵州精神——贵州艺术家走进冷冻村美术作品展"。

7月10至8月25日,与黑龙江省博物馆联合举办"潘天寿书画展"。

7月13日,清华大学建筑设计研究院、惟邦环球建筑设计(北京)事务所、贵州省建筑设计研究院设计联合体完成新馆初步设计方案。

7月13日,在贵州省文化厅二楼会议室,召开了新馆建设工程概算初步审查会议,参会人员有王红光、孔锦、董林生、朱毅、吴朝霞、李甫等。

7月16日,我馆中层以上干部参加省文物局在贵州大学举办的博物馆、纪念馆上岗专业资格培训。

8月1日,在贵州省民族文化宫7楼第3会议室,省发改委组织召开了新馆初步设计审查会议,参会专家有高国富、佘志宏、苏平、杨先柏、覃士杰、刘运晖、张先茂、陈红岩、杨子卿等9名专家。对初步设计方案进行了评审，原则给予通过。出席会议的还有省政府办公厅、省发改委、省建设厅、省财政厅、省国土厅、省文化厅、省文物局、省环保厅、省博物馆、贵阳市政府、贵阳市规划局、贵阳市金阳新区管理委员会、达华工程管理（集团）有限公司及方案设计单位等有关负责同志。

8月2日，在贵州省博物馆贵宾室，王红光局长组织召开了新馆开工时间协调会，指出：新馆开工建设被列入今年省委省政府工作报告，决定于10月中下旬举行开工奠基仪式。

8月3日，以贵州省文化厅名义向贵阳市消防支队发送邀请函，请其对新馆消防设计图纸进行初步审查。

8月4日，完成新馆用地东侧山体地质灾害危险性评估报告。

8月8日，在贵州省建设厅12楼，省建设厅设计处组织召开新馆超限抗震审查会。参会专家有陈宗强、赖庆文、张先茂、段建华、董云。由于博物馆设计

2010年8月1日，召开新馆初步设计审查会议（李甫 提供）

很多部分属于超限设计，所以专家提出了不同意见，会议审查结果为修改。参会领导有省建设厅设计处处长毛方益、省博物馆李黔滨馆长。此外，达华工程管理（集团）有限公司，省地质勘察院、清华大学建筑设计研究院有关负责人员也参加了会议。

8月11日，贵州聚龙水利科技有限公司完成新馆观山湖百年一遇洪水高程计算成果报告，并转交给设计单位。

8月18日，在贵州省建设厅12楼，省建设厅设计处组织召开了省博物馆新馆进一步超限抗震专项审查会议。专家组由国家和地方的专家组成，国家专家有王亚勇、汪大绥、卢伟煌，省内专家有赖庆文、王绍华。专家认为：建设单位提交的勘察设计文件基本符合专项审查要求，抗震设防标准合理，审查通过。参会领导有省文化厅巡视员董林生、省建设厅副厅长周宏文、省博物馆馆长李黔滨、省建设厅设计处处长毛方益。此外，达华工程管理（集团）有限公司，省地质勘察院、清华大学建筑设计研究院、惟邦环球建筑（设计）事务所有关负责人员也参加了会议。

8月26日，在常务副省长王晓东及省发改委有关负责同志的陪同下，国家发改委副主任到省博物馆进行视察，参观了馆藏字画展览，并到新馆选址进行了考察。

8月27日，陈维他副馆长赴英国参加国家文物局与中英文化协会组织的"中英文化连线"研习交流活动。

8月28日，与广西桂林博物馆联合举办"俄国列宾美术学院中青年画家作品展"。

8月30日至9月10日，本馆与云南省博物馆、广西桂林博物馆联合举办（桂林）"徐悲鸿书画联展"。

8月，欧阳海涛同志从遵义市消防支队转业到省博物馆工作。

8月，张桂林、敖天海帮助湄潭县文广局完成《浙大西迁陈列展览设计方案》。

8月，经贵州省文化厅党组会议研究决定，由省博物馆与文化厅产业处办理贵州省文物流通中心移交变更手续，陈维他副馆长兼贵州省文物流通中心主任。

9月8日，在贵州省博物馆贵宾室，召开了新馆建设招标代理机构比选会议。专家组由李黔滨、陈顺祥、李甫组成。省文化厅监察室主任王宝麟、省发改委法规处冷红担任监督员。经评审，专家组一致建议由国信招标集团有限公司作为贵州省博物馆新馆建设项目招标代理机构。

9月14日，贵州省发改委下达《关于贵州省博物馆新馆建设项目初步设计的批复》（黔发改建设〔2010〕1964号），建设规模42996平方米，概算总投资4.2338亿元。

9月21日，举办"贵州省老年书画展"。

9月25日，举办"第二届全省美术专业比赛作品展"。

10月1日至12月16日，举办"莱茵河畔风情——旅德华人狄方敏藏德艺画盘展"。

10月18日，贵州省招标投标网发布"贵州省博物馆新馆建设项目工程监理中标公示"，贵州省建筑设计研究院中标。

10月25日，在贵阳市建设交易中心开展"贵州省博物馆新馆建设项目基坑工程"开标，贵州建工集团第一建筑工程有限公司中标。

10月26日至2011年1月6日，本馆与云南省博物馆、青岛市博物馆联合举办（青岛）"徐悲鸿书画展"。

10月30日，举行了隆重的新馆开工奠基仪式，省委常委、省委宣传部部长谌贻琴，省人大常委会副主任唐世礼，副省长谢庆生，省发改委、省财政厅、省建设厅、省国土厅、省审计厅、省环保厅、贵阳市政府、金阳新区管理委员会等省领导和单位有关人员，应邀出席奠基典礼。新华社贵州分社、《贵州日报》、

2010年10月30日，新馆奠基开工仪式（陈维他 提供）

《贵州都市报》、《贵阳晚报》、金黔在线、贵州电视台等新闻媒体进行了报道。奠基仪式标志着博物馆新馆项目进入实质性建设阶段。

10月，保管部主任李国庆同志退休（馆员）。

10月，社教部推出"夕阳无限好——重阳节关爱老年人"专题活动，邀请贵阳市福利院老人到省博物馆参观，并组织讲解员与老年人进行联谊活动。

12月28日至2011年3月15日，在贵州省博物馆，与青岛市博物馆联合举办"水墨华章——青岛市博物馆馆藏明清书画展"。

12月至2011年4月，与《贵州都市报》的《收藏·市场》专刊、《收藏·博物专栏》合作，配合采访与稿件提供。

是年，本馆3件古籍文物入选第三批国家珍贵古籍名录，分别为清郑知同《楚辞考辨》稿本、清郑珍《李习之文集》抄本、清郑珍《孙可之文集》抄本。

是年，完成馆藏青铜器修复40余件。

是年，征集文物200余件（套）。

是年，接待观众50万人次。

2011年

1月5日，吴正光与省文化厅邓健副厅长、文物局张安琪副局长前往荔波参加"纪念邓恩铭诞辰110周年学术研讨会"。

1月12日，在贵州省发改委社会发展处张曙华处长带领下，省发改委社会发展处李薇副处长、省文物局文物资源利用处陈华处长、省博物馆陈维他副馆长前往国家发改委，申请新馆建设项目国家补助资金。

1月30日，举办2011"玉兔迎春大家乐"春节群众文化活动。

3月8日至4月8日，向国家文物局申报"'十二五'可移动文物保护修复方案"项目。

3月25日至5月29日，举办"'清冶铜华以为镜，莹光如水照佳人'——陕西历史博物馆珍藏铜镜特展"。

4月27日，贵州省博物馆工会改选，以无记名投票方式选出第三届工会委员会委员7人。

4月，简小娅任农工民主党贵州省直文化支部主任委员，陈丽艳任支部委员，任期至2021年8月。

5月18日，举办"5·18国际博物馆日"系列宣传活动。举办"城市记忆——镌刻在老照片上的贵阳历史展"。

5月23日，将新馆用地土地使用综合成本费666.4957万元支付给金阳新区财政局。

5月，在陈列大厅入口廊道两侧，设立非物质文化遗产展示宣传廊。

5至6月，在遵义举办"西南硕儒、黔贵高才——纪念莫友芝诞辰200周年专题展"。

6月1日，推出"感悟地方历史 传承非遗技艺"活动，组织贵阳市第四实验小学参观。

6月8日，金阳新区管理委员会丁旭东书记组织金阳拆迁办、街道办事处、金阳国土分局等相关部门，协调解决新馆建设项目土地问题，省文化厅孔锦组长、董林生巡视员、省博物馆李黔滨馆长及项目代建单位负责人参加会议。

6月13日，省直机关工委下达了《关于对贵州省博物馆工会第三届委员会选

"5·18国际博物馆日"鉴赏活动（陈维他 提供）

举结果的批复》(省直工组〔2011〕38号),同意陈维他、李甫、李渊、金萍、苏洪彪、黄桂彬、简小娅等7人任工会委员会委员,陈维他任工会主席。

6月15日,本馆与省文化厅老干处联合举办"文化系统老年庆祝建党90周年老年书画展"。

6月24至7月24日,本馆引进中国人民革命军事博物馆的"功勋与荣誉——中国人民革命军事博物馆馆藏革命军事证章、军旗精品展"。

6月,受邀参加并在独山举办"独山莫友芝故居——纪念莫友芝诞辰200周年学术研讨会书画展"。

6月,在本馆设立主会场,举办"中国文化遗产日"系列宣传活动。

7月9日,在贵州省文化厅5楼会议室召开会议,经新馆建设指导委员会研究,决定成立新馆建设项目指挥部。指挥长由李黔滨馆长担任,副指挥长由陈顺祥、李甫担任,现场由陈顺祥副指挥长具体负责。

7月,吴仕忠、刘秀丹等征集台江施洞苗族龙舟,龙舟长廊全长27米、宽2.5米、高4米;母船长24米、子船长15米。

2011年7月,征集台江施洞苗族龙舟(陈维他 提供)

8月3日至9月3日，本馆与新疆维吾尔自治区博物馆联合举办"新疆民族文化展"。

8至9月，推出"多彩贵州——贵州少数民族服饰及传统手工艺赏析"专题系列讲座，赴贵阳市幼儿园、小学、中学及大学开展。

9月1日至10月30日，陈维他副馆长参加省委党校行政学院第二十一期处长班培训。

9月16日，举办"台北故宫高仿真画展"。

10月15日，举办"贵州省纪念辛亥革命100周年书画图片展"。

11月6日至12月8日，本馆与中华世纪坛艺术馆联合举办"大道之行——纪念辛亥革命一百周年影像展"。

是年，完成裱装书画24件。

是年，完成30余件馆藏青铜器的修复。

是年，完成《贵州省博物馆馆藏东汉永元十六年青瓷罐保护修复方案》《贵州省博物馆馆藏粉彩花鸟瓶保护修复方案》《贵州省博物馆馆藏乾隆粉彩人物瓷盘保护修复方案》等8个保护修复方案编制工作。

是年，征集民族服饰、银饰280余件。

是年，贵州省博物馆被列入贵州省首批文化产品研发试点单位。

是年，还举办、承办、协办"贵州省第九届少儿艺术节美术、书法、摄影获奖作品展""贵州青年画院美术作品展""霓裳银饰——多彩贵州少数民族服饰艺术展""贵州非物质文化遗产展览"等展览。

是年，接待观众55万人次。

2012年

1月10日至2月25日，本馆与吉林省博物院联合举办"走进大千世界——吉林省博物院院藏张大千绘画作品展"。

1月19日至28日，博物馆承办"龙腾贵州大家乐"春节群众文化活动。

1至4月，新馆建设项目完成土方作业近5万立方米，达到工程总量约40%。

3月10日至5月10日，本馆与青海省博物馆联合举办"莲生妙相——青海藏传佛教唐卡艺术展"。

3月21日，贵州省文物局王红光局长赴新馆建设工地视察工程进展情况。现场指挥部汇报了新馆建筑设计面积超标处理进展情况，以及代建单位工作不力问题。他指示：新馆建设是我省文化事业上的一件大事，大家一定要以饱满的工作信心和热情，全身心地把工作落实好、执行好。

3月26日，金阳高新国土分局、养马村及省博物馆签订了"用地移交协议"。

3至4月，继续推出"多彩贵州——贵州少数民族服饰及传统手工艺赏析"专题系列讲座，到贵阳市幼儿园、小学、中学及大学讲授。

4月17日，贵州省发改委下达了新馆建筑增加面积的批复文件，新馆面积从初步设计批复的42996平方米增加至46450平方米。

4月23日，金阳规划分局下达《贵州省博物馆新馆建设工程规划许可证》。

4月24日上午，贵州省博物馆离退休党支部一行20余人，到新馆建设工地考察工程建设情况，并召开座谈会。

5月7日，根据有关指示：贵州省博物馆新馆建设工程暂停施工。

5月15日，本馆与天津美术馆联合举办"上下求索——韩文来教授师生书画展"。

离退休党支部到新馆建设工地考察（李甫 提供）

5月18日，在"5·18国际博物馆日"期间，举办了系列宣传活动。

5月，财务室主任姬爱鸣同志退休。

6月1日至7月15日，本馆与浙江省博物馆联合举办"江南晨曦——良渚文化展"。

6月1日，社教部推出"托起明天的太阳 关爱留守儿童——迎六一国际儿童节活动"，组织贵阳市金阳新区第二实验小学参观展览。

6月25日，根据6月8日省文化厅厅长办公会精神，决定成立由省文化厅直属领导的贵州省博物馆新馆建设基建办公室，陈顺祥同志担任办公室主任，厅纪检、厅计财处、省文物局综合处、省博物馆原基建办等有关人员为成员，撤销原现场指挥部。

6月，本馆与宁夏回族自治区博物馆编著的《霓裳银装——贵州少数民族文物辑萃》，由文物出版社出版。

6月，在本馆设立主会场，举办"中国文化遗产日"系列宣传活动。

7月5日，贵州省文化厅向新馆建设基建办公室传达了省政府"新馆暂停施工"的指示。要求新馆建设基建办公室及代建单位高度重视，认真执行省政府决定。

7月23日至9月7日，本馆与宁夏回族自治区博物馆联合举办"宁夏回族民俗展"。

7月31日至8月27日，本馆与刘海粟美术馆联合举办"墨喧莲动——名家荷花邀请展"。

7月，为配合黔东南州民族博物馆建馆20周年及免费开放，在该馆举办"齐白石、徐悲鸿书画展"。

8月31日，常务副省长谌贻琴同志组织省、市及相关部门召开新馆选址调整工作会议。副省长谢庆生、慕德贵及省政府办公厅、省发改委、省财政厅、省文化厅、省建设厅、市政府、金阳新区、市规划局等部门领导及相关专家出席了会议。会议对新馆选址观山湖地块、会展中心北面地块、文化山地块以及百花湖地块等几处用地进行了充分论证，因参与各方对各地块的优劣评估存在较大分歧，会议未能就新馆调整选址问题做出最终决定。

9月14日至10月12日，举办"迎国庆——贵州省博物馆馆藏文物精品展"。

9月20日至10月20日，本馆与黑龙江省博物馆联合举办"邓散木书画篆刻艺术展"。

9月，李黔滨馆长达到退休年龄，经省文化厅党组研究，委任李黔滨同志担任名誉馆长，协助省文物局局长王红光同志共同推进新馆陈列大纲编制工作。

10月24日，由省发改委、省财政厅、省交通厅相关人员组成的督查小组一行5人赴新馆建设工地，对2012年新馆建设项目中央预算内投资情况进行督查，参加人员有省文物局张安琪副局长、省博物馆朱良津副馆长、达华工程管理（集团）有限公司负责人和基建办工作人员。省发改委张平副主任表示，督查组会将了解到的情况及时向上级部门汇报，尽快促进新馆复工或择地建设。

10月，帮助铜仁万山汞矿工业遗产博物馆完成"水银泻地 汞魂经天——万山精神特展"。

10月，省文化厅副厅长、文物局局长王红光同志兼贵州省博物馆馆长。

11月，社教部推出"思想道德领域宣传教育巡展活动"，到贵阳市北京路和中天社区巡展。

11月，陈维他副馆长参加国家文物局与台湾教育基金会联合举办的第二期两岸文博专业人员研习交流活动。

12月，邓楠同志入职贵州省博物馆（贵州大学艺术学院戏剧系表演专业）。

12月至2013年2月，向国家文物局申报《"十二五"可移动文物保护修复方案》《贵州省博物馆文物库房预防性保护与微环境控制方案》。

是年，在"四帮四促"帮县联乡驻村工作中，陈维他副馆长任铜仁万山区黄道侗族乡临时党支部书记，获2012年帮县联乡驻村工作先进个人表彰。

是年，还举办、承办、协办"霓裳银装——多彩贵州少数民族服饰艺术展"（吉林省博物院、黑龙江省博物馆、宁夏回族自治区博物馆、新疆吐鲁番地区博物馆等地巡展）、"青翠欲滴 幽静素雅——馆藏青花瓷器展"、"纪念中国人民解放军建军80周年老年书画展"、"湖南省画院作品展"等展览。

是年，全年接待观众45万人次。

2013年

2月，自然部主任蔡回阳同志退休（研究馆员）。

2月，陈列部张定福同志退休（副研究馆员）。

4月16日至5月31日，举办"贵州省博物馆馆藏现代名家画展"。

4月，金萍任研究部主任。

4月，在社教部、信息中心中层干部选拔上，首次推行竞聘上岗，刘恒任社教部副主任，万旻任信息中心副主任。

4至6月，在山西博物院举办"溢彩流光——贵州少数民族服饰艺术展"。

5月7日，贵州省委常委、省委宣传部部长喻红秋到观山公园北侧新馆建设地块及省建设厅、省建科研究院、省规划院及省建筑设计研究院联合地块（现新馆地块）调研，要求做好异地建设准备工作。

5月20日，由社教部邓楠带队，一行4人赴香港参加"第三届贵州·香港投资贸易活动周"礼仪接待工作。

喻红秋部长（前排右三）赴原址考察（李甫 提供）

喻红秋部长（前排右三）赴新址考察（李甫 提供）

5月20日至6月30日，参加贵州傩文化博物馆开馆活动，并赴铜仁举办"大师之迹 黔地丹青——贵州省博物馆馆藏书画展"。

6月8日，在我馆设立主会场，举办"中国文化遗产日"系列宣传活动。

6月13日，贵阳市规划局、观山湖区联合召开省博物馆新馆建设项目调规专家会及方案咨询会。

6月21日上午，贵州省委副书记、贵阳市委书记李军召开由省委、省政府有关领导、省直机关和市相关部门负责人参加的专题会议，决定新馆迁址重建，成立了贵州省博物馆新馆项目建设工程领导小组（李军任组长，省委常委、宣传部部长喻红秋，副省长何力任副组长），设现场指挥部（王红光任指挥长，郭波美、周军、唐毅任副指挥长），现场指挥部下设新馆基建办公室（陈顺祥任主任），工期18个月，要求组织施工队伍即日进场施工，并形成会议纪要呈省委、省政府。

6月21日下午，在贵阳市城乡规划展览馆，贵阳市城乡规划局召开专家咨询会，就新馆轴线空间关系、建筑高度、广场大小等3个重要问题，听取专家意见，要求：6月23日，设计单位按专家意见，提供总平面图；6月24日，贵阳市城乡规划局观山湖分局批准用地红线范围；6月26日，规划局召开市规委会对设计方案进行评审。

2013年6月21日，省委、省政府召开新馆迁址建设会议（李甫 提供）

6月21日，贵州省文化厅决定与达华工程管理（集团）有限公司解除代建服务合同，邀请金阳建设投资（集团）有限公司承担代建。

6月21日至7月1日，新馆建设项目完成选址意见书、建设用地批准书、建设用地规划许可证、建设工程规划许可证、环境影响评价批复等手续及地质灾害评估报批工作。

6月22日，新馆代建、地勘、基坑施工、监理、设计等单位进场开展工作。同日下午，贵阳市政府与指挥部组织召开工程图纸审查、用地拆迁、用地审批及手续办理等有关部门工作会议，决定定期召开协调会，确定了各部门的工作职责及任务时限，会议再次明确了6月30日前完成规划总图审批，7月15日完成建设用地移交。

6月22日至12月底，新馆建设完成地勘布孔共450余个，场平土石方挖方量约30万立方米，主体施工B、C区孔桩（B区45个、C区52个）已全部开挖，共开挖独立柱基129个，设计变更影响，A区施工进度相对滞后，孔桩共67个。

2013年6月22日，施工单位进场施工
（孙力 提供）

6月24日上午，贵州省委副书记、贵阳市委李军同志到新馆工地视察。听取设计方案详细介绍，给予肯定，再次要求务必于2014年底建成并开馆。

6月25日，贵州省委副书记、省长陈敏尔同志对21日李军组织召开的会议内容作出批示："经向克志书记汇报，请李军同志出席开工仪式。省政府积极支持此项目的建设。其他事项我都赞成。"

6月26日，贵州省委副书记、贵阳市委李军同志率贵阳市、观山湖区有关领导再次到工地视察，指示贵阳市、观山湖区要统一认识，积极配合，将新馆建设作为贵阳市的重点工程来抓。

6月27日晚，贵州省委副书记、贵阳市委李军同志夜间率市委、市政府及指挥部领导到工地视察，指示观山湖区主动做好新馆建设的服务工作，积极帮助解决施工手续办理过程中遇到的困难。

2013年6月24日，李军同志赴新馆视察（李甫 提供）

2013年6月26日，李军同志（前排右二）赴新馆视察（李甫 提供）

6月28日，贵州省委书记、省人大常委会主任赵克志，省委副书记、省长陈敏尔，省委副书记、贵阳市委书记李军到新馆调研。省领导谌贻琴、廖国勋、王江平、何力，省直有关部门和贵阳市负责同志参加，标志着新馆重新开工建设。同日，省发改委下达《关于同意贵州省博物馆新馆建设项目迁址建设的批复》（黔发改社会〔2013〕1675号），同意新增投资控制在4.2338亿元的10%以内，要求根据新址建设条件，抓紧优化完善设计方案，编制上报投资概算进行复核。

6月29日，在贵州省政府迎宾馆，省文化厅主要领导组织召开贵州省博物馆新馆展览策划专家论证会，参会人员有国家文物局有关领导、联合国教科文组织有关官员、部分省级博物馆馆长及大学教授等16人。

2013年6月28日，赵克志、陈敏尔、李军等省领导到新馆视察，标志着新馆重新开工建设（李甫 提供）

2013年6月29日，许明、王红光主持召开贵州省博物馆新馆展览策划专家论证会（李甫 提供）

"贵州省博物馆新馆展览策划专家论证会"参会专家名单

序号	姓名	单位	职务／职称	备注
1	许 明	贵州省文化厅	厅长	主持
2	王红光	贵州省文化厅、贵州省文物局	副厅长／研究员	主持
3	杜晓帆	联合国教科文组织	文化遗产保护专员	专家
4	段 勇	国家文物局博物馆司	司长	专家
5	佘志宏	中国人民革命军事博物馆	原副馆长	专家
6	陈 卓	天津博物馆	馆长／研究员	专家
7	陈 浩	浙江省博物馆	馆长／研究员	专家
8	马文斗	云南省博物馆	馆长／研究员	专家
9	丘 刚	海南省博物馆	馆长／研究员	专家
10	孙 华	北京大学考古与文博学院	副院长／博导	专家
11	邓晓华	厦门大学人类学系、厦门大学人类博物馆	副馆长／博导	专家
12	潘守永	中央民族大学人类学研究所	副所长／博导	专家
13	索晓霞	贵州省社会科学院	主编／研究员	专家
14	刘 锋	贵州大学人文学院	教授	专家
15	李黔滨	贵州省博物馆	名誉馆长／研究员	专家
16	朱良津	贵州省博物馆	副馆长／研究员	专家

会议决定：将人类学作为新馆展览指导理念，提高展览的学术性，以区别于一般的民族、民俗展。一致赞同以人类学理论指导下的、以民族文物为主体的人类学展览作为新馆展览基础，完整而全面地解读贵州民族与中原的互动、贵州各民族内部之间的互动，以及贵州各民族内部历史、社会、文化等与生态环境的互动，通过展览展现出贵州各民族的深厚文化内涵，展现贵州民族文化的丰富性与独特性。会议委托中央民族大学潘守永教授领衔撰写陈列大纲初稿，于8月中旬完成，聘与会专家为展览顾问。此外，确定文物征集小组，就人类学视野下的各民族文物进行征集。

6月，新馆建设工程重新启动，贵州省文化厅对新馆建设参与人员进行了调整。领导小组，组长许明，副组长张安琪、李黔滨，成员王宝麟、王竹、陈顺祥、张美彪；省文化厅新馆建设指导委员会，主任王红光，副主任孔锦、陈顺祥，成员王晓然、魏定梅、李黎、黎明、汪克、刘兆丰；省博物馆新馆建设基建办公室，主任陈顺祥，副主任王江、李甫，成员沈慈华、徐雁玲、胡永祥、米兰、崔丽。

6月，由国务院参事室、中央文献研究馆、贵州省人民政府主办，贵州省博物馆承办的"中华文化四海行——中国书画精品展"，在贵州省博物馆展出。

6月，特邀省委政研室吴祖平教授进行"道路决定命运 发展才能自强——用实干托起'中国梦'"专题讲座。

6月，为迎接新馆试运行，让观众把博物馆记忆带回家，贵州博苑文化艺术商务展览中心制定《贵州省博物馆文创研发方案》，经馆办公会议研究同意，贵州博苑文化艺术商务展览中心与今彩民族文化研发中心签订贵州省博物馆纪念品研发项目合作协议。

6月，贵州省博物馆被国家文物局评为"国家二级博物馆"，在中国文化遗产日进行了公布。

7月1日，开展"新党员入党宣誓，老党员重温入党誓词"活动。

7月1日，本馆向省国土资源厅呈报《贵州省博物馆新馆项目建设用地地质灾害危险性评估报告》，完成地质灾害影响评估备案工作。

7月2日，贵州省审计厅下达《关于省博物馆新馆建设工程项目跟踪审计的复函》，同意由贵州黔正工程造价事务所对新馆建设项目进行全程跟踪审计。

7月2日，贵阳市规划局召开城乡规划建设委员会，全票通过新馆异地建设设计方案。

7月3日，贵阳市生态文明委召开专家论证会，通过《贵州省博物馆新馆建设工程环境影响评价报告》。

7月5日，贵州省博物馆向省文化厅呈报《关于申请贵州省博物馆机构调整及扩编的报告》。为保证新馆开馆后各项工作的正常进行，申请增加编制至151人。

7月7日，陈维他副馆长参加中国博物馆协会民族博物馆专业委员会2013年（哈尔滨）年会。

7月8日，贵州省文化厅召开厅长办公会，同意原代建单位达华工程管理（集团）有限公司退出，由金阳建设投资（集团）有限公司负责代建并迅速开展工作。

7月10日，贵州省委副书记李军同志到工地视察工程进展情况。

2013年7月10日，李军同志（前排右三）赴新馆视察（孙力 提供）

7月12日，贵州省发改委副主任张平、社会发展处处长王晓然到新馆建设工地现场办公，指导解决投资概算复核中存在的问题。

7月12日，贵州省发改委下达《关于新馆招标标段调整的批复》，批准省文化厅减少招标标段请求。同日，观山湖区有关领导率观山湖区相关部门负责人到新馆建设工地协调解决征地问题。

7月15日，通过贵州省招标投标网发布第4标段——建筑安装工程招标公告。该标段包含土建、水、电、气等专业，采用全现浇钢筋混凝土框架——剪力墙结构形式（部分大空间采用钢—混凝土组合空腹夹层板，仪式大厅采用钢空腹网架），地上4层，地下2层。

7月15日，贵州省博物馆送12件馆藏文物至中国文化遗产研究院修复，其中有铜车马（汉代）、韩琦书札（宋代）、金冠（明代）等一级文物5件，次年8月修复完成。

7月15日至23日，在晴隆、普安、兴仁、贞丰、望谟及册亨县，征集到布依族、苗族、彝族服饰及回族穆斯林礼服共18套，布依族、苗族、彝族生产生活用具30多件。此外，在兴仁县马家屯清真寺征集了一件具有100多年历史的《古兰经》手抄本，与贞丰县的土法造纸作坊业主达成协议，拟征集一整套传统造纸设备。

第三章 1996—2024年

7月18日，观山湖区土地储备中心、养马村与贵州省博物馆签订了《贵州省博物馆新馆新增用地移交协议》，完成征拆工作。

7月19日，何力副省长到新馆建设工地调研工程进展情况。同日，省文化厅许明厅长到新馆建设工地视察。

7月24日至30日，在毕节地区、黔西南及黔东南州，征集到苗族服饰7套，布依族蜡染绣花床单7套、服饰2套、蜡染裙边1件，制酒、蒸饭甑子1套，土法榨油机1套，收割工具1套，捕鱼工具3件，织布机2台。

7月25日，完成地勘钻孔280个，达到设计所需勘探初步要求。

7月31日，重庆中国三峡博物馆暨重庆博物馆馆长程武彦率队到新馆建设工地进行工作交流。

7月，为新馆基本陈列作文物准备，启动馆藏文物清库和重要文物赴京修复工作，同时，组建了3个文物征集小组，分别赴黔西南州、黔东南州、毕节市开展文物征集工作。

7月，在上海刘海粟美术馆举办"霓裳银装——多彩贵州少数民族服饰艺术展"。

8月1日，社教部邀请老革命干部、老党员现场宣讲革命故事教育专题活动。

8月1日至6日，在毕节市、黔西南州及黔东南州，征集到苗族服饰9套、苗族服饰绣片2件、麻纺布织机1台、麻线纺线机1台、麻线绕线器1台、竹背篓1

2013年7月19日，副省长何力（右一）到工地视察（李甫 提供）

2013年7月19日，许明厅长（右五）到工地检查工作（李甫 提供）

个、舂米用具1套、木匠工具1套、竹筏2只,以及生产、生活用具30件。此外,在黄平县征集苗族龙舟1艘,长21米。

8月2日,新馆建设项目用地地表清理工作结束,转运土石方3.6万立方米。

8月7日,贵州省委常委、宣传部部长喻红秋同志到现场调研新馆建设情况。

8月7日至13日,在纳雍县,征集到苗族挑花彩色蜡染图案女装2套、苗族挑花蜡染图案女装1套、苗族挑花图案女装1套、苗族挑花背扇1件。

8月中旬,潘守永教授提交了《贵州省博物馆新馆陈列大纲》初稿,经省博物馆内部初步审核,要求进行调整。

8月中旬,贵州省文化厅组织编制了《贵州省博物馆新馆陈列布展专项补助经费申请方案》。8月下旬,省文化厅、省文物局与省博物馆相关人员专程赴京,到财政部、文化部、国家文物局汇报省博物馆新馆项目进展情况,积极争取新馆布展补助资金和其他支持。财政部同意给予新馆陈列布展补助1000万元。

8月14日至20日,在兴义市、册亨、安龙、普安等县,征集到布依族服饰6套、织布机1台、雕花床1张,预订布依族织彩纹布织机1台。

8月16日,贵阳市副市长吴军同志到新馆建设工地检查土石方挖运情况。

8月27日,省委副书记李军同志率省有关部门到新馆建设工地视察,省委常委、贵阳市委书记陈刚及市、观山湖区有关领导陪同。

2013年8月27日,李军率领有关部门赴新馆指导工作(李甫 提供)

第三章 1996—2024年

8月28日至9月3日，在大方县，征集到苗族服饰23件（套）；在雷山县，征集到织布机2台、短裙苗刺绣女衣3件、织锦围腰2条、飘带裙2条、超短裙32条。

8月31日，邀请了省内外专家对潘守永教授修改调整后的新馆陈列大纲进行研讨，要求进一步充实陈列大纲编写力量，由中央民族大学和复旦大学联合承担。

9月4日至10日，在从江县、赫章县，征集到瑶族、苗族、彝族、侗族及壮族服饰12套，侗族纺纱车及附件4套，侗族渔具7件，侗族卧式榨油机1台，彝族服饰纹样剪纸2套。

9月10日，新馆建设项目外运土石方累计30万立方米，基坑土石方工程结束。

9月11日，贵州省发改委副主任张平到工地调研。

9月11日至17日，在从江县、威宁县，征集到苗族、彝族、布依族服饰共35套（件），苗族工艺品及乐器13件，苗族编织机1台。

9月18日至24日，在从江县，征集到苗、侗、壮、瑶族服饰34套，榨油机1台，纺织机1台，生产生活用具近100件。

9月22日至10月15日，举办"筑藏泉宝 汇通天下——贵州省博物馆馆藏钱币展"。

9月25日至10月1日，在从江县，征集到苗、布依、汉族服饰10套，织布机1台，织带机1台，石磨1套，沙陶7件，撮泰吉服饰6套。

9月27日，贵阳市检察院、观山湖区检察院，在新馆工地举行"贵州省博物馆新馆项目建设预防职务犯罪办公室"授牌仪式。

9月28日，发布第4标段——建筑安装工程招标工程中标公示，中标者为中建三局建设工程股份有限公司；30日，中建三局组织队伍进场，开始实施基础孔桩。

10月9日，何力副省长到新馆建设工地调研工程进展情况，省政府办公厅副秘书长潘小林陪同调研。

10月19日上午，组织由中国人民革命军事博物馆、浙江省博物馆及云南省博物馆组成的展陈专家，召开陈列大纲比选会，对北京大学杭侃教授、复旦大学陆建松教授及中央民族大学潘守永教授编制的参选大纲进行比选，以无记名投票方式，确定陆建松教授编制的大纲中选。

10月19日，吴正光著《贵州抗战史迹巡礼》，由贵州人民出版社出版。

10月23日至29日，在毕节市七星关区，征集到苗族服饰4套32件，织花机1架。

2013年10月9日，何力同志赴新馆视察（李甫 提供）

10月，请南京博物院负责编制《贵州省博物馆新馆文物修复实验室建设方案》；12月3日，经专家评审，获通过。

11月2日至21日，李甫、刘恒参加由省文物局组织的赴英国博物馆考察交流学习。

11月8日，国家文物局副局长顾玉才率队调研博物馆新馆建设情况。他指示要尽量争取中央财政经费的支持，建成国内一流的博物馆。

11月中旬，新馆建设项目开始浇筑混凝土。

11月13日至19日，在黎平县，征集到侗族女装26套，男装3套，苗族女装4套，侗族藤纹银手镯1对，竹器4件；在从江县，征集到侗族景泰蓝掐丝银手镯1对，侗族錾花铜手镯1对，侗族银锁1件，侗族银花鞋1双。

11月20日至26日，在毕节地区，征集到苗族服饰7套、弯管芦笙1支、蜡刀2支。

11月27日至12月3日，在黔东南州，征集到侗族文物4件（套），苗族文物17件（套），壮族服饰1套。

12月11日至17日，在三都水族自治县，征集到苗族织锦及刺绣鼓藏幡8幅，苗族织锦百鸟衣5套。

第三章 1996—2024年　　243

2013年10月23日，何力（右五）、潘小林同志（右七）赴新馆视察（李甫 提供）

　　12月23日，贵州省人民政府副省长何力到新馆建设工地调研工程进展情况，省政府办公厅副秘书长潘小林陪同调研。

　　12月31日，贵州省发改委副主任张平到工地指导新馆概算编制工作。

　　12月，贵州省博物馆主编的《邱石冥书画集》《贵州省博物馆藏品集》，由贵州人民出版社出版。

　　12月至2014年3月，申报《贵州省博物馆珍贵文物数字化保护方案》。

　　是年，本馆2件古籍文物入选第四批国家珍贵古籍名录，分别为清郑珍《春秋三传异同考》抄本，清莫友芝《影山词》稿本。

　　是年，征集文物600余件（套）。

　　是年，完成馆藏文物修复31件，完成80余件动物标本的制作与保护工作。

　　是年，自办、协办"霓裳银装——多彩贵州少数民族服饰艺术展"（山西博物院、上海刘海粟美术馆）、"雅俗共赏 多姿多彩——馆藏清代瓷器展"、"筑藏泉宝 汇通天下——贵州省博物馆馆藏钱币展"、"中国书画精品联展"、"贵州省第三届美术专业比赛获奖作品展"、"贵州省首届女美术家美术作品展"、"刘登祺收藏展之一——文明忠油画写生作品展"、"青年画展"及"贵州省首届文化艺术品——金黔盛世拍卖预展"等11个展览。

　　是年，接待观众40万人次。

2014年

1月8日，贵州省委副书记李军率省发改委、省财政厅、省建设厅等省直部门领导到新馆工地视察，贵阳市、观山湖区领导及有关单位负责人陪同。李军副书记强调安全生产不能有丝毫松懈，做好进度和质量统筹兼顾。

1月29日，发布"消防工程"和"电梯安装工程"两个标段招标公告。

1月，举办"丹青图卷贺新春——贵州省博物馆馆藏徐悲鸿书画展"，开展馆藏徐悲鸿作品现场赏析及解读。

2月12日上午，新馆建设领导小组召开了新馆陈列提纲汇报会，副省长何力主持会议，省委副书记李军、省委宣传部常务副部长李建国、省委办公厅、省政府办公厅、省发改委、省财政厅等单位领导参加。陆建松教授从新馆展览主题定位、功能定位、宗旨、理念、框架、策划设计流程、施工流程与概算、效果图等8个方面进行汇报。

李军认为：以史带点的"贵州通史式"展示方法，不能突出贵州文化特点，建议以点带史，以重大历史事件和历史人物为楔入点进行展开，用博物馆的语言向观众讲述贵州历史和民族文化故事，并要求摸清文物藏品家底，强调以物说事、以物说史。

2月，陈列部程学忠同志退休（研究馆员）。

李军赴新馆视察（孙力 提供）

2014年2月12日，李军组织召开新馆陈列提纲汇报会（李甫 提供）

2月，新馆建设项目完成基础工程，开始钢结构施工。

3月，贵州省博物馆党支部书记张兰冰同志退休（高级政工师）。

3月，新馆建设项目地下室部分主体施工结束。

4月13日，副省长何力到新馆建设工地视察，要求指挥部务必把受"创模"（即创建国家环境保护模范城市）延误的时间争取回来，确保元旦开馆目标任务的实现。

4月上旬，新馆建设项目消防工程施工队伍入场。

4月下旬，新馆建设项目开始吊装大、小门厅钢结构。

4月23日，现场指挥部向省委副书记李军呈送《多彩贵州——贵州省博物馆展览内容初稿》，同日，李军批示同意按修改后的大纲初稿进行陈列布展施工招标。

4月26日，吴正光以"巴娄"为笔名主编的《飞云崖民族节日博物馆三十年》《带你走进博物馆·飞云崖民族节日博物馆》，由文物出版社出版。

5月6日至8日，由新馆建设工程基建办、代建、设计、施工、监理及审计等有关部门负责人组成的博物馆建设及陈列布展考察小组一行11人，赴南京博物院进行了考察学习，考察组参观了博物院陈列展览、文物库房及设备设施，并

2014年5月18日，李军赴新馆视察工程进度

2014年5月23日，贵州省博物馆logo设计版权登记证书（陈维他 提供）

与参加南京博物院建设的代建、临展、非遗剧场及陈列布展有关负责人进行了座谈交流。

5月上旬，新馆建设项目启动幕墙施工，开始制作安装龙骨。

5月13日上午，贵州省安检站有关专家到新馆建设工地对安全文明施工情况进行了检查，通过"省级安全文明样板工地"评估。

5月16日，吴正光应邀前往贵州日报社，参加"纪念贵州建省六百周年——'我与贵州的故事'征文大赛"颁奖会，他撰写的《一段难忘的记忆》一文获得一等奖。

5月18日，贵州省委副书记李军同志率贵阳市、观山湖区等有关部门负责人到新馆工地调研，对新馆入口大厅等重点部位的设计和施工提出了明确要求。

5月23日，经陈维他副馆长创意，组织完成贵州省博物馆logo设计，该标识经贵州省版权局审核，予以登记注册，获得"作品登记证书"（含标识图案、单位名称、英文翻译）。

5月下旬，新馆建设项目实现主体结构封顶，完成砌体施工。

6月5日，代建、监理组织召开幕墙工程论证会，质检、设计、规划、审计等部门相关负责人参加会议，建议外墙干挂材料由原贵州黑木纹大理石改为铝单板。

6月16日，在省博物馆搬迁至新馆前夕，全体干部职工在北京路老馆广场合影。

7月1日，贵州省委宣传部部长张广智、副省长何力冒雨视察博物馆新馆建设工地，省文化厅厅长许明、省政府副秘书长潘小林陪同视察。

7月，组织新进讲解员一行10余人赴重庆中国三峡博物馆、四渡赤水纪念馆、遵义会议纪念馆等地考察学习。

2014年6月16日，博物馆在职员工合影（陈维他 提供）

第一排左起：陈丽艳　陈　薇　鲁湘荣　蔡回阳　张桂林　陈维他　张兰冰　王红光　李黔滨
　　　　　　朱良津　胡　进　简小娅　金　萍　韦太均　黄桂彬
第二排左起：李国庆　甘霖清　胡永祥　宋　云　芦　媛　徐雁玲　曹　颖　全　锐　郭　梅
　　　　　　刘　恒　张　婵　陈雨欣　李琬祎　唐　艳　严冬琼　胡　蓉　崔　丽　毛家艳
　　　　　　安　琪　杨婧宁　孙　力
第三排左起：蔡思夫　苏洪彪　黄镇邦　吴晓明　敖天海　张昊帆　宁健荣　万　旻　李　甫
　　　　　　李　渊　刘秀丹　黄　琳　米　兰　吴一方　简小艳　董佩佩　邓　楠　王　杰

我们的70年
贵州省博物馆记事　| 1953—2024 |

8月21日,"专题和机动展区装饰装修布展设计施工标段"中标公示结束,中标单位为广东集美设计工程有限公司,投资1608.15万元,工期90天。27日,启动临展厅施工工作。

8月至2015年7月,承办"为民务实清廉——贵州省党的群众路线教育实践活动展览"。

9月9日,贵州省委副书记李军、省委宣传部部长张广智到博物馆新馆工地视察,现场听取了入口大厅装饰方案、幕墙色彩方案、室外环境设计及概算调整等相关工作汇报。

9月21日,观山湖区质检站召开省博物馆新馆基础验收会,一致认为基础工程质量符合相关质量验收标准和设计要求,同意通过验收。

9月24日,中国工程院周丰峻等院士考察新馆建设工地,高度评价空腹夹层板技术在新馆建设中的应用。

9月25日,吴正光、梁太鹤应邀前往文史馆参加《中国地域文化通览·贵州卷》首发式。梁太鹤与省文物考古研究所曹波、翁泽坤撰写上编第二章《千年龋行:秦至元代》、下编第二章第二节《未解之谜:夜郎文化·考古发现的夜郎》;吴正光撰写下编第八章《黔山奇珍:文化遗产》。

9月,李黔滨同志不再任名誉馆长(二级研究馆员)。

2014年9月9日,李军(右图前排右一)、张广智(右图前排右三)赴新馆视察工程进度(李甫 提供)

9月,简小娅、唐艳、李琬祎受邀赴黔南州博物馆参加黔南州民宗系统事业单位职工继续教育培训班,进行授课讲解。

9月,完成新馆建设总包单位招标,中建三局建设工程股份有限公司中标,包含土建、水、电、气、电梯、消防设施及空调安装,总投资为21338.28万元,工期为240天。其中:消防工程招标工作于2014年3月结束,中标单位为盛云科技有限公司,投资726.04万元,工期60天。电梯工程招标工作于2014年5月结束,中标单位为贵州省顺天电梯工程有限公司,投资813.6万元,工期60天。

10月10日,"智能化系统和安保系统设计施工总承包"招标流标,20日,重新发布招标公告。

10月,贵州省图书馆党委书记王曼同志调省博物馆,任党支部书记。

10月,完成"历史贵州展区装饰装修布展设计施工"招标工作,中标单位为北京清尚建筑装饰工程有限公司,总投资1787.55万元,工期150天。

10月,完成"展区外二次装修设计施工"招标,中标单位为中建三局东方

2014年10月,新馆建设进度(孙力 提供)

装饰设计工程有限公司，总投资2470.58万元，工期50天。

11月6日，贵州省委副书记李军、省委宣传部部长张广智到博物馆新馆工地视察，现场召开工作协调会，集中解决博物馆新馆建设存在的困难和问题。

11月30日，吴正光以"巴娄吴"为笔名主编的《带你走进博物馆·周逸群故居》，由文物出版社出版。

11月，简小娅到厦门参加中国博物馆协会保管专业委员会第20届学术研讨会。

11月，陈列部胡进同志退休（研究馆员）。

11月，宋曼同志入职贵州省博物馆（贵州师范大学文学院播音与主持艺术专业，文学学士）。

11月，完成"智能化系统和安保系统"招标，中标单位为贵阳信通达智能工程有限公司，投资909万元，工期60天。

11月，完成"民族贵州展区装饰装修布展设计施工"招标，中标单位为金大陆展览装饰有限公司，投资2267.95万元，工期150天。

2014年11月，新馆建设进度（李甫 提供）

11月，完成"绿化及室外工程"招标，中标单位为贵州建工集团第八建筑工程有限责任公司，投资1957.43万元，工期60天。

11至12月，贵州省住建厅总工程师毛方益多次率相关人员到工地督查工作进展，对主体建安、临展、智能化安保系统、室外工程、室内装修等标段施工进展进行了实地查看，并建议各参建单位要健全督导机制，加强协调，科学组织施工力量，确保实现开馆目标任务。

12月，除"历史贵州"和"民族贵州"两个基本陈列外，安装、幕墙、二次精装修、专题和机动展览、智能化安保系统和室外环境等施工全部进入收尾阶段。

12月，出版《贵州省博物馆藏瓷器精品集》《贵州省博物馆藏书画精品集》《贵州省博物馆馆藏精选·古代书画作品集（一）》《贵州省博物馆馆藏精选·古代书画作品集（二）》《贵州省博物馆馆藏精选·清代贵州画家作品集》《贵州省博物馆馆藏精选·清代贵州书法家作品集》《贵州省博物馆馆藏精选·现代贵州书画家作品集》《贵州省博物馆馆藏精选·姚华书画作品集》《贵州省博物馆馆藏精选·莫友芝书画篆刻作品集》《贵州省博物馆馆藏精选·徐悲鸿书画作品集》《汇珍聚宝——贵州省博物馆馆藏文物选萃》《彩墨黔山——贵州画家作品邀请展画册》等12部图录。

12月，完成首部4D科普影片《贵州古生物王国》制作。

12月，陈维他同志被评为文博系列副研究馆员。

是年，新馆建设工程完成如下工作：钢结构工程：全部施工完成；土建工程：除防水全部完成；电梯安装：A区完成，扶梯完成；简装：吊顶完成，墙面抹灰完成，地面铺装完成。B区抹灰完成，地面铺装完成；幕墙工程：完成100%；消防设施、机电安装、管道安装：除展陈区域全部完成；专题和机动展区：临展一、二厅装饰装修全部完成；智能化及安保系统：A区综合布线施工完成，B区综合布线完成90%，机房安装完成80%，12月30日全面安装完成；室外景观工程：临展广场铺装完成，南广场12月30日完成；精装工程：12月30日完成。

是年，接收藏品596件（套）。

是年，修复馆藏青铜文物5件，陶质文物5件，石质文物2件，保护修复馆藏书画10余件。

是年，馆藏东汉铜车马、鹭鸟纹彝族龙袍、韩琦书札、金凤冠送到北京中国文化遗产研究院保护修复。

是年，举办、承办、协办"纪念'5.18国际博物馆日'图片展""巾帼风采——贵州省女美术家小幅作品展"及"为民务实清廉——贵州省党的群众路线教育实践活动展览"等3个展览。

是年，接待观众42万人次。

2015年

1月5日，新馆即将开馆试运行，省文化厅副厅长、省文物局局长、省博物馆馆长、现场指挥部指挥长王红光主持召开职工动员大会，会议要求全体干部职工转变工作作风和思路，树立正确服务理念，力争展现给广大市民一个全新的博物馆。

1月13日，贵阳市有关领导视察博物馆新馆建设进展。

1月24日，新馆临展区域面向市民开馆试运行，省文化厅副厅长、文物局局长王红光主持开馆仪式，省委常委、宣传部部长张广智宣布省博物馆新馆开馆试运行，省文化厅厅长许明致辞，副省长何力出席，省文化厅、省发改委、省财政厅、省建设厅、贵阳市人民政府、意大利驻重庆总领事馆、意大利都灵萨包达博物馆及其他各有关部门和施工单位负责人参加了开馆仪式。

试运行当日，推出"璀璨的欧洲绘画：16—18世纪的欧洲艺术展""掖翠融青——浙江青瓷展"及"彩墨黔山——贵州画家展"等3个展览，并进行贵州非遗演出、播放4D科普影片《贵州古生物王国》，同时，开发100多种文创产品销售。

2月27日和3月9日，新馆建设工程现场指挥部召开扩大会议，安排各参建单位分别梳理项目管理工作的后续步骤，排查剩余工程量，对今年的工作任务作出明确的部署安排。

2月，全省文物工作会议在贵阳召开，参会人员对新馆及展览进行了参观，省文化厅副厅长、省文物局局长、省博物馆馆长王红光专门对新馆建设及展览进行了介绍。

3月3日，王红光馆长率领李甫、李渊赴中国园林博物馆，洽谈引进"瓷上园林展"。

2015年1月24日，新馆临展区开馆试运行

试运行期间举办"掇翠融青——浙江青瓷展"

试运行期间文创销售火爆

试运行期间举办贵州非遗演出

试运行期间举办"彩墨黔山——贵州画家展"

试运行期间举办"璀璨的欧洲绘画：16—18世纪的欧洲艺术展"

我们的70年
贵州省博物馆记事 ｜ 1953—2024 ｜

254

2015年2月，全省文物工作会议代表参观新馆及展览（李甫 提供）

3月，举办"从文艺复兴到黄金时代——威尼斯之辉"展。

3月，孔德一入职贵州省博物馆（贵州民族大学人文科技学院美术学专业）。

3月，张婵、李琬祎赴安徽合肥参加第一次全国可移动文物普查2015年度全国省级普查办主任工作会议暨数据审核与管理培训会议，并参与第一次全国可移动文物普查数据审核与管理培训班培训学习。

3至4月，吴一方、张婵、李琬祎赴贵州省非物质文化遗产研究中心配合贵州省非物质文化遗产博览馆开馆筹备建设，配合建立藏品账本、编制建档等相关工作事宜。

4月9日，省委原副书记、新馆建设领导小组组长、海南省委副书记李军同志到省博物馆新馆进行视察，对新馆如期试运行给予了高度认可，同时指示要进一步做好工程质量提升和基本陈列布展工作，将各项工作做细、做实。

4月29日，在新馆多功能厅召开了博物馆理事会成立大会，选举产生理事长1人，理事13人。理事长由王红光担任，理事有张安琪、陈鹏、王曼、陈维他、朱良津、范同寿、马骏骐、李黔滨、李黎、李甫、李屹、刘秀丹、吴一方。

4月，举办"妙迹寄逸情——邱石冥书画展"。

4月，江钊入职贵州省博物馆工作（贵州师范大学地理与环境科学学院人文地理专业，理学硕士），袁炜入职贵州省博物馆工作（西北师范大学考古学及博物馆学专业，历史学硕士）。

5月，本馆从中国园林博物馆引进的"瓷上园林——从外销瓷看中国园林的欧洲影响"开展。

6月4日，贵州省委副书记、省长陈敏尔同志冒着滂沱大雨到新馆视察，参观了正在举办的"威尼斯之辉展""瓷上园林展"展览，了解新馆建设工程推进和陈列布展情况。指示：省博物馆建设是我省文化建设中的重大项目，要珍惜这一来之不易的历史机遇；要在建设工程、陈列布展，以及博物馆运营上抓住贵州特色，提升博物馆品质，增强博物馆活力，将其打造成贵州文化惠民的新窗口；要围绕做好展陈建设为核心、突出服务公众功能来开展工作；要把展陈形式和内容统一起来，"历史贵州""民族贵州"两个基本陈列展中，兼顾和融进"风光贵州""喀斯特贵州"等元素，将贵州人文历史与自然环境特色展现出来。

6月，本馆从西班牙引进"苏比拉克雕塑展"。

7月，观众量已突破10万人次，单日参观达5000余人次，除引进的精品展外，博物馆独特的建筑风格俨然成为广大市民心目中的文化新地标。

8月5日，贵州省政协副主席蔡志君率文史委部分委员一行17人到省博物馆新馆进行视察，省政协文史委主任委员刘晓陪同视察。

8月16日，贵州省委常委、宣传部部长张广智率宣传文化系统工作会议委员

2015年6月4日，陈敏尔（右三）赴新馆参观展览（李甫 提供）

一行70人到新馆观摩。

8月，王曼书记、陈维他副馆长、李渊主任参加省文物局组织的全省免费开放博物馆、纪念馆管理人员德国学习考察活动。

8月，举办"大师妙迹——贵州省博物馆馆藏徐悲鸿书画作品展"。

8月，参与贵州省文史研究馆纪念抗战胜利70周年系列活动之一"《民国贵州文献大系》纪念抗战胜利七十周年专辑首发式暨寻访抗战遗存启动仪式"，本馆有30件邱石冥书画参展。

9月7日，经省文化厅党组同意，新馆试运行结束，进入全面整改阶段。

9月9日，获得省文物局颁发"可移动文物修复资质证书"。

11月，简小娅赴福建博物院参加由客家文化博物馆联盟主办，福建博物院、河南博物院承办的"客家文化博物馆联盟2015年年会暨论坛——客家文化相关博物馆致力于社会可持续发展"会议。

11月，赴铜仁石阡县参加"铜仁市第四届旅发大会暨2015年贵州梵净山温泉长寿文化旅游节"，并在白沙镇邱石冥故居分会场举办"邱石冥画展"。

11月至2016年1月，本馆在俄罗斯实用艺术装饰博物馆举办"霓裳服饰——贵州少数民族服饰展"。

贵州省博物馆"可移动文物修复资质"证书（全锐 提供）

我馆工作人员与俄方小演员合影（敖天海 提供）

我馆工作人员给驻俄罗斯大使馆张霄公使介绍贵州少数民族服饰（敖天海 提供）

是年，修复藏品69件，其中一级品37件，二级品9件，三级品7件。

是年，申报"贵州省博物馆珍贵文物预防性保护"项目，获批经费1148万；申报"贵州省博物馆馆藏甲秀楼铁柱等铁质文物保护修复"项目，获批经费100万。

是年，接待观众60万人次。

2016年

2月，陈列部陈薇同志退休（工艺美术师）。

4月20日，贵州省委常委、宣传部部长张广智调研新馆整改及展陈工作。他强调，省博物馆新馆作为北京路老馆的接任者，要加快建设进度，务必于年底实现全面开馆。

4月，曾立民同志退休（技术工）。

5月18日，国际博物馆日，承办省文物局主办的"第一次全国可移动文物普查成果展"。

6月22日，王红光馆长、陈维他副馆长、简小艳主任到成都参加中国西南博物馆联盟第四次年会暨博物馆青少年教育学术会。

6月28日，办公人员开始搬迁至新馆办公，因文物搬迁尚未完成，留保管部仍在老馆办公。

6月，贵州省文化厅副厅长王红光同志不再兼任省博物馆馆长。

6月，艾宇同志从贵州省煤田地质局地质勘察研究院调入贵州省博物馆工作。

7月，贵州省图书馆韩洪副馆长调省博物馆任副馆长、法人代表。

7月，谭用中同志逝世，享年85岁。

7至8月，举办"丹青溢彩、翰墨留香——贵州省博物馆馆藏名家书画展""俏比琼琚——贵州省博物馆藏颜色釉瓷器展"等2个临时展览。

8月18日，陈维他副馆长、保管部主任金萍参加贵州省博物馆文物搬迁运输服务项目招标工作，中标单位为华协文物运输服务公司。

8月，陈红新同志入职贵州省博物馆（贵州大学外国语学院英语专业，文学学士）。

8月，金萍任保管部主任兼研究部主任。

9月16日，韩洪副馆长率中层干部赴成都，参加第七届中国博物馆及相关产

2016年8月，启动馆藏文物搬迁工作（陈维他 提供）

品与技术博览会。

9月25日，陈维他副馆长与贵州省美术馆建设项目指挥部办理博物馆房屋产权23项、配套设施11项移交手续。

9月29日，贵州省博物馆获得第二批国家文物局指定涉案文物鉴定评估机构资质。

9月，张小英同志入职贵州省博物馆（江汉大学历史学、法学专业，历史学学士、法学学士），唐哲同志入职贵州省博物馆（贵州师范大学教育科学学院心理健康专业，教育硕士），杨元丽同志入职贵州省博物馆（贵州大学民族学专业，法学硕士），王颖灿同志入职贵州省博物馆（华南农业大学生态学专业，理学硕士），叶敏同志入职贵州省博物馆（遵义师范学院美术学院美术学专业，文学学士），周小炜同志入职贵州省博物馆（首都师范大学科德学院播音与主持专业，文学学士）。

10月19日，完成保管部文物密集柜及囊匣采购，中标金额820万元，由陈维他副馆长负责组织安装工作。

10月21日至11月4日，馆藏文物搬迁工作启动。连续工作13天，将7万余件馆藏文物、20万件化石标本搬迁至新馆文物库房。

10月，刘秀丹同志任陈列部主任，简小艳同志任社会教育部主任，万旻同志任信息中心主任，周瑟同志任办公室副主任，全锐、宁健荣同志任文物科技保护中心副主任，张婵同志任保管部副主任，曾嵘同志任自然部副主任。

11月，戴亚雄同志逝世，享年74岁。

12月，韩洪副馆长调到省图书馆任副馆长。

是年，与省文史馆合作出版《近代贵州稿本影印丛书》任可澄、何麟书专辑。

是年，完成贵州省博物馆馆藏铁质文物保护修复项目，修复藏品200多件。

是年，完成馆藏14件古生物化石标本的修复工作。

是年，完成馆藏纸质文物保护修复项目，共计修复装裱书画文物31件、42幅、80帧。

是年，举办"徐悲鸿、齐白石书画展"等展。

是年，接待观众25万人次。

2017年

1月，陈娇同志从贵州百里杜鹃管理区工作委员会调入贵州省博物馆工作（贵州民族大学人文科技学院音乐学专业，文学学士）。

2月，贵州省文物保护研究中心陈顺祥主任调任省博物馆馆长，省考古研究所李飞副所长调任省博物馆副馆长。

2月，冉隆琳同志逝世，享年78岁。

2月，杨曼琳同志从贵州省图书馆调入贵州省博物馆工作。

3月22日，"贵博讲坛"第一期开讲。由贵州省博物馆原馆长李黔滨主讲"多彩贵州、共同家园——贵州世居民族与民族文化漫谈"。

4月5日，"贵博讲坛"第二期开讲。由中山大学徐坚教授主讲"何谓生态，谁的生态，怎样生态？——20年后的思考：作为博物馆运动表达的生态博物馆"。

4月14日，贵州省委常委、省委宣传部部长慕德贵到新馆调研，指示：新馆基本陈列展览工作不要赶时间，速度要服从质量，博物馆建设是流芳百世的事业，要精雕细琢。

4月15日，"贵博讲坛"第三期开讲。由北京大学考古文博学院秦大树教授主讲"从考古发现看宋代瓷器生产的供御形式——兼谈贵州瓷器印象"。

4月，在扬州博物馆共同合办"各有灵苗各自探——扬州博物馆、贵州省博物馆藏'扬州八怪'书画联展"。

5月3日,"贵博讲坛"第四期开讲。由贵州省文史馆员、贵州省考古文物研究所原所长梁太鹤研究馆员主讲"夜郎与夜郎考古"。

6月25日,吴正光等著《五彩黔艺话生肖》,由贵州大学出版社出版。

6月,由李飞副馆长带队,刘秀丹、李琬祎、叶敏一行四人先后赴南京博物院、中国丝绸博物馆、杭州工艺美术博物馆(杭州中国刀剪剑、扇业、伞业博物馆)进行了考察学习和座谈交流。

6月,张华同志从贵阳市第八中学调入贵州省博物馆工作(西南师范大学教育学专业)。

7月7日,新馆即将开馆,召开离退休职工座谈会,老同志建言献策,会后馆领导与离退休老同志合影留念。

7月25日,"贵博讲坛"第五期开讲。由来自圣路易斯华盛顿大学的刘歆益博士和来自圣路易斯华盛顿大学的T. R·基德(T. R. Kidder)教授主讲"欧亚大

2017年7月7日,离退休职工座谈会留影

第一排左起:陈顺祥　李黔滨　李国庆　潘成义　刘明琼　孙日锟　陈　云　周邦英
　　　　　　钟光源　龚正英　陈笑梅　王　曼
第二排左起:陈维他　程学忠　梁太鹤　吴正光　刘光伟　唐文元　孙志刚　吴仕忠
　　　　　　严进军　蔡回阳　胡　进

陆是如何联系起来的——晚新石器时代到商代的中国"。

8月1日，"贵博讲坛"第六期开讲。由吉首大学终身教授、博士生导师杨庭硕主讲"百苗图：对象、方法与价值"。

8月12日，"贵博讲坛"第七期开讲。由成都博物馆李明斌馆长主讲"关于博物馆的若干思考——以成都博物馆为例"。

8月20日，基本陈列展览开放前夕，完成陈列展厅楼层扶梯的安全隔离改造、室外残障通道修建、移动隔离护栏加工、指示标识设立、咨询服务台设备安装；完成语音导览系统、入口安检设备、陈列展厅技防监控系统、消防报警系统安装调试；完成消防应急疏散通道、参观线路、车辆停放规划等工作。

9月30日，新馆全面开馆。贵州省委常委、省委宣传部部长慕德贵，副省长何力，省人民政府副秘书长潘小林，国家文物局副局长关强，国家文物局博物馆司副处长支小勇，河北博物院副院长刘栋，俄罗斯彼得霍夫国家博物馆保护与研究部Liashko Anna（安娜·利亚什科），Mondo Mostre 公司 Stefano Silvani（史蒂芬·希尔瓦尼）及 Natalia Baima（娜塔莉亚·拜玛）出席开馆仪式。开馆仪式由贵州省文化厅厅长徐静主持，关强、何力作了重要发言，慕德贵宣布新馆全面开馆。此外，还有中国文物交流中心，省文化厅，省文物局，贵阳市政府，观山湖区，省内主要博物馆、纪念馆、新闻媒体及参加新馆建设的设计和施工单位有关人员参加开馆活动。贵州省博物馆新馆全面开馆，标志着贵州省博物馆迈向了跨越发展的新阶段。

开馆当日，推出基本陈列"多彩贵州"及"青少年数字馆"，临展"牢记嘱托 不忘初心 走好新的长征路——迎接党的十九大特展"及"帝国记忆 夏宫往事——俄罗斯彼得霍夫国家博物馆馆藏文物特展"。

9月，杨菊同志入职贵州省博物馆（四川大学历史文化学院考古系文物与博物馆专业，文物与博物馆硕士），滕昭玉同志入职贵州省博物馆（贵州师范大学化学与材料科学学院分析化学专业，理学硕士），陈若龄同志入职贵州省博物馆（郑州轻工业大学装潢艺术设计专业，文学学士），杨茜怡同志入职贵州省博物馆（贵州大学土建系城市规划专业，工学学士），郭青青同志入职贵州省博物馆（四川大学历史文化学院考古系文物与博物馆专业，文物与博物馆硕士）。

9月，黄镇邦同志考取贵州大学生态学博士，导师为纳日碧力戈教授。

11月10日，"贵博讲坛"第八期开讲。由贵州大学公共管理学院杨达教授主讲"党的十九大的历史及现实解读"。

多彩贵州
COLORFUL GUIZHOU

▲ 2017年9月30日，新馆全面开馆
（孙力 提供）

▼ 全面开馆当日，"多彩贵州"展之序厅、吊脚楼场景和龙舟场景展序厅
（李甫 提供）

"书画展区"部分

"历史贵州"展之"夜郎寻踪"部分(李甫 提供)

"古生物王国"展之恐龙复原场景(李甫 提供)

贵州省博物馆新馆参建单位名单

进场时间	承担内容	公司名称	进场方式
2003年2月	编制《贵州省博物馆新馆选址报告》《贵州省博物馆新馆项目建议书》《贵州省博物馆新馆建设项目预可行性研究报告》	北京艾佳维建筑设计顾问有限公司	委托
2007年3月	编制《贵州省博物馆新馆工程选址报告》	贵州省建筑设计研究院	委托
2007年3月	编制《贵州省博物馆新馆建设规模及投资估算》	贵州省建筑设计研究院	委托
2007年5月	组织贵州省博物馆新馆建筑方案设计国际邀请竞赛	国信招标有限责任公司	委托
2007年10月	建设项目法律咨询服务	国信招标有限责任公司	委托
2007年10月	编制《贵州省博物馆新馆建设项目建议书》	贵州省国建投资咨询公司	委托
2008年4月	新馆水文地质勘探	贵州新生代建材地质工程勘探院	委托
2008年11月	编制《贵州省博物馆新馆建设项目可行性研究报告》	贵州省建筑设计研究院	委托
2009年6月至2013年6月	组织招标代理服务	国信招标集团有限公司	比选
2009年10月	工程方案及施工图设计	清华大学建筑设计研究院、惟邦环球建筑设计（北京）事务所、贵州省建筑设计研究院3家设计联合体	邀请招标
2010年5月	项目建设管理服务（代建）	达华工程管理（集团）有限公司	公开招标
2010年6月	工程勘察	贵州省工程勘察设计研究院	公开招标
2010年6月	施工用电、用水、场地围墙及初勘监理	达华工程管理（集团）有限公司	委托
2010年7月	配电工程施工	贵州能通电力建设工程有限公司	委托
2010年8月	百年一遇洪水高程计算成果报告	贵州聚龙水利科技有限公司	委托
2010年10月	开工奠基仪式主席台搭建	贵州博苑文化艺术商务展览中心	委托

续表

进场时间	承担内容	公司名称	进场方式
2010年10月	工程监理（施工阶段及工程保修阶段）	贵州省建筑设计研究院	公开招标
2010年10月	基坑工程	贵州建工集团第一建筑工程有限责任公司	公开招标
2011年6月	详勘监理	达华工程管理（集团）有限公司	委托
2011年6月	消防性能化评估	四川法斯特消防安全性能评估有限公司	委托
2011年9月	临时围墙工程	贵州富腾建筑工程有限公司	委托
2011年10月	法律顾问服务	贵州中创联律师事务所	比选
2011年11月	电力工程——阳建线迁改	贵州德辉电力设备安装有限公司	委托
2012年4月	基坑支护设计	贵州省建筑工程勘察院	委托
2013年5月	环境影响评价报告编制	贵阳市生态环境科学研究院	委托
2013年6月	项目建设管理服务（代建）	金阳建设（集团）有限公司	邀请
2013年6月	建设用地地质灾害危险性评估	贵州省地矿建设工程施工公示	委托
2013年6月	地形地貌测量	贵州省第一测绘院	委托
2013年7月	跟踪审计	贵州黔正工程造价事务所	省审计厅批复
2013年7月	代建管理服务	贵阳金阳建设投资（集团）有限公司	委托
2013年7月至2015年1月	组织招标代理服务	贵州环水招标有限公司	邀请
2013年9月	建筑安装工程	中国建筑第三建设建设工程股份有限公司	公开招标
2013年11月	建设项目苗木移植绿化工程	贵阳奇洋园林有限公司	委托
2013年11月	建设林城东路道口开设工程	贵州遵义市市政工程建设总公司贵阳第一分公司	委托
2014年2月	建设项目使用林地现场查验	贵州林业学校林业调查规划设计队	委托
2014年3月	消防设施工程施工	盛云科技有限公司	三局分包
2014年6月	电梯安装工程	贵州省顺天电梯工程有限公司	三局分包
2014年8月	专题和机动展区装饰装修布展设计施工	广东省集美设计工程有限公司	公开招标

续表

进场时间	承担内容	公司名称	进场方式
2014年8月	10KV电气设计	贵州大学勘察设计研究院	委托
2014年10月	智能化系统和安保系统设计施工	贵州信通达智能工程股份有限公司	公开招标
2014年10月	展区外二次精装修设计施工	中建三局东方装饰设计工程有限公司	公开招标
2014年10月	绿化及室外工程	贵州建工集团第八建筑工程有限责任公司	公开招标
2014年10月	详勘监理	贵州国龙项目管理咨询有限公司	委托
2014年11月	民族贵州展区装饰装修布展设计施工	金大陆展览装饰有限公司	公开招标
2014年11月	历史贵州展区装饰装修布展设计施工	北京清尚建筑装饰工程有限公司	公开招标
2014年12月	压覆矿产资源评估	贵州天辰地矿技术咨询有限公司	委托
2014年12月	流量计安装工程施工	贵阳市筑水建筑安装工程有限责任公司	委托
2015年5月	使用林地可行性报告调查	贵州林业勘察设计有限公司	委托
2016年3月	基桩基底雷达探测	贵阳建筑勘察设计有限公司	委托
2016年5月	青少年数字互动馆装饰装修布展设计施工	金大陆展览装饰有限公司	公开招标
2016年5月	基本陈列民族展区·多媒体制作	江苏爱涛文化产业有限公司	公开招标
2016年5月	基本陈列历史展区·精品展柜安装	天津旺达展柜有限公司	公开招标

11月，根据省文化厅领导工作部署，李飞副馆长返回海龙囤继续完成发掘资料整理及编写考古报告，时间18个月。

12月10日，"贵博讲坛"第九期开讲。由日本爱媛大学东亚古代铁文化研究中心主任、日本手工业考古学术委员会成员村上贡通教授，英国埃克塞特大学考古系副主任、南亚研究中心主任Gillian Juleff教授及四川大学历史文化学院副院长李映福教授主讲"从中亚到南亚：全球视野下的冶金考古发现与研究"。

12月22日，"贵博讲坛"第十期开讲。由贵州省人大常委会原副主任、贵州省文史馆馆长顾久教授主讲"从'博物'到'博雅'"。

12月，董有刚同志逝世，享年80岁。

12月，保管部陈丽艳同志退休（副研究馆员，农工党）。

12月，吴进阳同志入职贵州省博物馆（石家庄铁道大学电气与电子工程学院电气工程及其自动化专业，工学学士），李婷婷同志入职贵州省博物馆（海南大学经济与管理学院统计学专业，经济学学士）。

12月，贵州省运动射击中心移交给贵州省博物馆第一次世界大战、第二次世界大战时期军（警）使用手枪12支。该批枪支由翁仁康、余岸木征集，陈维他参与。

是年，完成200余件基本陈列文物展出及展品征集、验收入库工作。

是年，完成贵州省博物馆保护修复临时工作场地建设。

是年，完成贵州省博物馆临展厅除湿系统采购安装工作。

是年，完成北京路老馆119株树木移栽至新馆绿化区工作。

2017年12月，手枪征集鉴定现场（陈维他 提供）

是年，根据基本陈列布展需要，累计完成160余件（套）文物的保护修复工作，主要包括：40余件（套）书画、89件（套）木质文物、2件（套）金凤冠的修复工作；12件（套）丝织品文物和20件（套）拓片的装裱工作；4件（套）石刻拓片的制作及装裱工作。

是年，完成习仲勋同志关于赫章县的批示文件复制工作，及400余件（套）木质文物的消杀工作。

是年，举办"扬州八怪书画联展""传承与流变——徐悲鸿、张大千书画展""徐悲鸿画展""霓裳服饰——贵州少数民族服饰展"及"王阳明展"等5个展览。

是年，接待观众38万人次。

2018年

1月17日，副省长何力在省政府召开省博物馆新馆建设收尾工作会议，对省博物馆新馆建设资金来源再次给予了确定。

1至2月，举办的"牢记嘱托 不忘初心 走好新的长征路"红色特展走进铜仁革命老区进行巡展，遍及德江县、印江县、石阡县及碧江区。6月，走进观山湖区金华园社区，并在市政府办公一楼大厅展出。

2月2日，举办"时光凝固的美丽：波兰琥珀艺术展"。同日，"贵博讲坛"第十一期开讲。由上海历史博物馆胡江馆长主讲"世界琥珀博物馆与虫珀鉴赏"。

2月10日，举办大型古埃及文物展"不朽之旅——古埃及人的生命观"。展出文物为意大利佛罗伦萨国立考古博物馆提供的精品文物100件（套），同日，"贵博讲坛"第十二期开讲。由佛罗伦萨国立考古博物馆埃及馆馆长玛利亚·克里斯蒂娜·吉多蒂博士主讲"不朽之旅——古埃及人的生命观"。

3月15日，吴进阳同志赴铜仁市碧江区瓦屋侗族乡克兰寨村，任驻村队员，驻村期间加入中国共产党，2021年5月12日结束驻村返回馆里，2021年7月被中共铜仁市碧江区委员会授予"全区优秀共产党员"荣誉称号。

3月25日，"贵博讲坛"第十三期开讲。由四川大学历史文化学院考古系赵德云教授主讲"汉晋时期中国琥珀制品的发现与中西文化交流"。

3月30日，"贵博讲坛"第十四期开讲。由贵州省博物馆研究员朱良津主讲"《韩琦楷书信札》横卷"。

2018年1月17日，副省长何力在省政府召开省博物馆新馆建设收尾工作会议
（李甫 提供）

3至5月，我馆与贵阳北师大附中初中部建立馆校合作，于2018年6月招募中学生志愿者20名。

3月，出版图书《时光凝固的美丽——波兰琥珀艺术》。

4月13日，举办"海丝遗珍——广东外销艺术品展"。

4月，启动志愿者招募工作，共有66人通过面试成为实习志愿者。

5月18日，本馆与宁夏回族自治区博物馆联合举办"逝去的风韵——西夏与播州文物展"。

5月，朱良津著《凝固的灿烂——贵州古代美术文物阐释》（贵州省第十三次哲学社会科学优秀成果奖著作类三等奖），由贵州人民出版社出版。

5月，保管部鲁湘荣同志退休（副研究馆员）。

6月29日，"贵博讲坛"第十五期开讲。由广东省博物馆馆长、党委书记魏峻主讲"守正创新：中国博物馆的现在与未来"。

7月27日，本馆主办西南博物馆联盟第五次会议暨2018年西南博物馆联盟年会。

7月27日，举办"黼黻文章——贵州少数民族技艺展"。

8月6日，举行吴正光先生赠书仪式。捐赠的图书主要有：《贵州的桥》（贵州科技出版社，2004.10）、《郎德上寨的苗文化》（贵州人民出版社，2005.1）、《带你走进博物馆·郎德苗寨博物馆》（文物出版社，2007.12）、《带你走进博物馆·青龙洞民族建筑博物馆》（文物出版社，2007.12）、《青岩镇的建筑文化》（贵州人民出版社，2008.4）、《凤凰勾良的苗文化》（贵州人民出版社，2008.9）、《玛瑙山官田寨》（贵州人民出版社，2008.10）、《沃野耕耘：贵州民族文化遗产研究》（学苑出版社，2009.9）、《屋里屋外话苗家》（清华大学出版社，2012.9）、《十进侗寨》（清华大学出版社，2013.9）、《贵州抗战史迹巡礼》（贵州人民出版社，2013.10）、《带你走进博物馆·飞云崖民族节日博物馆》（文物出版社，2014.4）、《飞云崖民族节日博物馆三十年》（文物出版社，2014.4）、《带你走进博物馆·周逸群故居》（文物出版社，2014.11）、《喝喜酒》（清华大学出版社，2015.10）、《中华遗产·乡土建筑·镇远》（清华大学出版社，2016.11）、《五彩黔艺话生肖》（贵州大学出版社，2017.6）。

2018年7月27日，西南博物馆联盟第五次会议暨2018年西南博物馆联盟年会合影（万旻 提供）

8至12月，在不影响正常开放的情况下，对"民族贵州""古生物王国""历史贵州"和"黔山红迹"等基本陈列展览和古生物多媒体展厅进行了局部整改。

9月30日，为纪念改革开放，举办"咱们的40年"展。

9月，张熙同志从部队转业到博物馆工作，郭正华同志从部队转业到博物馆工作。

10月18日，举办"扬州八怪书画展"。

12月，刘光伟同志逝世，享年80岁。

12月，宣禹杉同志入职贵州省博物馆（四川大学锦城学院城市规划专业，工学学士），代梦丽同志入职贵州省博物馆（武汉大学历史学院考古系文物与博物馆专业，文物与博物馆硕士）。

12月，贵州省博物馆、贵州省文物考古研究所、凤冈县文体广电新闻出版局编著的《玛瑙山：考古、文献与口碑》，由科学出版社出版。

是年，《贵州古建筑》获得贵州省第十二次哲学社会科学优秀成果奖二等奖，《王玉连》获第七届贵州省文艺奖·民间文艺奖二等奖。

是年，征集民族服饰、民俗、社会生活类文物200余件（套）；征集犀头骨化石1件、三叠纪古生物化石11件；接受捐赠藏品39件（套）。

是年，文化创意店全面投入运营，销售区域近700平方米。

是年，打造"贵博假期""贵博课堂"及"贵博文创"等系列主题社教活动。

是年，举办"文艺复兴展""贵州苗族服饰艺术展"（中国丝绸博物馆）及"徐悲鸿画展"（宁夏回族自治区博物馆、扬州博物馆）等展览。

是年，开放317天，共接待观众58.14万人次。

是年，制定了《贵州省博物馆安全规章制度》《贵州省博物馆安全保卫工作规定》《贵州省博物馆总控室值班制度》《贵州省博物馆防火、防盗应急预案》《贵州省博物馆岗位五查制度及处罚细则》等文物安全保卫制度。

是年，开展了"守正创新——中国博物馆的现在与未来"讲座及"做政治合格的新时代共产党人"等党课和警示教育会务工作11次。

是年，参加国家文物局、中国文物保护协会、省文化厅、省文物局等单位组织培训，我馆36人次参加业务能力培训，共超3320学时。

是年，完成5万余件（套）文物上架工作。

是年，完成免费定时讲解、公务讲解接待、预约讲解接待近3500场次，收到观众留言930条。全年放映4D电影1587场次，共接待观众63677人。

是年，开展"萌犬旺旺巧手亲子汇""趣味造纸""六一探秘多彩服饰王国""活力端午""竹编工艺手工体验课""赏古乐学盘扣""《韩琦楷书信札》横卷赏析""呵护文化遗产，讲好传承故事——柴乃萍后人奖章捐赠仪式和老乡观文物"等具有本馆特色的社会教育活动共30余场，受益观众2000余人次。

是年，组织"牢记嘱托 不忘初心 走好新的长征路"红色特展走进铜仁革命老区、观山湖区金华园社区、贵阳市政府进行巡展。

是年，完成文物科技保护中心实验室（一期）建设。我馆拥有近200平方米的修复实验室，初步具备纸质文物、金属质地文物的保护修复条件。完成文物科技保护中心实验室（二期）建设设计、申报，并获得批复。

是年，完成贵州省博物馆文物库房环境监测系统项目。

是年，采购贵州省博物馆数字化保护设施设备（文物复制系统），价值270万元。

是年，完成41台温湿度记录仪的安装工作；完成黔西南州博物馆藏陶制文物（陶公鸡）保护修护方案编写；完成中共贵州省工委活动旧址木质标语墙的保护修护方案编写；完成基本陈列展厅及库房环境监测设施设备安装工作。

是年，完成遵义市公安局涉案书画（416幅）、贵州省纪委涉案铜佛像（1件）、贵州省社科院64件青铜文物、黔西南州义龙新区公安分局郑屯派出所涉案墓葬（5座）和文物（32件），以及瓮安县公安局涉案钱币（3件）的鉴定工作。

是年，开展第一次可移动文物普查信息采集整理，新采集文物信息25020件（套），整理原有信息5606件（套），新增文物信息30626件（套），复查纠正已登录信息22332件（套）。

是年，根据贵州省文物建筑和博物馆火灾隐患排查整治督查要求，于11月30日起开展基本陈列展厅消防整改。

是年，通过官方网站编辑发布信息184篇，建立活动报名通道22次，网站全年浏览量150057人/次，官方微信关注人数39692人，全年官微阅读量306387次。

是年，完成票务系统建设和语音导览系统建设工作并投入使用。

是年，提供志愿讲解服务326场，共计562小时。

是年，发表各类论文42篇。

2019年

1月26日,"贵博讲坛"第十六期开讲。由贵州省文物考古研究所研究馆员张合荣主讲"釜踪鼓迹——西南视阈下的夜郎青铜文明"。

1月,邱霞同志入职贵州省博物馆(重庆师范大学文学院汉语言文学专业,文学学士),文飞入职贵州省博物馆(中南民族大学化学与材料科学学院环境工程专业,工学学士)。

3月1日,成立了贵州省博物馆消防安全委员会,年度内召开3次会议、开展3次培训,初步构建起消防安全指挥和消防应急工作体系。

3月23日,举办"王的盛宴——见证《史记》中的大西南"展览。同日,"贵博讲坛"第十七期开讲。由重庆中国三峡博物馆彭学斌研究馆员主讲"《史记》与大西南青铜文化——从'王的盛宴'展览说起"。

3月,文物科技保护中心黄桂彬同志退休(馆员)。

4月12日至5月12日,在贵州美术馆,由贵州省文化和旅游厅、贵州省文学艺术界联合会、贵州大学、贵州省博物馆主办,贵州省美术家协会、贵州画院(贵州美术馆)、贵州大学美术学院承办的"黔山流韵——贵州省博物馆藏黔籍书画家作品展"开展。

4月20日,"贵博讲坛"第十八期开讲。由云南省博物馆馆长马文斗主讲"云南青铜时代"。

4月24日,"贵博讲坛"第十九期开讲。由西汉南越王博物馆(今南越王博物院)馆长吴凌云主讲"南国历史与遗迹"。

4月28日,举办"盈盈花盛处——馆藏瓷器精品展",同日,"贵博讲坛"第二十期开讲。由江西省景德镇陶瓷考古研究所所长主讲"景德镇釉上彩瓷研究与鉴赏"。

4月,《盈盈花盛处——贵州省博物馆藏彩瓷精品集》,由广西师范大学出版社出版。

5月18日,举办"千山竞秀——馆藏书画精品展"。

5月,曾庆鸣同志逝世,享年90岁。

6月2日,"贵博讲坛"第二十一期开讲。由云南省博物馆原副馆长李黎主讲"能力与使命——博物馆释展人修养"。

6月25日至9月1日，在6号临展厅举办"法兰西的雄鹰——拿破仑文物（中国）巡回展"。

6至12月，启动基本陈列之民族展厅整改提升项目筹备工作，预计2020年初完成整改并申报"第十七届全国博物馆十大精品陈列展览"。

7月3日，"贵博讲坛"第二十二期开讲，由贵州师范大学历史学教授岳蓉主讲"法兰西的荣耀与梦想——拿破仑及其时代"。

8月1日，开展文物库房消防安全专项培训，馆消防安全顾问尹明刚对保管部和自然部进行了理论培训，并在文物库房开展现场教学。

8月2日至12日，在4号多功能厅主办"俄罗斯圣彼得堡当代著名画家油画精品展"。

8月4日，主办第一季志愿者第一阶段岗前培训班，参训学员80余人。

8月17日，"贵博讲坛"第二十三期开讲，由贵州大学美术学院裴临风教授主讲"法国资产阶级大革命历史语境中的新古典主义绘画及其他"。

8月25日至11月25日，在7号临展厅，主办"银宴·无问西东——贵州民族银饰＆奥地利古堡银器展"。

8月，在A区二楼学术报告厅开展了"快乐8月"暑假系列活动。内容有剪纸、传统刺绣"布叠绣"体验、泥哨制作、手工绘制傩面具。

8月，黄婷婷同志从西藏自治区拉萨市曲水县委组织部调入贵州省博物馆工作（中央民族大学博物馆学专业，历史学学士）。

9月8日至10月10日，在4号多功能厅，举办"飘香历程（1949—2019）——茅台献礼中华人民共和国成立70周年展"。

9月12日，在非遗剧场召开贵阳市2019年中小学研学旅行工作推进会，为申报第二批贵阳市中小学生研学基地奠定了基础。

9月21日，"贵博讲坛"第二十四期开讲，由英国自然历史博物馆国际部部长布拉德·埃尔文（Brad Irwin）主讲"未来时代下的自然历史博物馆"。

9月29日至12月30日，为献礼新中国成立70周年，在6号临展厅，举办"博物华章——贵州省博物馆献礼新中国成立70周年特展"，同日，联合省文旅厅幼儿园、贵州文化演艺集团少儿艺术团开展"我和我的祖国"主题活动。

9月，举办社教活动"不忘初心、牢记使命讲好红色故事""春播桃李三千圃 金秋插画慰园丁——教师节手工花束制作""教诲如春风 师恩似深海——教师节茶艺体验活动""贵博假期——中秋·团圆月饼制作体验""黔银匠意·银戒制作"等。

9月，陈列部翁仁康同志退休（副研究馆员）。

10月1日，贵州省博物馆参观护照正式上线。

10月1日至7日，举办"贵博假期"社教活动"我为祖国献祝福""佳节又重阳茶话"活动。

10月26日，在A区三楼会议室举办了2019年第二季度志愿者面试，共40名志愿者进入面试阶段，最后22名通过面试。

10月，《银·宴：贵州民族银饰&奥地利古堡银器》，由贵州人民出版社出版。

11月2日，"贵博讲坛"第二十五期开讲，由贵州省文史研究馆馆员庞思纯主讲"'六千举人七百进士'文化解读"。

11月，举办"水月镜花——铜镜手工制作活动""鬓边风华——苗族银角手工制作活动""贵博课堂——走进植物染之蓝靛染"等系列社教活动。

11月，文物科技保护中心黄健同志退休（正科）。

12月7日，"贵博讲坛"第二十六期开讲，由国家文物进出境审核云南管理处副处长、云南省文物鉴定专家委员会秘书长、研究馆员陈浩主讲"文以载道——浅谈中国书画的鉴赏"。

12月15日，举办"御苑风华——颐和园文物精选展"，同日，"贵博讲坛"第二十七期开讲，由北京市颐和园管理处副园长、颐和园学会理事长、副研究馆员秦雷主讲"前世今生话颐和——颐和园简史图说"。

12月15日至2020年3月15日，在7号临展厅，由贵州省博物馆、北京市颐和园管理处主办，北京华协文化发展有限公司协办的"御苑风华——颐和园文物精选展"开展。

12月31日，携手贵州省广播电视台都市广播共同举办"博物馆奇妙夜——'穿越时光的华章'跨年活动"。

是年，召开全馆党员大会8次；开展"不忘初心、牢记使命——我和我的博物馆""青春心向党 建功新时代"等主题党日和宣教活动5次；以党员大会、党小组集中学习等方式集中学习13次；开展"不忘初心、牢记使命"党史党建教育讲座等革命传统教育3次；组织"新时代新使命呼唤强大国防"等政策教育5次；开展先进典型教育3次。

是年，接待观众81.4万人次，讲解接待近3200场次，重要政府接待专场讲解150场。

是年，信息中心机房投入使用，微信公众号粉丝人数较去年净增粉丝数30403人，总粉丝数70095人。微信公众号2019年总阅读量400025次，较去年同比增长30.56%。新媒体平台信息发布185篇，建立活动讲座报名通道82个，观众参与度100%，好评率98%。

是年，贵州省博物馆志愿服务队开展"弘扬雷锋精神文化志愿服务社区行"活动，走进5个社区、单位宣讲贵州多彩民族文化、历史文化，扩展和延伸博物馆的社会教育功能。

是年，拥有在册志愿者80名，开展志愿者岗前培训20学时、知识讲座16学时，全年提供志愿讲解服务717场，共计1566小时，其中：中学生志愿者讲解264场，407小时；成人志愿者讲解453场次，1159小时。

是年，组织消防安全培训6次，消防安全演练4次，节前安全大检查开展6次，开展定期安全检查及随机抽查20次。

是年，自主研发、展览配套及部分代销文创在售品类超过500种。全年销售文创产品超过3万件。授权合作企业达50家。

是年，参加2019年第四届中国吉林（长春）冰雪产业博览会，获第四届吉林冰雪产业博览会暨第二十三届长春冰雪节最佳展示奖。

是年，与贵阳六中、北师大附中初中部建立馆校合作，招募中学生志愿者27名。

是年，完成文物账务核查专项整改工作。完成古脊椎动物化石、古人类化石、旧石器时代文化遗物的清点工作，共清点标本304122件；完成书画古籍库、出土传世库、瓷器革命社建库、拓片复制品库、民族服饰库、竹木器银饰传世库的总账、分类账、数据库账物三方核查，核对账物6万余件（套）。

是年，购置文物库房防腐蚀空气交换监控系统、轻便型氮气杀虫消毒装置。

是年，完成古籍排架共9826册古籍、400余册古籍拓本整理工作。制作古籍查询标签302张。

是年，预防性保护二期项目（总投入约390万元）顺利完成招标，2020年内可投入使用。

是年，完成馆藏20件古生物化石标本的修复工作。

是年，统筹安排业务人员27人次参加全国专业技能培训16次。

是年，出版《贵州文化遗产》杂志6期。

是年，完成遵义、平塘、长顺等省内公安部门委托的文物鉴定工作13批，鉴定钱币、书画等实物191件（套），石刻及遗址2处，古墓葬1座。

是年，帮助遵义会议纪念馆开展借展纸质文物（3件）复制工作。

是年，组织"恒安学术沙龙"6期，全馆职工发表各类论文61篇。

是年，完成图书资料室书柜的采购（75个），完成3万册图书上架，开箱上架图书13000余册。建立普通图书电子账目，录入图书4009册。

是年，编制完成《贵州省博物馆藏三件青铜器保护修复方案》《百宜红军标语保护修复方案》《贵州省博物馆可移动文物预防性（二期）保存环境调控方案》。

2020年

1月，《贵博论丛》（第一辑），由广西师范大学出版社出版，收录了32篇论文。

1月18日至3月18日，在宁夏固原博物馆举办"齐白石画展"。

1月21日至4月20日，在6号临展厅主办"骏驰骧骧——中国传统马文化展"。同日，"贵博讲坛"第二十八期开讲，由昭陵博物馆副馆长李浪涛主讲"止戈为武，大国重器只为和平——从唐太宗昭陵六骏说起"。

1月28日至30日，举办"颐和园里过新年""如意如意，随我心意——如意发髻制作""木版画拓印"等春节社教系列活动。

1至5月，"多彩贵州——民族文化陈列"申报第十七届"全国博物馆十大陈列展览精品推介活动"。

1至8月，向中国博物馆协会申报评定国家一级博物馆，12月通过评审，获得"国家一级博物馆"称号。

2月4日，贵州赫章恐龙足迹研究成果在国际古生物学期刊《历史生物学》上发表，自然部参与该项目。

2月8日，举办"博物馆奇妙夜——'梦回大唐'上元夜集"元宵节活动。

2月8日，按照有关部门对我省新冠肺炎疫情防控工作的预判，发布公告从2月9日起继续闭馆。

2月9日，"贵博讲坛"第二十九期开讲，由贵州师范大学张晓松（二级教授，博士）主讲"文化千岛：多元和谐的人文美地——分享贵州民族文化的多元性与包容性"。

2月22日，推出线上社教活动"华灯连皓月 执手祈平安"莲花灯制作。

3月12日，陈顺祥馆长到德江县挂职，任县委副书记。

3月25日，陈顺祥馆长调省美术馆，任书记，李飞副馆长升任馆长，研究部主任李甫升任副馆长，办公室主任李渊升任副馆长。

3月26日，贵州省博物馆恢复开放基本陈列、临展，分区域分时段开放文创商店，暂不开放青少年数字馆、4D影院、非遗剧场。

4月3日，2020年第一季志愿者开始招募。

4月3日，举办线上"贵博假期"之"清明寄哀思——先烈云缅怀手抄报"制作活动。

4月16日，通过贵州省博物馆微信公众号，发布贵州省博物馆面向社会征集抗击新冠肺炎疫情代表性见证物。按照征集流程，征集组分别于7月1日、8月20日，先后组织召开2次专家鉴选会，确定收藏捐赠的抗击新冠疫情见证物共计12组，其中实物藏品120件（套）、照片及影像资料1530件（套）。

4月22日，在第51个世界地球日，开展"善待地球·绿色博物馆"主题社教活动。

4月26日，贵州省博物馆第一届理事会改选，产生第二届理事会，李飞馆长任理事长，理事有王曼、王江、李甫、李渊、丁凤鸣、陈志群、王竹、刘秀丹、叶成勇、汤晓东、李屹、王静玉。陈列部刘恒任秘书。

4月30日，在线上开展"贵博假期"之"古人类生活印记——'五一'云探访活动"。

4月，《征途——贵州省博物馆建成六十周年纪念专集》，由广西师范大学出版社出版。

5月9日，举办"文化聚力 战疫同行——金华园街道战疫文艺作品展"，该展由省博物馆党支部、贵阳市观山湖区委宣传部指导，观山湖区金华园街道工作委员会和办事处主办。

5月10日，在线上开展母亲节"送给妈妈的礼物"主题社教活动。

5月12日，在贵阳市观山湖区金华园街道办和金徽居民委员会，举办"骏驰骧骧——中国传统马文化展"巡展。

5月18日，贵州省博物馆联盟成立，联盟由贵州省博物馆、贵州省民族博物馆、遵义会议纪念馆、四渡赤水纪念馆、贵州傩文化博物馆等11家文博单位倡议发起，目前已有35家成员单位，涵盖综合、民族文化、红色文化等类型的博物馆，旨在优势互补、资源共享、合作共赢、共同发展。同日，"多彩贵州——民族文化陈列"荣获中国博物馆协会、中国文物报社颁发的第十七届（2019年度）全国博物馆十大陈列展览精品推介·精品奖，为本馆首次获得此奖项。

5月21日，吴正光应省文旅厅邀请，为来自全国各地的高校师生讲授"贵州少数民族刺绣的文化内涵解读"。这是省文旅厅与贵州师大合办的国家艺术基金项目——贵州少数民族刺绣及衍生品设计人才培养。

5月26日，"贵博讲坛"第三十期开讲，由江苏省美术馆副馆长陈同乐（研究馆员）主讲"后策展时代——博物馆展陈设计的案例分享"。

5月26日，"贵博讲坛"第三十一期开讲，由贵州省博物馆馆长李飞主讲"家事与国事：从《杨文神道碑》说起"。

5月29日，举行遵义市政协向本馆捐赠图书活动，捐赠《遵义丛书》（210册）、《遵义丛书·提要 图录》（2册），以及《遵义沙滩文化典籍丛书》（包括郑珍、莫友芝、黎庶昌全集共26册）各1套，我馆向遵义市政协颁发了馆藏捐赠证书。

5月30日，通过线上线下举办"贵博假期"之"童心六一·古生物立体手工书"制作活动。

6月6日，"贵博讲坛"第三十二期开讲，由上海大学图书馆馆长潘守永（教授，博士生导师）主讲"新博物馆学视野下的生态/社区博物馆发展：文化赋权与文化引领"。

6月13日，"文化和自然遗产日"期间，在我馆设立主会场。举办了启动仪式暨"让文物活起来——贵博邀您来斗图活动"（表情包大赛）颁证仪式、"谁的博物馆：全国十大精品展'多彩贵州——民族文化陈列'分享会"、"云"逛博物馆直播活动、瓦当拓片体验活动及瓷器修复体验活动等活动。

6月25日，举办"贵博假期"之"端午纸鸢DIY"社教活动。

7月2日，为积极落实省委省政府《多彩贵州促消费百日专项行动方案》要求，助力贵阳市发展夜间经济，丰富人民群众晚间娱乐文化生活，推出暑期延时开放服务，在7月1日至8月31日期间，每周六闭馆时间调整至21：00。

7月4日，"贵博讲坛"第三十三期开讲，由河北省文化和旅游厅党组成员、河北博物院罗向军（分党组书记、院长、研究馆员）主讲"探秘两中山"。

2020年5月18日，"多彩贵州——民族文化陈列"获得第十七届全国博物馆十大陈列展览精品推介·精品奖

2020年12月，贵州省博物馆获得"国家一级博物馆"证书

2020年6月13日,"文化和自然遗产日"贵州省主会场系列活动启动仪式（敖天海 提供）

2020年6月13日,举办启动仪式暨"让文物活起来——贵博邀您来斗图活动"颁证仪式（敖天海 提供）

2020年6月13日,举办"谁的博物馆：全国十大精品展'多彩贵州——民族文化陈列'分享会"（敖天海 提供）

7月7日，馆支委会研究通过《贵州省博物馆文物清查方案》，组建"贵州省博物馆文物清查领导小组"，全面推进馆藏文物清查工作。至12月10日，对民族文物其他传世青铜器库房、古人类库房、古生物库房、基本陈列展厅及临展厅展出文物、外借文物及已征集尚未完成入库手续的文物进行了全面排查、梳理、查找及复核。12月24日，向省文旅厅呈报了《贵州省博物馆藏品清查报告》。

7月26日，举办"贵博假期"之"快乐7月蜡画制作"社教活动。

7月26日，由共青团贵州省委主办，贵州省青少年发展服务中心等单位承办的"新市民·追梦桥"——"茅台王子·明亮少年"素质拓展营成员，到本馆参观。

7月31日，举办"贵博之夜：'天眼新闻'小记者之在博物馆发现古生物王国"社教活动，参与人数32人。

7月，王莹霞同志入职贵州省博物馆（河南大学历史文化学院文物与博物馆专业，历史学学士）、杨偲同志入职贵州省博物馆（西北大学文化遗产学院文物保护技术专业，理学学士）、李二超同志入职贵州省博物馆（云南大学历史系文物与博物馆专业，文物与博物馆硕士）、刘雪婷同志入职贵州省博物馆（陕西师范大学历史文化学院文物与博物馆专业，文物与博物馆硕士）、付向宇同志入职贵州省博物馆［闽江学院历史学系历史学（历史信息系统）专业，历史学学士］、周武毕同志入职贵州省博物馆（贵州民族大学民族学与社会学学院民族学专业，法学硕士）、石锦艺同志入职贵州省博物馆（南京师范大学教师教育学院生物科学专业，理学学士）。

8月10日，在省博物馆A区3层会议室，本馆组织佘志宏（军博）、李黎（云南）、李彤（宁夏）等省外著名展陈专家，以及贵阳市投资控制集团建设管理有限公司（代建）、省建筑设计研究院（监理单位）及贵州黔正工程造价咨询有限公司（审计单位）对金大陆展览装饰有限公司负责实施的基本陈列"民族贵州"、北京清尚建筑装饰工程有限公司负责实施的基本陈列"历史贵州"标段的结算审计争议部分进行论证。

8月1日，"贵博讲坛"第三十四期开讲，由福建博物院吴志跃（党委书记、院长，二级研究员）主讲"超级链接创新分享"。

8月8日，"贵博讲坛"第三十五期开讲，由复旦大学魏峻（二级研究员，博士生导师）主讲"季风海洋——考古视野下的海上丝绸之路"。

8月12日，新馆建设项目消防工程通过贵阳市住房和城乡建设局验收。

8月14日,"贵博讲坛"第三十六期开讲,由北京大学考古文博学院孙华(教授)主讲"博物馆藏品与展品图录编写问题"。

8月15日,"贵博讲坛"第三十七期开讲,由安来顺(上海大学教授,国际博物馆协会副主席,中国博物馆协会副理事长兼秘书长,《中国博物馆》杂志主编)主讲"让博物馆赋能美好生活"。

8月22日,"贵博讲坛"第三十八期开讲,由重庆中国三峡博物馆程武彦(党委书记、馆长、研究馆员)主讲"重庆博物馆的文化表情"。

8月28日,"贵博讲坛"第三十九期开讲,由中国地质大学(北京)邢立达(副教授)主讲"追寻恐龙足迹"。

8月25日至11月25日,主办"芳华——侗族女人的一生"展览,在7号临展厅展出。

8月28日至11月28日,由本馆主办、自贡恐龙博物馆协办的"恐龙来了——重返中生代"展览,在6号临展厅展出。

8月,贵州省博物馆工会换届,由李渊任工会主席,委员有艾宇、宁健荣、黄婷婷、蔡思夫。

8月,曾嵘同志任自然部主任,全锐同志任文物科技保护中心主任,宁健荣同志任研究部主任,蔡思夫同志任自然部副主任,曹颖同志任办公室副主任,江钊同志任文创研发部副主任,米兰同志任组织人事部副主任,袁炜同志任研究部副主任,吴进阳同志任安全保卫部副主任。

8月,推出"贵博假期"8月暑假系列活动:"马尾绣耳环制作""制扇致美 手作清风——团扇绘制体验""针意传情 绣在七夕——鞋垫纳制体验"等。

8月,以挖掘尊重历史性、开发艺术性和设计实用性三大标准为指导,从4月发布文创产品设计征集令后,共收到来自全国各地130件文创投稿。经馆内外专家评审,最终选出入围作品18件(套)。

9月16日,为共享共建馆藏资源,提升服务社会效能,促进两馆事业发展,本馆与贵州省档案馆(省地方志办)签署"携手共进 资源共享"合作协议。

9月20日,"贵博讲坛"第四十期开讲,由中国科学院古脊椎动物与古人类研究所徐星(研究员)主讲"中国的恐龙化石"。

9月22日,推出"乌蒙秘境 天上凉都"微型展览,在二楼基本陈列展厅展出。

入围作品名单（排序不分先后）

序号	作品名称	作者	单位名称
01	《趣"纹"》	郭鑫	贵州民族大学美术学院
02	《多彩傩面》		黑山共和国设计工作室
03	《黔宝铜车马》	宋巧莹	多彩贵州印象网络传媒股份有限公司
04	《时代缱绻》		中国美术学院设计学院
05	《苗族服饰明信片》	周四维	
06	《夜郎文化》	杨曙娇	多彩贵州印象网络传媒股份有限公司
07	《傩面》	严天媛	
08	《多彩系列》		Mr.Shark 工作室
09	《博物馆奇妙夜》		悟边文化
10	《黑釉剔花》《釉下青花》		泥生陶艺工作室
11	《黄平印记文创产品设计》	宋俊莹	贵州民族大学美术学院
12	《久处》	张然	
13	《饰虎铜釜》《铜车马》	王海娜	
14	《贵博文创形象设计》	任晓卫	
15	《漫道雄关——红色文化主人杯》	石军	
16	《撮泰吉行李牌》	蔡静	贵州民族大学美术学院
17	《贵博文创形象设计》	任晓卫	

9月25日至2021年1月12日，与广州西汉南越王博物馆共同主办，贵州省文物考古研究所、黔西南州博物馆、赫章县文物事业管理局等协办的"寻找夜郎展"，在广州西汉南越王博物馆展出。

9月30日，本馆被列为2020年贵阳市中小学生研学旅行基地。

9月30日，2020年第二季志愿者招募启动。

9月，中外科学家团队宣布在贵州省安顺市经济技术开发区幺铺镇发现200多个海生爬行动物的足迹。该项目由中国地质大学（北京）邢立达副教授领衔，本馆自然部全程参与，研究成果发表在国际知名期刊《古地理学、古气候学、古生物学》上。

2020年9月16日，贵州省博物馆与贵州省档案馆签订战略合作协议，两馆召开交流合作座谈会

10月15日，本馆编制完成《贵州省博物馆"十三五"总结及"十四五"工作计划》，并呈报省文旅厅。

10月24日，"贵博讲坛"第四十一期开讲，由中国丝绸博物馆馆长赵丰主讲"神机妙算——中国传统织机的分类和演进"。

10月31日，"贵博讲坛"第四十二期开讲，由自贡恐龙博物馆研究员江山主讲"自贡恐龙的前世与今生"。

10月，本馆推出"贵博假期"10月重阳节社教系列活动"招募恐龙展小艺术体验官"。

10月至2021年5月20日，根据《黔东南州知名画家潘国华藏织绣及蜡染征集方案》，征集603件织绣及40件蜡染藏品，完成《黔东南州知名画家潘国华藏织绣及蜡染征集报告》。

11月6日，"贵博讲坛"第四十三期开讲，由广西壮族自治区博物馆副馆长、研究馆员熊昭明主讲"合浦汉墓出土文物与海上丝绸之路"。

11月17日，在非遗剧场隆重举办"为明天收藏今天——抗疫脱贫攻坚民间传世物件"捐赠仪式。本馆年初向社会发布了《贵州省博物馆面向社会征集脱贫攻坚见证物》《贵州省博物馆面向社会征集抗击新冠肺炎疫情代表性见证物》公告。经鉴选，共收到实物藏品171件（套），照片及影像资料1651件（套）。

11月18日，启动馆长、专家进展厅讲解活动，李飞馆长进行了第一场展览讲解。

11月22日，"贵博讲坛"第四十四期开讲，由河南博物院丁福利（党委副书记、副院长、研究馆员）主讲"新时代博物馆的'多彩'之路"。

12月10日，由东南大学、贵州大学、贵州省博物馆合作共建的"中华民族视觉形象研究基地·贵州工作站"在贵州大学举行揭牌仪式。该站将以贵州17个少数民族为主要研究对象，选择各民族代表性特征开展民族视觉形象研究，形成具有广泛国际国内影响力的实践成果。

12月25日，"贵博讲坛"第四十五期开讲，由贵州大学杨志强教授主讲"鸟居龙藏与中国西南"。

12月，代毅从遵义市文化旅游发展中心调入贵州省博物馆工作（贵州师范大学旅游管理专业，管理学学士）。

12月，馆支委会研究通过《贵州省博物馆信息工作管理办法（试行）》《贵州省博物馆办公设备、用品采购管理办法（试行）》《贵州省博物馆藏品管理办法》《贵州省博物馆藏品库房安全管理办法》《贵州省博物馆藏品出入库管理办法》《贵州省博物馆藏品管理员管理办法》《贵州省博物馆藏品账目管理办法》《贵州省博物馆保管部文物电子数据管理办法》《贵州省博物馆文化创意产品设计生产管理办法》《贵州省博物馆文创商店员工管理制度》等规章制度。

是年，"骏驰骥骥——中国传统马文化展"被评为国家文物局2020年度"弘扬优秀传统文化、培育社会主义核心价值观"主题展览推介项目之一。

是年，《古黔墨韵——贵州书法文物阐释》（朱良津著，获得2015贵州省第十一次哲学社会科学优秀成果奖著作类三等奖，2013年贵州人民出版社出版），《不断拓展的保护视野——西南地区线性文化遗产保护研究》（吴晓秋、陈顺祥、娄清著，获得2022贵州省第十三次哲学社会科学优秀成果奖著作类二等奖，2019年浙江大学出版社出版）。

是年，编制完成《贵州省博物馆馆藏文物预防性保护（二期）方案》（待审批）、《贵州省博物馆馆藏文物预防性保护方案（三期）》（评审通过）、《黎平会议纪念馆馆藏文物预防性保护方案》、《都匀三线建设博物馆馆藏文物预防性保护方案》、《黔东南州民族博物馆馆藏文物防震预防性保护方案》、《贵州省博物馆馆藏青铜器保护修复方案》、《中共贵州省工委活动旧址（木质红军标语墙）保护修复方案》、《贵州省博物馆馆藏纸质文物保护修复方案》。

是年，完成贵州省博物馆馆藏铁质文物保护修复项目（27件/套）、贵州省博物馆馆藏陶器保护修复项目（8件/套）、贵州省博物馆馆藏书画文物病害普查项目、贵州省博物馆馆藏明代纺织品文物保护修复项目（13件/套）、贵州省博物馆馆藏纸质文物保护修复项目（21件/套）、贵州省博物馆馆藏铁质文物保护修复项目（74件/套）。

是年，完成印江土家族苗族自治县文体广电旅游局委托我馆复制红色历史文化书籍项目（6件/套，共37张）。

2021年

1月1日，"贵博讲坛"第四十六期开讲，由秦始皇帝陵博物院彭文（研究馆员）主讲"'平天下——秦的统一'策展思路分享"。

1月1日至5月19日，与秦始皇帝陵博物院共同主办了"平天下——秦的统一"展，该展是双方联合举办的收费展览，此展览也是2019年全国十大精品展览之一。

1月15日，贵州省文化和旅游厅党组副书记、副厅长许风伦到省博物馆调研指导工作，召开座谈会听取大家对省博物馆、文博行业发展的意见和建议，省博物馆领导班子及中层干部参加了座谈会。

1月，保管部简小娅同志退休（农工党，副研究馆员）。

1至4月，为支援新疆文化建设，向新疆屯垦历史博物馆输出"家国情怀——贵州省博物馆藏徐悲鸿书画展"。

2月8日中午，李飞馆长、李甫副馆长、李渊副馆长、办公室工作人员米兰赴吴正光、陈云、唐文元等老同志家进行春节慰问。

2月14日，举办"贵博假期"之"金牛祈福 巧手迎春"主题系列活动，内容有"牛年巧手绘金牛——年历DIY制作""'泥'轻灵妙手，塑千年秦俑泥塑活动"。

2月26日，举办线上"贵博假期"之"巧手剪福牛 欢乐庆元宵"剪纸活动。

2月，与贵州都市广播V-FM106.2合作专题栏目《时光流过博物馆 文物铭记岁月魂——贵博·新春日历》。

2月，赵晖同志从安顺市平坝区新闻传媒中心调入贵州省博物馆工作（四川大学锦城学院播音与主持艺术专业，文学学士）。

3月9日，"贵博讲坛"第四十七期开讲，由贵州省文物考古研究所周必素（所长、研究馆员）主讲"凤凰来仪——贵州遵义高坪杨氏土司墓地五室墓出土器物"。

3月10日，在A区二楼会议室，召开中共贵州省文化和旅游厅党组巡察组巡察贵州省博物馆党支部工作动员会议。会议传达了习近平总书记关于巡视巡察工作的重要讲话精神和中央、省委及厅党组有关巡察工作要求。

3月11日至12日，派出现生动物标本制作专家黄桂彬、技术人员欧阳海涛对2009年借给遵义市博物馆的现生动物标本进行消毒、灭虫、除尘、修复保养。

3月27日，"贵博讲坛"第四十八期开讲，由秦始皇帝陵博物院申茂盛（研究馆员）主讲"如何'好看'兵马俑——穿越千年时空，感受大秦雄风"。

3月，蔡敏锐同志入职贵州省博物馆（四川农业大学旅游学院产品设计专业，艺术学学士），杨虎同志入职贵州省博物馆（天津理工大学自动化系电气工程及其自动化专业，工学学士），张广同志入职贵州省博物馆（云南大学动物学专业，理学硕士），郑鹏同志入职贵州省博物馆（中国计量学院信息工程系计算机科学与技术专业，工学学士）。

3月，推出"手作简牍写家书""百变图腾拼图"等系列社教活动。

4月3日，推出"贵博假期"之"细雨携愁思 青团暖心窝"亲手做青团活动。

4月7日，"贵博讲坛"第四十九期开讲，由贵州省文物考古研究所张兴龙（副所长、副研究馆员）主讲"贵州省贵安新区招果洞遗址发掘收获"。

4月，贵州省图书馆向青同志调贵州省博物馆任副馆长。

5月8日，甘霖清赴德江县桶井土家族乡新滩村驻村，任驻村队员。2023年5月24日结束驻村返回馆里。

5月17日，在7号临展厅举办"黔茗古韵——贵州茶文化展"。

5月18日，"贵博讲坛"第五十期开讲，由中共贵州省委党史研究室覃爱华（副主任、研究员）主讲"红军长征在贵州及伟大的遵义会议"。

5月18日，"贵博讲坛"第五十一期开讲，由贵州省文物保护研究中心娄清（副主任，研究馆员）主讲"古驿道访古——漫话贵州茶马古道"。

5月26日，贵州省委书记、省人大常委会主任谌贻琴同志陪同国家领导人刘云山同志调研省博物馆，提出省博物馆基本陈列整改动议。同月，国家领导人范长龙、戴秉国到省博物馆参观，戴秉国对文物库房进行了视察，对馆藏精品进行了鉴赏。

5月30日，推出"贵博假期"之"迎六一·民族娃娃戳戳绣"手工活动。

5月，吴进阳同志任办公室副主任（主持工作），不再担任安全保卫部副主任。

6月5日，省长李炳军同志调研省博物馆，指出对基本陈列进行改造提升，新展要进步一点体现"贵州是中华文化主藤上结的一个瓜"。

6月9日，贵州省副省长谭炯同志调研省博物馆，指出"近期书记、省长都对加强博物馆建设提出了殷切希望，所以今天我们是带着如何贯彻落实好贻琴书记、炳军省长加强博物馆建设的想法这一目的来博物馆调研的"，并对改造提升工作提出了具体意见。

6月12日，推出"贵博假期"之"五彩端午——菱角香包"手工活动。同日，"贵博讲坛"第五十二期开讲，由贵州省博物馆陈列部主任刘秀丹主讲"奢靡之尚——漫述贵州金银首饰"。

6月19日，"贵博讲坛"第五十三期开讲，由贵州民族大学人文科技学院芳若（教授）主讲"茶——中国人最为显著的物质文化精神印记"。

6月下旬至12月，贵州省博物馆完成了以中国历史发展为大背景、贵州基本历史文化脉络为主线的"人文山水 时光峰峦——多彩贵州历史文化展（暂定名）"展览大纲。大纲广泛征求了省内外专家意见，经专家审核通过。12月6日，省文旅厅第30次党组会议审议通过展览大纲，呈宣传部卢雍政部长、谭炯副省长审阅。

6月25日，由贵州省文物保护研究中心主办的"守护遗珍——贵州省文物保护研究中心工作成果展"在4号多功能厅开展。

6月30日，在省博物馆大厅举办"重温红色经典 坚定理想信念——贵州省博物馆献礼建党100周年"文艺演出活动。

6月28日至12月，为庆祝中国共产党建党一百周年，由省文旅厅、省党史办、省档案馆主办，本馆承办的大型临展"百年征程 贵州故事——文物文献展"，在6号临展厅展出。该展入选国家文物局2022年度"弘扬中华优秀传统文化、培育社会主义核心价值观"主题展览征集推荐项目。

6月，在中国共产党建党一百周年之际，省博物馆陈云、吴仕忠、吴厚廉、潘成义获中共中央颁发的"光荣在党50年"纪念章。

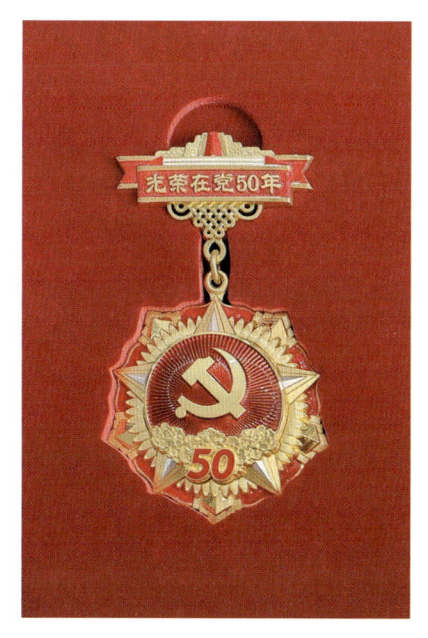

"光荣在党50年"纪念章（潘成义 提供）

7月1日，发布2021年暑期延长开放时间及2021年生态文明贵阳国际论坛期间开放公告。7月1日至8月31日，每周六闭馆时间延长至21：00。

8月5日，在贵州省陆军预备役步兵师举办"黔山英烈"专题巡展"红色文化进军营"活动。

8月，聘请顾久、陈祖武、高星、龚良、舒大刚、孙华、魏峻、范同寿、梁太鹤、熊宗仁、张新民等11名省内外专家作为贵州省博物馆基本陈列改造提升展览大纲深化专家顾问。

9月20日，在线上推出"贵博假期"之"手作团圆灯 点亮中秋夜"社教活动。

9月23日至27日，参加在深圳国际会展中心举办的第十七届中国（深圳）国际文化产业博览交易会，贵州馆主题为"相约多彩贵州·畅想醉美文旅"。

9月，保管部黄琳同志任农工民主党贵州省直文化支部副主任委员。

10月1日至7日，在线上推出"贵博假期"之"讲好贵州故事 为祖国献礼"微视频宣传活动。

10月15日，由中国文物学会、中国文物报社主办的"2021全国文化遗产旅游百强案例"揭晓，本馆"贵州省博物馆服务贵州全域旅游建设项目"入选。

第三章　1996—2024年

2021年6月30日，"重温红色经典 坚定理想信念——贵州省博物馆献礼建党100周年"文艺演出活动合影（张婵 提供）

文艺演出活动节目单

我们的70年
贵州省博物馆记事 ｜ 1953—2024

10月，刘恒著《黄花晚香——〈北宋韩琦楷书信札〉卷研究》，由广西师范大学出版社出版。

10月，成立中共贵州省博物馆委员会，王曼同志任党委书记、李飞同志任党委副书记、李甫同志任党委宣传委员、李渊同志任党委组织委员、向青同志任纪检委员。下辖四个在职党支部，米兰任第一党支部书记、吴进阳任第二党支部书记、张婵任第三党支部书记、宁健荣任第四党支部书记。

11月12日，"贵博讲坛"第五十四期开讲，由贵州省文化和旅游厅文物保护与考古处（革命文物处）丁凤鸣处长主讲"修炼共产党人的心学"。

11月16日至2022年1月5日，与江苏省镇江博物馆联合举办的"多元一体入华夏：会稽与牂柯青铜文物展"，在7号临展厅展出。

11月17日，李甫副馆长赴德江县桶井土家族乡新滩村驻村，任驻村第一书记。

11月，根据《贵州省博物馆化石标本复制及修复合同》，中国科学院古脊椎动物与古人类研究所为我馆完成化石标本的复制及修复工作，共复制标本4件，修复标本12件，拼接装盒标本10件。

11月，陈维他同志退休（副研究馆员）。

11月，成立中共贵州省博物馆纪律检查委员会，向青同志任纪律检查委员会书记，米兰、蔡思夫两名同志任委员。

11月，李飞馆长被中华人民共和国人力资源和社会保障部、中华人民共和国文化和旅游部授予"全国文化和旅游系统先进工作者"称号。

12月28日至2022年2月18日，由贵州省博物馆、贵州师范大学美术学院新媒体系、华润雪花啤酒（中国）有限公司贵阳分公司、品唐文化艺术共同主办，大展黔图文化传播有限公司承办的"空前见证——欧东衢奥运体育摄影作品展"，在入口大厅展出。

是年，与全国12家博物馆联合中创文保公司共同出品制作2022年的"国宝日历"。

是年，保管部与信息中心联合武汉数文科技有限公司共同定制的"贵州省博物馆藏品综合管理系统"试运行，将可移动普查数据迁移完成，共计4万余件。

是年，参与国家民委编纂《中国少数民族文物图谱（贵州卷）》本馆藏品挑选工作。

第三章　1996—2024年

2021年11月，李飞被授予"全国文化和旅游系统先进工作者"称号

是年，配合完成由贵州省文化和旅游厅、贵州省文物局编制的《贵州省第一批革命文物名录》的填报工作，最终公布的名录共收录本馆藏品61件（套）。

是年，组织集体学习习近平新时代中国特色社会主义思想理论15次。

是年，完成全锐、宁健荣、江钊、张婵、吴进阳、周瑟、米兰、文飞、曹颖等9名中层干部试用期考核工作。

是年，免费开放321天，接待观众84.22万人次；

是年，开展社教文化活动36场，完成112件（套）文物保护修复工作，征集藏品1705件（套），提供各类讲解服务1500余场，实现文创收入185万元。

是年，累计接收贵州省文物保护中心、贵州省文物考古研究所、贵阳市人民检察院等单位移交文物藏品458件（套）。

是年，保管部总账点交接收文物藏品1879件（套），完善入藏手续、登记入总账编号1705件（套），编目制卡4322件（套）；自然部完成古人类库房、古生物库房4976件（套）藏品登记号编写、分类整理，完成现生动物库房4895件现生标本的鉴选、测量等工作。完善文物基本资料信息及照片，拍摄上级文物206件（套）、新入库1228件（套）、查缺补漏86件（套）。提供藏品文物资料查阅查询服务，编目资料查阅及数据库藏品电子信息查询186人次，提供25545件（套）照片与48组资料档案，签署照片使用协议26份。

是年，完成贵州省博物馆可移动文物预防性保护（二期）保存环境调控项目（426万）的验收和审计工作，馆藏文物预防性保护能力得到提升。

是年，完成百宜红军标语（3幅）、出土木质凤冠抢救性保护修复工作。完成馆藏明代纺织品、铁质文物、纸质文物、竹木器保护修复等4个项目，修复文物144件（套）。

是年，完成省档案馆委托仿制的纸质文物［7件（套）］、红二红六军团长征贵州纪念馆委托仿制的红色纸质文物［33件（套）、共计193张］、安徽省新四军革命传统教育基金会委托仿制的馆藏董必武纸质文物［2件（套）］。

是年，打造"贵博假期""贵博课堂"品牌系列主题社教活动，积极开展具有本馆特色的互动体验式社会教育活动36场。开展"展览进校园、进社区、进军营"活动，"黔山英烈"图片展巡展走进观山湖区会展城第一中学等市内5个中小学校及贵州陆军预备役步兵师，宣讲50场次，受众学生及解放军官兵达3000人次。新增4所馆校合作学校，以北京市芳草地国际学校贵阳分校为示范校，启动"丝路文化进校园"活动。

是年，完成省委宣传部主办的"中国减贫奇迹的精彩篇章——贵州脱贫攻坚成就展"讲解员的招募、培训及讲解工作；

是年，开展"馆长专家进展厅"活动15场。

是年，开展讲解员星级评定，制定管理办法及考核方案，12月完成社教部讲解员星级评定工作。

是年，志愿者服务时长总计3538小时。结合临展，"贵博红"志愿者团队与策展团队、贵阳市教育局教科所历史教研组联合举办2场"平天下展"——"新课标"联合教研活动，开展"茶与生活"专题分享。"贵博红"志愿者团队荣获省文旅厅2019—2020年度优秀团队殊荣。

是年，聚焦博物馆品牌战略发展，整理、筛选出本馆商标注册类型34类，向国家知识产权局专利局贵阳代办处申请34类商标注册。同时，将本馆思源杯、民族娃娃行李牌、民族鞋垫纹样、铜车马、日利八千万、铜柄铁剑、化屋娃娃等9款文创产品申请了外观设计专利。

是年，完成不可移动涉案文物鉴定古遗址1处、摩崖石刻1处、古建筑1处、墓葬36处（其中27处真），完成可移动涉案文物鉴定1262件（其中879件真，383件假）。

是年，完成换届物业外包服务招标工作，由深圳市深华物业集团有限公司中标。

2022年

1月5日，李炳军省长在省文旅厅呈报的《关于省博物馆基本展陈提升工作推进情况报告》上批示"看了大纲，总体上感觉比较顺。讲哪些内容还需仔细斟酌、推敲。预算经费上要大大压缩，主要是展陈内容提升，建筑物不宜大动。要过紧日子"。

1月18日，受省文旅厅谢念厅长委托，袁伟副厅长主持召开专题会议，会议决定基本陈列改造提升经费控制在6000万元以内进行申报。

1月20日至4月20日，与中国丝绸博物馆主办的"锦绣世界——国际丝绸艺术展"，在7号临展厅展出。

1月20日，举办"神机妙算——织机里的奥秘"主题社教活动。

1月21日至4月10日，由本馆主办，吉林省博物院、安阳市文物局协办的"清平乐——《韩琦楷书信札》及宋代文人风韵展"，在6号临展厅展出，该展览获《人民日报》推介。

1月25日，《贵州省博物馆古籍数字化保护方案》获贵州省文化和旅游厅关于同意《贵州省博物馆古籍数字化保护方案（第一期）》通过的批复（黔文旅函〔2022〕13号）。

1月，李甫、刘恒被聘为研究馆员，敖天海、曾嵘、胡永祥、崔丽、董佩佩被聘为副研究馆员。叶敏、张小英、代梦丽、郭青青、陈若龄、宋曼、周小炜被聘为馆员。

2月1日至3日，推出"贵博假期"之"'虎'星高照，红红'虎虎'过大年"系列活动，内容有2021年度"博物工坊"社教手工展示、"彩绘立体泥泥虎"手工虎泥塑、"虎虎生威，手工DIY虎头帽"等。

2月15日，贵州省文旅厅向省财政厅提交了《省文化和旅游厅关于请予评审〈贵州省博物馆基本陈列改造提升项目支出预算编制报告〉的函》。

2月15日至17日，推出"贵博假期"之"明月千光照 华灯闹元宵"社教活动。

2月18日，发布《贵州省博物馆关于讲解服务收费的公告》，从3月1日起提供收费讲解服务。

2月24日至25日，本馆与观山湖区金华园街道共同举办了"省博文化进社区 生活圈文化有味""贵博课堂"系列科普讲座。

3月1日，由李飞馆长作为项目负责人的2019年度国家社会科学基金重点项目"海龙囤考古发掘资料的整理与综合研究"圆满结项，荣膺优秀等级。在本次结项鉴定中，是考古学类唯一优秀项目。

3月6日及12日，推出"锦绣世界丝绸艺术 博物馆美学教育探索"系列活动。

3月11日至16日，自然部与中国科学院古脊椎动物与古人类研究所组成联合科考队，对贵州省境内发现有恐龙化石的侏罗系地层出露区域进行了系统考察。考察区域包括安顺市平坝区侏罗纪恐龙化石保护区、毕节市大方县及赫章县、贵阳市息烽县等地的恐龙化石点。

3月，根据《中共中央宣传部关于开展国家版本馆展品征集工作的通知》（中宣发函〔2022〕号）及贵州省委宣传部下发的《关于认真完成国家版本馆展品征集工作的通知》，配合完成本馆古籍文物5件（套）的交接工作。

3月，本馆委托北京博物馆学会作为贵州省博物馆基本陈列改造提升顾问团队。

4月1日，根据省文旅厅工作部署，李甫同志在驻村的同时，负责兼顾基本陈列改造提升经费申报工作。同月，根据省文旅厅指示，继续委托北京博物馆学会承担《贵州省博物馆基本陈列改造提升初步设计方案》编制。

4月3日至5日，推出"贵博假期"之"绣春寻香RUA[①]青团，清明佳节致雅游"系列活动。

4月20日至7月20日，在4号多功能厅，举办"梭戛故事：一个村庄的摄影史"展览。

4月20日，北京博物馆学会完成《贵州省博物馆基本陈列改造提升初步设计方案》编制，呈报财政厅投资评估中心进行评审，申报经费预算5999.26万元。

4月21日，"贵博讲坛"第五十五期开讲，由凯里学院吴才茂（教授）主讲"不止《一线路》：明代卫所制度与贵州地域社会变动"。

---

① 网络流行词，汉字可写作"挼"，在贵州方言中有"揉、搓"等含义。——编者注

4月29日至8月31日，本馆主办汇聚全球10个国家和地区44位艺术家的55件作品的原创展"裂变——数字艺术的全球化浪潮"在6、7号临展厅展出。被网友称为"2022年最值得一看的大展"。

4月29日，本馆主办的"数字艺术的全球化浪潮与实践"国际论坛，在贵州省图书馆北馆一楼报告厅举行。

4月，贵州省委宣传部向我馆捐赠《梦境家园》艺术品。

4月，《贵博论丛（第二辑）》，由广西师范大学出版社出版，收录了27篇论文。

4月，通过比选方式，选择贵州环水工程招标造价咨询有限公司负责贵州省博物馆基本陈列改造提升项目的招标代理业务。

5月18日，"贵博讲坛"第五十六期开讲，由四川美术学院张小涛（副教授、博士）主讲"古物新生——数字艺术与古代美术的跨学科融合"。

5月26日，经省财政厅投资评估中心评审，基本陈列改造提升项目经费审定金额为5080.40万元。

5月27日，省财政厅、省文化和旅游厅下达2022年国家文物保护资金预算，本馆《贵州省博物馆古籍数字化保护方案》获得198万元项目经费。该项目分为两个阶段执行。一阶段于2022年6月获得100万经费，中标金额92.9万元，工期180天，中标单位是武汉数文科技有限公司。

5月，张广、郑鹏、蔡敏锐被聘为助理馆员，从3月算起。

6月1日，省文旅厅党组会议研究，同意评审中心5080.40万元的评审结果。

6月8日，省财政厅评估中心盖章同意《贵州省博物馆基本陈列改造提升项目经费预算评审结论》（落款时间5月26日）。

6月9日，在贵州省文物考古研究所，本馆与省文物考古研究所召开业务交流会，基本陈列大纲编撰小组、省文物考古研究所有关同志参会。

6月10日，"贵博讲坛"第五十七期开讲，由清华大学艺术博物馆杜鹏飞（常务副馆长、教授）主讲"以物证史：从贵州省博物馆珍藏姚茫父写铜作品谈起"。

6月12日，贵州省文旅厅向省财政厅申请落实评审中心通过的5080.40万元经费。

6月，韦太均同志逝世，享年65岁。

7月1日，贵州省委书记谌贻琴、省长李炳军签阅同意省财政厅呈报的《省财政厅关于追加省文化和旅游厅贵州省博物馆基本陈列改造提升项目经费预算的请示》。

7月12日，"贵博讲坛"第五十八期开讲，由云南省博物馆李黎（原副馆长、研究馆员）主讲"体系与视界"。

7月20日，在本馆召开贵州省博物馆基本陈列改造提升专家咨询会。会议由省文物局张勇局长主持，参加会议的省内外文博行业著名专家有：国际博物馆协会副主席安来顺，中国博物馆协会秘书长李金光，南京博物院原院长龚良，浙江省博物馆首席专家、原馆长陈浩，江苏省美术馆副馆长陈同乐，福建博物院院长吴志跃，上海大学现代城市展陈设计研究院执行院长、云南省博物馆原副馆长李黎，贵州省博物馆原馆长李黔滨，贵州省民族文化宫（贵州省民族博物馆）党委书记田军，贵州省地质博物馆党委委员、原副馆长安成祥。出席会议的有：省文化和旅游厅博物馆与社会文物处副处长（主持工作）杨敏、省博物馆党委书记王曼，馆长李飞，副馆长李甫、李渊、向青，省博物馆中层干部及大纲编制团队。贵州环水工程招标造价咨询有限公司（招标代理公司）副总经理符合，招标师熊琼。各位省内外文博界专家积极建言献策，为省博物馆基本陈列改造提升贡献出丰富经验和强大智慧。多彩贵州网对会议情况进行了宣传报道。

7月，本馆完成"全国革命文物资源大数据库"基本信息和61件（套）革命文物的信息填报工作。

7月，贵州省文物考古研究所、贵州省博物馆、遵义海龙屯文化遗产管理局编著的"考古贵州之报告系列"《海龙囤》（1至4册），由科学出版社出版。

8月3日，我馆编制《贵州省博物馆基本陈列改造提升项目工作方案》。领导机构：贵州省博物馆基本展陈提升工作领导小组，组长：孙含欣，常务副组长：袁伟，副组长：张勇，办公室主任：李飞。执行机构：现场指挥部，统领综合管理、业务管理和工程管理三个专班。

8月3日，省财政厅下达基本陈列改造提升2022年度资金3048.24万元，剩下的2032.16万元，需2023年再划拨。

8月11日至18日，由贵州省文化和旅游厅、贵州省人力资源和社会保障厅、贵州省总工会主办，贵州省博物馆承办的"贵州省2022年文物行业职业技能大赛贵州省选拔赛"（陶瓷及金属文物修复项目）在本馆成功举办。选拔赛采用理论知识和实操考核相结合的方式进行，来自全国各地、不同年龄阶段的18名学员

第三章 1996—2024年

参加选拔活动，其中11人参加陶瓷文物修复选拔，7人参加金属文物修复选拔。我馆孔德一、欧阳海涛分别获得陶瓷器文物修复项目一等奖、二等奖；滕昭玉、王莹霞分别获得青铜器文物修复项目一等奖、三等奖。

8月21日，省文旅厅孙含欣厅长主持基本陈列改造提升工作推进情况汇报会议。决定：1.省文旅厅向分管副省长汇报，争取一次性统筹项目资金。2.全流程驻场专家2位不够，应增加不同专业的驻场专家。3.由于消防已验收，短时间里重新更换设备无依据，理由不充分，不同意省博物馆提出的增加消防经费的建议。

8月22日，李飞馆长率领李甫及贵州环水招标有限公司熊琼、雷燕等两位同志到省财政厅采购处，与教科文处、采购处有关负责同志召开会议，力争基本陈列改造提升经费一次性到位。根据采购法、招标法，财政厅采购处回复，今年只能使用3048.24万元，余下的2032.16万待明年下达后才能采购。

8月26日，省财政厅下达了3048.24万元资金。

8月31日，省政府办公厅回复，基本陈列改造提升资金不能一次下达。

8月31日至9月5日，受李飞馆长委托，李甫副馆长率队赴郑州参加第九届中国博物馆及相关产品与技术博览会（简称"博博会"），参加人员有简小艳、张婵、敖天海、万旻、全锐、蔡思夫、吴进阳、李琬祎、宋云、杨虎、江钊及陆娟。博博会期间，我馆搭建了贵州省博物馆展台（36平方米）。

8月，成立贵州省博物馆基本陈列改造提升专家委员会，由顾久担任主任，委员有孙华、陈祖武、张新民、范同寿、高星、龚良、梁太鹤、舒大刚、熊宗仁、魏峻等10人。

8月，贵州省博物馆主编、吴正光著《雪泥鸿爪》，由学苑出版社出版。

9月1日，由中宣部志愿服务促进中心、国家文物局博物馆与社会文物司共同主办的"喜迎二十大 强国复兴有我——青少年中华文物我来讲"博物馆志愿服务项目经验交流会在河南郑州召开。我馆"阳光少年志愿者讲解队"服务项目入选优秀博物馆志愿服务推介项目，并获得重点扶持。

9月1日，在贵州省政府采购网上公开发布基本陈列改造提升项目采购意向，至9月30日公示结束。

9月28日，召开基本陈列改造提升法律服务比选，国浩（贵阳）律师事务所中选，金额4.8万元。

9月，贵州省博物馆党委书记王曼同志退休（正处级、研究馆员）。

10月21日，贵州省博物馆基本陈列改造提升项目全过程造价咨询服务（跟踪审计），经比选，由贵州黔正工程造价咨询有限公司中选，金额20万元。

10月28日至2023年2月8日，由本馆与南越王博物院、广州市文物考古研究院主办，贵州省文物考古研究所、黔西南州博物馆、赫章县文物事业管理局、务川自治县仡佬族民族文化博物馆协办的"共饮一江水——夜郎与南越精品文物展"，在6、7号临展厅展出。

11月2日至2023年2月8日，由本馆与湖北省古建筑保护中心（湖北明清古建筑博物馆）共同主办的"碧瓦朱甍——荆楚古建筑图片展"，在4号多功能厅展出。

11月10日，经竞争性磋商，贵州省博物馆基本陈列改造提升监理服务项目由贵州省建筑设计研究院有限责任公司中标，金额55万元。

11月21日，由贵州省博物馆主办，贵州广播电视台公共频道协办的"强国复兴有我青少年 中华文物我来讲"——贵州省博物馆阳光少年志愿讲解队招募活动正式启动。

11月29日，经公开招标，《贵州省博物馆基本陈列改造提升展览服务项目（1标段）》，由天禹文化集团有限公司中标，中标价2669.90万元。

11月，唐文元著《黔山故土耕读录》，由学苑出版社出版，收录了唐文元43篇论文。

11月，离休干部简菊华同志逝世，享年99岁。同月，退休干部吴守恩同志逝世，享年96岁。

12月8日，本馆与天禹文化集团有限公司签订《贵州省博物馆基本陈列改造提升展览服务项目（1标段）》合同，同日，天禹文化集团有限公司大纲深化团队、设计团队进场。

12月19日，"贵博讲坛"第六十期开讲（腾讯视频），由南越王博物院霍雨丰副研究馆员主讲"南越藏珍"。

12月23日，李飞馆长获中华人民共和国国务院颁发的"文化艺术"领域政府特殊津贴。

12月27日，退休干部孙日琨同志逝世，享年92岁。

12月31日至2023年3月16日，与台州博物馆联合主办"家国情怀——贵州省博物馆馆藏徐悲鸿作品展",在台州博物馆一楼临展厅展出。

12月,贵州省文物考古研究所编著、贵州省博物馆李二超执笔完成的《营山之巅——水城区营盘苗族彝族白族乡明清时期文化遗存》由贵州民族出版社出版。

12月,由贵州省博物馆编,李飞、曹维琼、杨长远主编的《中国贵州民族服饰全集》,孔学堂书局出版。该书为国家"十三五"重点出版规划项目,获国家出版基金、民族文字出版专项资金、贵州省孔学堂发展基金会资助。该书将贵州民族服饰与中国传统服饰联系起来,从多元一体的角度去认识贵州民族服饰,用文字叙事、图片叙事和字图互文叙事三套系统,图文互动,提供了一种比文字更直观、比图像更深入的记录方式,全面而立体地展示了崇山峻岭中贵州各民族民众的生存方式和服饰文化。

是年,本馆完成《中国少数民族文物图谱(贵州卷)》178个文物条目的文章编纂和照片补充工作。

是年,编制《贵州省博物馆规章制度汇编》。

是年,配合全省公安司法、纪检监察、文化旅游等执法部门完成124件涉案文物的鉴定工作,出具鉴定报告124份。鉴定疑似文物24456件(其中文物23272件,非文物1184件),墓葬35座(其中古墓葬23座),古建筑群配属现代亭阁1座,古遗址2处(其中1处在全国重点文物保护单位范围内)。此外,本馆还接收

2022年12月,国务院颁发给李飞同志的政府特殊津贴证书

大方县公安局和六盘水市公安局钟山分局移交涉案文物39件（含玉器37件、瓷器2件）。

2023年

1月3日，李飞馆长率队前往贵州省交通宣传教育中心，与该中心党支部书记李黔刚一行座谈，讨论"万桥飞架——贵州桥文化展"筹备事宜。

1月4日，贵州省博物馆基本陈列改造提升文物复制仿制项目，经重新发布竞争性磋商文件，由贵州雅聚堂文物商店中标，中标金额98万元。

1月12日，吴仕忠同志因病逝世，享年88岁。

2月7日，陈琤同志因病逝世，享年66岁。

2月7日，"贵博讲坛"第六十一期开讲，由广州市文物考古研究院院长、南汉二陵博物馆馆长、海上丝绸之路（广州）文化遗产保护管理研究中心主任易西兵（研究馆员）主讲"番禺都会——文献和考古呈现的秦汉广州历史图景"。

2月，贵州省博物馆编、杨安迪著《她们——梭戛妇女影像笔记》，由读者出版社出版，此书系贵博展览丛书之一。

3月1日至5月28日，由贵州省博物馆、吉林省博物院主办的"片纸长天——明清扇面书画展"，在7号展厅展出。

3月25日，由国家文物局、人力资源和社会保障部，以及中华全国总工会共同主办的全国文物行业职业技能大赛总决赛在山西太原开幕，来自全国的219名参赛选手同台竞技。我馆由全锐带队，滕昭玉、王莹霞参加金属文物修复师比赛，孔德一、欧阳海涛参加陶瓷文物修复师比赛。

3月30日，完成外借中国妇女儿童博物馆10件（套）延期文物归还工作。

3月，本馆完成《国家文物局关于开展全国红色标语类革命文物专项调查》藏品填报工作。

3月，"贵州省博物馆古籍数字化保护项目"第二阶段下拨资金98万元，中标单位武汉数文科技有限公司，中标金额95.87万元，工期为210天。

4月18日，本馆第二党支部携手省邮政管理局普遍服务处党支部、省交通宣传教育中心党支部，在省交通运输厅42楼职工之家开展了"多彩贵州·从万桥飞架看中国奋斗"支部联学共建活动。

4月20日，本馆与贵州省歌舞剧院在中天会展城8号馆达成战略合作，双方围绕创作选题、资源投入、艺术教育、文艺演出、运营模式、数字应用等业务合作开展交流。贵州省博物馆党委副书记（主持工作）、馆长李飞同志与贵州省歌舞剧院党总支书记、执行董事邓渊同志代表双方签署战略合作协议。

4月，张婵、李二超、郭青青、刘雪婷等4位同志参加第二届全国出土文献及近代文书学术研讨会。

4月，本馆馆藏铁质文物保护修复项目［74件（套）］、贵州省博物馆馆藏出土陶质文物保护修复项目［30件（套）］顺利通过省文物局组织的专家组验收。

4月，吴进阳同志任办公室主任、张婵同志任保管部主任、江钊同志任文创研发部主任、黄婷婷同志任组织人事部副主任、文飞同志任安全保卫部副主任、宋曼同志任社会教育部副主任、李二超同志任保管部副主任、滕昭玉同志任文物科技保护中心副主任，试用期一年。

5月13日，"贵博讲坛"第六十二期开讲，由四川大学考古文博学院（历史文化学院）罗二虎（教授、博士、博士生导师）主讲"秦汉时代的中国西南"。

5月18日至9月1日，省委宣传部指导，由省文化和旅游厅、省交通运输厅主办，省博物馆与省交通宣传教育中心承办的"万桥飞架——贵州桥文化展"在6号临展厅展出。

5月18日，"贵博讲坛"第六十三期开讲，由贵州日报报业集团高级编辑、贵州省文史研究馆馆员葛诗畅主讲"葛镜桥的前世今生"。

5月24日，根据组织安排，杨虎到德江县沙溪乡大寨村驻村2年，任第一书记。

5月，由中国文物学会、中国文物报社主办的"2022全国十佳文物藏品修复项目推介活动"终评出炉，本馆选送的"馆藏纸质文物保护修复项目"入选全国优秀项目。这是贵州文物修复项目首次获全国性殊荣。

5月，米兰同志任组织人事部主任，试用期一年。

5月，本馆编著的《海龙囤（全四册）》被中国文物学会、中国文物报社评为2022年度全国文化遗产十佳图书。

6月2日，贵州省博物馆青年工作座谈会暨青年理论学习小组成立会在A区二楼会议室召开，宣布成立贵州省博物馆青年理论学习小组。

6月3日，"贵博讲坛"第六十四期开讲，由广西壮族自治区博物馆馆长韦江

2023年5月,"馆藏纸质文物保护修复项目"入选全国优秀文物藏品修复项目(全锐 提供)

2023年5月,《海龙囤(全四册)》被中国文物学会、中国文物报社评为2022年度全国文化遗产十佳图书(李飞 提供)

(研究馆员)主讲"讲好中国故事·广西篇章——广西壮族自治区博物馆改扩建项目陈列展览策划与实施"。

6月5日,第三届博物馆手艺传习研讨会在贵州省博物馆成功举办,来自全国近40家博物馆的80余名社会教育工作者参会,围绕"博物馆赋能技艺传承,助力乡村振兴"的主题进行了深入交流与探讨。

6月5日,省委书记、省人大常委会主任徐麟到省博物馆调研,走进民族贵州、古生物王国、历史贵州等展厅,详细了解文物保护、民族民俗文化、藏品展示等情况,他强调要优化展陈布局、提高藏品质量、加强保护管理和研究利用,讲好文物故事,让珍贵文物"活"起来。省委常委、省委秘书长陈少波,副省长蔡朝林参加调研。

6月8日,由中国国家博物馆、广东省博物馆、中国博物馆协会藏品保护专业委员会联合主办,广东省博物馆协会协办的2023年(第二届)博物馆环境科学

第三章 1996—2024年

学术研讨会在广州举办。全锐、滕昭玉参加研讨会。

6月中旬，蔡朝林副省长圈阅基本陈列改造提升项目深化大纲及形式设计稿。

6月10日正式启用贵州省博物馆征集管理系统，截至11月30日已完成80余件（套）的征集初筛鉴选工作。

6月10日，在文化和自然遗产日期间，举办以"守护文化遗产 共创互尊互鉴未来——'为明天收藏今天'"为主题的2023文化和自然遗产日活动，以进一步提高博物馆征集工作的影响力和传播力。在非遗剧场举办贵州省博物馆建馆70周年系列活动之"文化遗产·文学艺术·博物馆——恒安学术沙龙"第18期。邀请主讲嘉宾有戴明贤、顾久、梁太鹤、陈笑梅、朱良津，沙龙围绕陈恒安先生的学术人格进行分享。本期沙龙由李飞馆长主持。

6月16日，2023文博事业高质量发展（长沙）论坛在长沙启幕。论坛由中国博物馆协会、湖南省文物局指导，湖南博物院、湖南省博物馆学会、科技考古与文物保护利用湖南省重点实验室、长沙县文化旅游广电体育局联合主办，全锐、李二超参加论坛。

6月19日，在贵州省博物馆A区二楼学术报告厅举办恒安学术沙龙第19期，邀请了贵州省博物馆退休职工唐文元、吴正光进行主讲，分享内容为"民族·民俗·博物馆"。本期沙龙由副馆长李渊主持。

6月21日，省委常委、省委宣传部部长、省委教育工委书记卢雍政在省委办公大楼16楼第九会议室主持召开专题会议，研究省博物馆基本陈列改造提升有关工作。会议决定年内完成改造提升任务，2024年1月1日新展开馆。

6月25日，保管部主办的"鹿鸣学堂"第一期开讲，主旨：学习·交流·提升。第一期主讲人：张婵、李二超、黄琳、王莹霞、滕昭玉。

6月27日，"贵博讲坛"第六十五期开讲，由贵州省文物考古研究所副所长张合荣（研究馆员）主讲"拼合考古遗存碎片，解码贵州历史轨迹"。

6月28日至29日，2023文物修复研讨会暨2022十佳文物藏品修复推介项目活动颁奖会在蚌埠举办，全锐、孔德一参加。

6月29日，在贵州省博物馆A区二楼学术报告厅举办恒安学术沙龙第20期，邀请了贵州省博物馆退休职工蔡回阳进行主讲，分享内容为"古脊椎·古人类·博物馆"。本期沙龙由副馆长李渊主持。

6月30日，"桥见贵州——《现代桥梁建设》特种邮票首发活动"在贵州省博物馆非遗剧场举办。

7月1日，贵州省博物馆第一、二、三党支部在中共贵州省工委旧址开展以"铭党史 忆初心 喜迎七一建党"为主题的主题党日活动，共26名党员参加。

7月5日，"贵博讲坛"第六十六期开讲，由贵州青年摄影家协会理事周元杰主讲"洞见贵州"。

7月7日上午，在A区二层会议室召开"贵州省博物馆基本陈列改造提升（局部关闭期间）工作推进动员大会"，全体在编职工、深圳市深华物业集团有限公司项目管理层、天禹文化集团有限公司项目部管理层参加动员大会。传达了6月21日省委宣传部专题会议精神，要求全馆职工提高思想认识，发扬艰苦奋斗的精神，确保2024年1月1日开展。

7月7日下午，省文化和旅游厅副厅长宋晓路、厅人事处处长陈志群到省博物馆，宣布李强同志任贵州省博物馆党委书记。

7月10日，发布基本陈列展厅闭馆公告，保管部、陈列部、自然部及研究部启动基本陈列展出文物藏品撤除归库工作，7月20日完成展品归库，同日，一标段中标单位天禹文化集团有限公司开始进场施工。

7月14日，开展临聘讲解员面试工作，录取通过钱星颖、黄路遥、周杨林、沈飘飘、王娅雪、李之钰、王静怡、赵晨宏。

7月19日，在贵州省博物馆A区二楼学术报告厅举办恒安学术沙龙第21期，邀请了贵州省博物馆退休职工程学忠进行主讲，分享内容为"文物考古·文物修复·博物馆"。本期沙龙由副馆长李渊主持。

7月26日至28日，由贵州省科学技术厅主办，贵州省科技创新中心有限责任公司承办的"2023年贵州省科普讲解大赛"在贵州省地质博物馆举行，我馆讲解员武俊彦在决赛中获得一等奖。

7月，贵州省博物馆编、胡进著《鸿鹄片羽——贵州省博物馆藏徐悲鸿书画赏析》，由广西师范大学出版社出版。

7月，贵州省博物馆馆藏纸质文物保护修复项目（2021）19件（套）和贵州省博物馆馆藏纸质文物保护修复项目（2022）10件（套），通过省文物局组织的专家组验收。

8月1日至2日，在非遗剧场举办"美乐聆听""绿叶对根的情谊"龚汉祥教授返乡回团指导课。该活动是贵州省博物馆、贵州省歌舞剧院"让文物活起来"

战略合作伙伴的文化产品内容之一。

8月4日，举办"贵博讲坛"第六十七期，由贵州省山地资源研究所副所长周文龙（高级工程师）主讲"喀斯特与洞穴"。由陈列部副主任敖天海主持。

8月10日，在贵州省博物馆A区201多功能厅举办恒安学术沙龙第22期，邀请了退休职工、曾任省文物考古研究所副所长的宋世坤先生进行主讲，分享内容为"贵州考古·夜郎考古·博物馆"。本期沙龙由副馆长李渊主持。

8月19日至29日，由中国美术馆、贵州省文化和旅游厅主办，贵州省博物馆、贵州画院（贵州美术馆）承办的"奔腾的精神——徐悲鸿中国画展"，在中国美术馆1号展厅开展。本馆馆藏33件徐悲鸿作品参展。

8月23日，在A区二楼学术报告厅举办第23期恒安学术沙龙，邀请了贵州省博物馆陈列部原主任张桂林主讲，内容为"形式设计·陈列设计·博物馆"。本期沙龙由陈列部副主任敖天海主持。

8月29日，由省总工会主办、省机械冶金建材工会承办，省演讲研究会、省职工读书演讲协会协办的"中国梦·劳动美——凝心铸魂跟党走 团结奋斗新征程"学习贯彻党的创新理论和路线方针政策全省职工宣讲比赛省级决赛在贵阳举行。本馆武俊彦获省直机关工会第四片区选拔赛一等奖、省直机关决赛一等奖、全省决赛三等奖。

9月2日，在非遗剧场举办第六十八期"贵博讲坛"，邀请集美大学臧艺兵教授主讲"礼乐文明——思想价值与器物佐证"，由副馆长向青主持。

9月2日至11月30日，"茶·世界——茶文化特展"在故宫博物院午门展厅举办，我馆藏品《贵州苗族图说》印刷本、从江侗族青釉带柄陶茶罐、贵州织金黑砂陶茶壶、明圆形锡茶壶、现代拓清停办贡茶碑拓片，共计5件（套）参加此次展览。

9月16日至10月20日，由贵州省博物馆、贵州师范大学美术学院主办的"中国天眼——500米口径球面射电望远镜（FAST）纪实影像展"，在贵州省博物馆4展厅展出。

9月18日，经公开招标，《贵州省博物馆基本陈列改造提升项目（2标段）》，由百达文化科技有限公司中标，中标价1877.60万元。

9月28日，本馆与百达文化科技有限公司签订《贵州省博物馆基本陈列改造提升展览服务项目（2标段）》合同。

9月28日，由贵州省文化和旅游厅指导，贵州省博物馆与清华大学艺术博物馆联合策划主办的"茫父不朽：一代通人姚华艺术展"在贵州省博物馆非遗剧场举行了开幕仪式。展览汇集了中国国家博物馆、中国美术馆、中央美术学院、北京鲁迅博物馆、北京画院、天津博物馆、沈阳故宫博物院、青岛市博物馆等多家公立收藏机构，以及姚华先生后人、海内外重要藏家的代表性藏品，展品总数达210余件（套）。该展入选2023年度文博行业100个热门展览。

10月8日，贵州省博物馆基本陈列改造提升项目（2标段）中标单位百达文化科技有限公司进场施工。

10月10日，陈云同志去逝，享年93岁。

10月17日，贵州省博物馆、北京科技大学科技史与文化遗产研究院签订战略合作协议，双方在人才培养、科学研究、成果转化、创新能力提升等方面深入融合。以战略合作为基础，由双方共同建立合作研究平台——"文化遗产保护研究联合实验平台与实践基地""金属与矿冶文化遗产研究国家文物局重点科研基地贵州工作站"和"北京科技大学科技史与文化遗产研究院文物保护与科技考古教学实习基地"正式在贵州省博物馆落地挂牌。

10月24日至11月27日，由贵州省文化和旅游厅、贵州省文物局指导，贵州省博物馆主办的馆藏金属文物保护修复技术培训班在贵州省博物馆开班。邀请全国35名金属文物保护修复技术专家授课，通过筛选，全省15名文物保护技术人员参加培训。

10月，《国家科学评论》（*National Science Review*）在线发表了贵州省博物馆、中国地质大学（武汉）、云南大学和中国科学院古脊椎动物与古人类研究所共同完成的研究成果，报道了贵州省安顺市平坝区发现的早侏罗世（距今约1.9亿年前）特异埋藏的恐龙化石群，包括至少3个成年个体和5窝恐龙蛋（共约50枚），化石材料显示部分恐龙蛋处于胚胎发育阶段，是目前世界上最早的蛋和成体保存在一起的恐龙化石。该地点的蛋化石保存了迄今发现时代最早、最为完整的恐龙蛋壳结构，指示了其为革质蛋壳（介于软壳和硬壳蛋之间）。研究人员还根据保存较完整的头骨和头后骨骼材料，因其具有不同于其他蜥脚型类恐龙的独有特征组合，建立一新属种——守护黔龙（Qian long shou hu）。我馆王新金、蔡回阳、吴天庄、曾嵘、蔡思夫为共同作者。

11月8日，在非遗剧场举办第六十九期"贵博讲坛"，邀请贵阳学院阳明学研究院任健教授进行主讲，主题为"王阳明曲折而辉煌的精彩一生"，本次论坛

2023年10月17日，"北京科技大学科技史与文化遗产研究院文物保护与科技考古教学实习基地"等正式在贵州省博物馆落地挂牌（全锐 提供）

2023年10月24日至11月27日，举办馆藏金属文物保护修复技术培训班（全锐 提供）

由保管部主任张婵主持。

11月8日至2024年2月18日，由贵州省文化和旅游厅指导，贵州省博物馆、贵州日报报刊社文旅新闻部主办的"问道向黔——《阳明·问道十二境》长图暨书画作品展"，在贵州省博物馆一楼4号临展厅展出。

11月9日，第一党支部党员开展"贵博小书包"活动，走进德江县沙溪土家族乡中心完小，发挥博物馆的文化力量。为在校50名家庭困难学生捐赠了书包、文具、水杯等，为全校的学生上了一堂简短的"博物馆课"。

12月1日，贵州省第十四次、十五次哲学社会科学优秀成果奖颁奖大会在省委大会堂隆重举行，由贵州省博物馆、贵州省文物考古研究所、海龙屯文化遗产管理局编著的《海龙囤》荣获第十五次哲学社会科学优秀成果（著作类）一等奖。

12月23日，在贵州省博物馆A区三楼会议室举行"贵州省博物馆基本陈列改造提升展览服务项目（1标段）"验收会议，会议由李甫主持，省文旅厅博物馆和社会文物处处长邓婕、省文物局文物保护处处长王江参加会议，特邀专家有范同寿、熊宗仁、梁太鹤、陈顺祥、娄清、张合荣、张桂林、胡进等8人，贵州

2023年12月，《海龙囤》获贵州省第十五次哲学社会科学优秀成果（著作类）一等奖获奖证书（李飞 提供）

省建筑设计研究院有限责任公司、贵州黔正工程造价咨询有限责任公司（跟踪审计）、天禹文化集团有限公司（施工单位）、贵州省分析测试研究院（检测单位）等有关单位负责人参加验收会。

12月，贵州省博物馆编、朱良津著《画论贵州——清至民国作品解读》，由广西师范大学出版社出版。

12月，《贵博论丛（第三辑）》，由广西师范大学出版社出版，从贵博史话、历史考古、绘画书法、民族文化、文物保护、展览展示、社会教育、文博发展8个视角，收录贵州省文博行业从业者撰写的学术论文、译文、考古简报共27篇。

12月，从杨作义处征集清水江文物204件，共计120万元。

12月，本馆"万桥飞架——贵州桥文化展"入选2023年度"弘扬中华优秀传统文化、培育社会主义核心价值观"主题展览推介项目。

是年，筛选具有贵州地方特色的古代碑刻、墓志、摩崖、造桥铭等拓片藏品600余件（套），组织相关专家最终鉴选198件（套）拓片做提级定级指标数工作。

是年，接待观众137万人次。

是年，配合全省公安司法、纪检监察、文化旅游等执法部门完成涉案文物鉴定，出具报告112份。鉴定古墓葬1座（1真），摩崖石刻1座（清代），古建筑1处。接受涉案鉴定物品1609件，其中文物1057件，非文物552件。

2024年

1月7日，召开《贵州省博物馆馆藏纸质文物保护修复方案》专家咨询会。与会专家逐件查看了包括《黄向坚寻亲图册》《观音大士像轴》《孙清彦仕女图轴》等在内的35件（套）馆藏纸质文物，并就每件纸质文物的修复重点、难点，以及修复目标进行了讨论。

1月8日，副省长蔡朝林在省政府3号楼1104会议室主持召开会议，研究省博物馆新馆建设项目超概有关事宜。省文旅厅袁伟副厅长、邓婕处长，省博物馆李强书记、李甫副馆长参加会议，此外，省有关部门，贵阳市、观山湖区政府及代建、审计、监理等有关参建单位负责同志参会。

1月17日，省委宣传部卢雍政部长、谢念常务副部长赴省博物馆调研，对新展施工进度给予肯定，详细检查版面内容，确定春节前新展开放，给全省人民献上新春文化大餐。调研结束后，卢雍政部长执笔对展览前言、结语进行了逐字逐句修改。

2月3日上午10：00，在贵州省博物馆入口大厅，举办基本陈列"人文山水 时光峰峦——多彩贵州历史文化展"开展仪式。新展在习近平新时代文化思想的指导下，以中国历史发展为大背景、贵州基本历史文化脉络为主线，用博物馆展陈语言向观众诠释了贵州自距今30万年前盘县大洞至辛亥革命时期大汉贵州军政府成立的历史与文化，展现了贵州地域融入华夏的历史进程。新展展出面积为5800平方米，展线长达1800米，展出文物3503件（套），约80%的文物为首次亮相，其中上级文物1151件（套）[一级文物249件（套），二级文物302件（套），三级文物600件（套）]。

袁伟副厅长主持开展仪式。省委常委、宣传部部长卢雍政，贵州省人大常委会原副主任顾久，省委宣传部常务副部长谢念等，以及全省各地州文旅部门、文博单位代表出席展览开幕式，中国博物馆协会理事长刘曙光、中国国家博物馆馆长王春法等20多家国家、省级博物馆馆长通过视频方式祝贺开展。

2月17日，省委副书记、省长李炳军赴省博物馆调研，参观了"人文山水 时光峰峦——多彩贵州历史文化展"1至2展厅，对新展给予高度评价，称赞

2024年2月3日，"人文山水 时光峰峦——多彩贵州历史文化展"开展仪式（李甫 提供）

新展梳理清楚了贵州历史脉络，讲好了贵州是中华文化主藤结的一个瓜的故事。

3月27日，贵州省博物馆第一、二、三党支部与贵州大学中国文化书院、贵州大学大数据与信息工程学院共同开展了"数智化激发新动能 助力文博事业高质量发展"联合主题党日活动。

3月25日至29日，2024年博物馆讲解员省级示范培训班在贵州省博物馆举行，全省119名讲解员参加培训。本次培训班由中共贵州省委宣传部、中共贵州省委党史研究室、贵州省人力资源和社会保障厅、贵州省文化和旅游厅主办，是贯彻落实习近平总书记重要指示精神、落实省委省政府"推动职业技能培训高质量发展"工作部署、实施"黔旅工匠"重点培训工程的重要举措，进一步提升了博物馆讲解员的专业技能和综合素质，有效推动了博物馆讲解工作科学化、规范化、专业化发展。

3月30日，恢复收费讲解服务，同时调整讲解收费标准。收费标准如下。基本陈列：（1）讲解时长：120分钟／场；（2）收费标准（中文讲解）：一星讲解员，200元／场；二星讲解员，220元／场；三星讲解员，240元／场；四星讲解员，

2024年3月27日，主题党日活动（张婵 提供）

260元/场；五星讲解员，280元/场。临时展览：（1）讲解时长：30—45分钟/场；（2）收费标准（中文讲解）：6号展厅讲解收费：120元/场；7号展厅讲解收费：100元/场。（以上按场次收费，每场人数30人以内）

3月至5月中旬，省审计厅对省文化和旅游厅进行专项审计，延伸审计省博物馆，提出了整改清单及完成时限。

4月17日，在A区二楼学术报告厅召开馆学术委员会改选会议，贵州省博物馆第二届学术委员会委员有李飞、李甫、刘秀丹、吴一方、刘恒、唐艳、朱良津、胡进、张合荣等9名同志，吴一方任第二届学术委员会主任，李甫任副主任。

4月23日，由贵州省博物馆与清华大学艺术博物馆联合策划的"茫父不朽：一代通人姚华艺术展"（第二站），在清华大学艺术博物馆启幕。清华大学党委副书记向波涛，贵州省文旅厅党组成员、副厅长袁伟，中央美术学院美术馆馆长靳军，姚华之孙、中央财经大学原副校长姚遂，清华大学艺术博物馆常务副馆长杜鹏飞出席开幕式并致辞。

4月，吴正光（笔名"巴娄"）著、贵州省博物馆编《贵州村寨保护实录》，

2024年博物馆讲解员省级示范培训班合影（简小艳 提供）

第三章 1996—2024年 317

2024年4月23日,"茫父不朽:一代通人姚华艺术展"在清华大学艺术博物馆举办(张婵 提供)

由文物出版社出版。本书系贵博学人丛书之一。

4月,杜鹏飞、李飞编著的《茫父不朽:一代通人姚华艺术选萃》,由上海世纪出版集团出版。

5月11日,第七十期"贵博讲坛"开讲,由安顺市人民政府副市长汪文学(文学博士、教授)主讲"从贵州文化到文化贵州",本期讲坛由李飞馆长主持。

5月13日,为抓紧整理自然部接收的29.2万件(套)出土化石、古人类遗物、自然标本工作,本馆特招聘2名技术人员,经考核、面试,聘用王英林、韩杼青两位同志,聘期4年。

5月18日,2024年国际博物馆日贵州主会场设在贵州省博物馆,主题为"博物馆致力于教育和研究",在甲辰龙年,举行"龙行龘龘——'龙'化石主题展览""'黔博文创'——全省文化创意产品联展""'黔博图书'——全省学术成果联展"及"龙"重登场——"龙"主题社会教育活动、寻"龙"记——"龙"主题场馆互动等展览和活动。

同日,"贵博讲坛"第七十一期开讲,由中国地质大学(武汉)韩凤禄(副教授、博士生导师）主讲"寻找最古老的恐龙蛋——守护黔龙的故事"。

5月18日，本馆基本陈列"人文山水 时光峰峦——多彩贵州历史文化展"被国家文物局、中央网信办推介为2024年度"博物馆里读懂中国——弘扬中华优秀传统文化、培育社会主义核心价值观"主题展览。

5月30日，启动博物馆之友"贵博芳华讲解队"招募工作。

6月8日，在非遗剧场举办第八个文化和自然遗产日活动，主题"保护文物，传承文明"，举行了"为明天收藏今天"收藏计划系列公益活动。贵州省考古研究所原所长梁太鹤先生、上海大学上海美术学院吴鹏教授分别捐赠有重要历史价值及意义的档案，尹光中先生的女儿尹燕群女士无偿捐赠16幅尹光中艺术作品给贵州省博物馆。

当日，与贵阳时尚发布中心共同举办了"光的希望、信念及力量——'尹光中展'&'莫奈展'文化艺术沙龙"活动。特邀了贵州省对外文化交流协会会长何京、文化学者王六一、贵州省博物馆副馆长李甫、贵州大学美术学院院长耿翊、贵州籍知名国风艺术家鹿溟山、中国美术学院策展硕士彭婉昕，共话"以传播文明互鉴的发展理念，推动公共文化艺术服务建设"主题。

6月14日下午，本馆青年代表一行在民族文化宫（省民族博物馆）参加了"铸牢中华民族共同体意识 弘扬社会主义核心价值观"主题联学活动。活动由省财政厅机关团工委、省民族宗教事务委员会青工委、民族文化宫（省民族博物馆）青工委，以及本馆团支部、青年理论学习小组联合开展。

6月25日，在本馆非遗剧场，贵州革命先烈卢焘后人将卢焘烈士36件（套）生活随身用品、收藏字画、砚台等无偿捐赠给贵州省博物馆。省文物局局长张勇、博物馆和社会文物处处长邓婕、卢涛烈士后人卢晓园、省博物馆全体职工参加捐赠仪式。

7月6日，第七十二期"贵博讲坛"开讲，由贵州民族大学文学院王力教授主讲"古代贵州的'高考'——明清贵州科举漫谈"，本场讲座系贵州省博物馆"贵博讲坛"与民盟贵州省委"科学·黔行"民盟大讲堂科普讲座的第一次合作。本期讲坛由贵州省博物馆学术委员会主任吴一方主持。

7月23日10：23，贵州省博物馆新展"人文山水 时光峰峦——多彩贵州历史文化展"迎来第100万位观众。第100万名观众是来贵州旅游的广西韦先生。

7月26日至28日，由中共贵州省委宣传部、贵州省文化和旅游厅主办的"赓

2024年6月8日,"光的希望、信念及力量——'尹光中展'&'莫奈展'文化艺术沙龙"活动(张婵 提供)

2024年6月25日,卢焘烈士个人相关物品捐赠仪式(张婵 提供)

2024年7年23日,第100万名观众(宋曼 提供)

续红色血脉 讲好贵州故事——贵州省第二届红色讲解员大赛"在铜仁市万山新时代爱国主义教育基地举行。大赛分为"红色故事讲解"和"红色故事即兴演讲"两个部分，来自全省53家单位的61名选手展开了两天的激烈角逐。本馆讲解员武俊彦、周杨林获专业组一等奖。

7月29日，"剑气非关月，书香不是花——黄宏收藏展"在贵州省博物馆7号展厅开展。此展览在展示藏品的艺术价值、历史价值的同时，充分展示了收藏者文武兼修的军旅生涯和雅致细腻的艺术品位。

7月30日，"多瑙河明珠——匈牙利文化展"在贵州省博物馆正式开幕。开幕式由贵州省委宣传部副部长、省文化和旅游厅党组书记、厅长吴涛主持。匈牙利国会常务副主席玛特劳伊·玛尔道，贵州省人大常委会副主任、省总工会主席桑维亮，贵州省人大外事侨务委员会主任肖向阳，匈牙利驻重庆总领事百里，匈牙利国会外交关系委员会国会关系主任郭浩林，匈牙利驻华大使馆文化参赞、李斯特中心—匈牙利文化中心（北京）主任郝璐璐，匈牙利中央银行不动产有限责任公司首席执行官彼得·博佐，匈牙利中央银行艺术与文化部中国市场拓展部主任艾登，贵州省外事办欧美处处长张露露等领导和嘉宾出席了开幕式。

2024年7月30日，"多瑙河明珠——匈牙利文化展"开幕式现场嘉宾合影留念（陈若龄 提供）

2024年8月14日,举办"博物馆与新质生产力"学术会议(万旻 提供)

  8月14日,本馆举办"博物馆与新质生产力"学术会议,来自全国博物馆、美术馆与高等院校的20余位馆长、专家和年轻学者汇聚贵州省博物馆,畅谈博物馆陈列展览绩效问题。本次学术会议聚焦陈列展览的评估工作,试图在"博物馆热"的大背景下,响应《关于推进博物馆改革发展的指导意见》中提出的"建立健全绩效考评、专业评价和第三方评估相结合的博物馆考评监督机制"工作要求。

  8月23日至26日,李甫副馆长率领26名职工赴内蒙古呼和浩特,参加第十届中国博物馆及相关产品与技术博览会。本馆搭建展台72平方米,分为文创区、社教活动区、出版物展示区、数字化展示区、原创展交流展示区、民族服饰文化展示区等。获得最佳展示银奖。

  8月,朱良津同志退休(原副馆长、馆学术委员会主任、三级研究馆员)。

  8月,贵州省博物馆"基本陈列改造提升亟待保护修复铁质文物保护修复项目""基本陈列改造提升亟待保护修复银质文物保护修复项目""基本陈列改造提升亟待保护修复明代锡器保护修复项目"及"馆藏汉代铁刀保护修复项目"4项馆藏金属文物保护修复项目,顺利通过省文物局组织的结项验收。共涉及金属类文物87件(套),其中铁器47件(套)、银器16件(套)、明代锡器24件(套)。

  9月2日、4日,对"普通古籍"764种7721册汉文线装书进行鉴选定级。古

我们的70年

贵州省博物馆记事 | 1953—2024

籍鉴选定级小组（组长袁炜、副组长安琪）组织陈琳（贵州省图书馆，研究馆员）、王尧礼（贵州省文史馆，一级调研员）、罗丽丽（贵州师范大学图书馆，研究馆员）、朱良津（贵州省博物馆，研究馆员）、胡进（贵州省博物馆，研究馆员）、王晓红（贵州省图书馆，副研究馆员）等6名专家对古籍的年代、纸张、字体、版式、内容等综合判定，鉴定为一般文物的742种，三级文物22种。

9月13日，第三届各省区市社科普及基地讲解员大赛贵州省初赛暨贵州省社会科学普及基地"十佳讲解员"评选活动，本馆讲解员王娅雪以总分97.58的优异成绩，荣获一等奖。

9月11日，根据《贵州省人力资源和社会保障厅关于贵州大学向篙等100人具备专业技术二级、三级岗位聘用资格的通知》，李飞馆长获得二级岗位资格。

9月13日下午，在贵州省博物馆A区二楼学术报告厅，举办"贵博讲坛"第七十三期，由贵阳学院党委委员、副校长张加万教授主讲"文物数字化保护传承实践与思考"（内部讲座，不对外公开），本次论坛由李飞馆长主持。

9月26日，省科技厅下达关于同意建设贵州省全省重点实验室的通知，获得"贵州省文化遗产数字化保护与开发利用重点实验室"资质，该实验室由贵阳学院牵头，贵州省博物馆、贵州大学作为共建单位，实验室成果转化基地为云景文旅科技有限公司。研究方向：一是文化遗产数字化保护与开发技术研发及应用；二是文化遗产数字化管理与展示技术研发及应用；三是非物质文化遗产数字化保护与开发技术研发及应用；四是文旅融合数字化应用技术研发及推广应用。

10月11日，组织退休老同志开展了"九九重阳节，浓浓文博情"活动，通过参观新展"人文山水 时光峰峦——多彩贵州历史文化展"和重温记忆这一特别形式，共同欢度重阳佳节。

11月27日至29日，贵州省博物馆社会教育部将"万桥飞架"图片巡展带进铜仁市德江县第三高级中学。共讲解12场，影响力辐射师生1000余名。

12月，贵州省博物馆基本陈列亟待修复纸质文物保护修复项目（2023）、贵州省博物馆馆藏纸质文物保护修复项目（2023）、贵州省博物馆馆藏纸质文物保护修复项目（2024）三项馆藏纸质文物保护修复项目，顺利通过省文物局组织的结项验收，三个项目共涉及纸质类文物116件（套）。

是年，省博物馆接待观众共计213.07万人次，创建馆以来新高。其中贵州本省观众占比30.7%，省外及境外占比为69.3%。

附 录

贵州省博物馆历届馆领导任职表

姓名	职务	任职时间	备注
熊其仁	主任	1953.1—1954.2	罗会仁任秘书
	主任空缺	1954.3—1956	罗会仁任业务秘书 简菊华任行政秘书
杨绪兰	主任	1956—1957.12	
吴业君	副馆长兼党支部书记	1958.1—1967.1	
王瑞千	副馆长	1960—1963	
崔 钰	负责人	1970.12—1972.4	主持工作
吴业君	副馆长兼党支部副书记	1972.5—1984.4	主持工作
韩庆林	党支部书记	1972.5—1984.4	
田 兵	兼馆长	1979.8—1984.4	时任省文化局副局长
刘树信	副馆长	1979.8—1982.12	
罗会仁	副馆长	1980.2—1984.4	
陈 云	副馆长	1981.2—1984.4	
董有刚	馆长兼党支部书记	1984.5—1990.9	
陈恒安	名誉馆长	1985.1—1986.6	
陈 云	副馆长	1984.5—1990.9	
梁太鹤	副馆长	1984.5—1988.12	
潘成义	党支部副书记	1985.1—	
陈 云	馆长兼党支部书记	1990.10—1991.3	1991.4—1994.12 兼党支部副书记
潘成义	党支部副书记	1990.10—1991.3	1991.4— 党支部书记
谭用中	副馆长	1990.1—1994.12	
潘成义	党支部书记	1994.12—1996.7	主持工作（馆长空缺）
吴正光	馆长	1996.7—1998.8	
潘成义	党支部书记兼副馆长	1996.9—1998.8	
李黔滨	副馆长	1996.9—1998.8	
张兰冰	党支部副书记	1996.9—1998.8	
李黔滨	馆长	1998.9—2012.10	
潘成义	党支部书记	1998.9—2003.8	2003.9—2008.12 副馆长
张兰冰	党支部副书记	1998.9—2003.8	2003.9— 党支部书记

续表

姓名	职务	任职时间	备注
王红光	副馆长	1999.8—2003.7	
陈维他	副馆长	2006.10—	
朱良津	副馆长	2009.10—	
王红光	馆长	2012.10—2016.7	省文化厅副厅长、省文物局局长兼馆长
李黔滨	名誉馆长	2012.1—2014.11	
张兰冰	党支部书记	2012.1—2014.10	
王 曼	党支部书记	2014.10—	
陈维他	副馆长	2012.10—	
朱良津	副馆长	2012.10—	
韩 洪	副馆长	2016.7—2016.11	主持工作
王 曼	党支部书记	2016.7—	
陈维他	副馆长	2016.7—	
朱良津	副馆长	2016.7—	
王 曼	党支部书记	2016.11—2017.3	主持工作
陈维他	副馆长	2016.11—	
朱良津	副馆长	2016.11—	
陈顺祥	馆长	2017.3—2020.3	
王 曼	党支部书记	2017.3—	
陈维他	副馆长	2017.3—2019.9	
朱良津	副馆长	2017.3—2017.6	
李 飞	副馆长	2017.3—2020.3	
王 曼	党支部书记	2020.3—2022.9	
李 飞	馆长,党支部副书记	2020.3—	
李 甫	副馆长	2020.3—	
李 渊	副馆长	2020.3—	
向 青	副馆长	2021.5—	
李 飞	馆长、党委副书记	2022.9—2023.7	党委书记空缺,主持工作
李 甫	副馆长	2022.9—	
李 渊	副馆长	2022.9—	
向 青	副馆长、馆纪委书记	2022.9—	
李 强	党委书记	2023.7—	
李 飞	馆长、党委副书记	2023.7—	
李 甫	副馆长	2023.7—	
李 渊	副馆长	2023.7—2024.8	
向 青	副馆长、馆纪委书记	2023.7—	

后记

《我们的70年——贵州省博物馆记事（1953—2024）》勾勒出贵州省博物馆从无到有、从小到大的来龙去脉、运行轨迹，以及她对了解贵州、认识贵州、介绍贵州、宣传贵州，传承文化，提高自信，推动贵州社会、经济发展所作贡献的简约呈现。同时也是对先辈贵博人艰难创业、执着敬业的点赞，和对他们的缅怀。

2002年，贵州省博物馆为庆祝建馆50周年，决定编写《贵州省博物馆馆志》（以下简称《馆志》），由龚正英负责《馆志·大事记》编撰。2003年，《大事记》初稿完成，但因《馆志》主编罗会仁病逝，《馆志》编撰中止，《大事记》初稿因此搁置。

2021年6月，馆长李飞、副馆长李甫初步决定在建馆即将70周年之际，以亦文亦图、图文并茂的体例撰写出版《大事记》。由龚正英对2003年前的《大事记》初稿再行补充完善，由李甫继续编撰2003年至2022年记事，胡进主要负责收集照片。

2022年6月底，完成《大事记》初稿，分送馆内各部室负责人及部分退休老同志审阅，征求意见。同年7月13日，研究室主持邀请宋世坤、梁太鹤、唐文元、吴正光、张桂林、蔡回阳、潘成义、胡进、龚正英、李飞、李渊、宁健荣、朱良津、吴一方等召开座谈会（王新金、刘明琼请假，分别提交文字资料），听取对修改后《大事记》初稿的意见，会上决定将《贵州省博物馆大事记》改名为《我们的70年——贵州省博物馆记事》（以下简称《记事》），篇章将原来的七章改为三章；增加民国时期贵州文物、博物资料；要求尽可能收录全馆内职工进馆、逝世时间等资料。

撰写查阅参考的资料有：罗会仁、张宗屏编撰的《贵州省博物馆大事记（1953—1987）》、《贵州省博物馆开馆三十周年纪念专集》、《贵州田野考古四十年（1953—1993）》、《贵州省博物馆馆刊》、《贵州省博物馆工作总结》（1996—2001年）、《贵州省博物馆工作简报》（1986—1990年）、《贵州省志·文物志》、《贵州省志·文化志》、《三年文博工作志》（吴正光著）、《赫章可乐二〇〇〇年发掘报告》、《贵州文物》、《贵州文物工作》、《贵州年鉴》等有关贵州文物、考古、博物馆的书籍、杂志、报纸、工作总结、会议纪要、工作简报等相关资料。

撰写《记事》过程中，先后得到并参考了以下资料：罗会仁据工作日志提供的1951年至1965年有关资料；宋世坤提供的1964年至1996年贵州考古工作资料；梁太鹤提供的贵州考古50年资料线索及博物馆筹建时期的档案资料；唐文元据工作日志提供的考古工作及陈列展览资料；王新金据工作日志提供的1976年至2002年贵州旧石器考古工作等资料，以及为《馆志》撰写的旧石器部分文稿；吴正光据工作日志提供的1965至2022年有关资料及博物馆筹建时期档案资料；陈云提供的有关原自然部科研成果等资料；蔡回阳提供的贵州旧石器考古资料；张桂林提供的陈列展览等资料；陈笑梅提供的陈恒安先生相关资料；陈维他提供的博物馆举办和引进交流的展览等资料；吴晓秋提供的有关陈列展览等资料、黄婷婷提供的人事相关资料；刘明琼为《馆志》撰写的"文物捐赠"文稿等资料；姬爱鸣为撰《馆志》提供的"经费拨款"资料；胡永祥提供的新馆建设等文字资料。此外，还有李黔滨、张兰冰、王红光、简小娅、胡进、于建章、李飞、李盟、简家奎、程学忠、吴仕忠、潘成义、李国庆、朱良津、陈顺祥、王江、金萍、黄琳、张婵、李琬祎、李素琴、杨曼琳等同志提供的文字资料和口述资料。老同志、老领导、老专家翔实可靠的宝贵资料，有力地支持了《记事》的撰写，使《记事》更具有真实性、可靠性。

值得说明的是，在撰写《记事》中，经梁太鹤、吴正光、李飞提供的文档资料，使多年来存疑的贵州省博物馆筹建时期的几个主要时间点问题，有了清晰、准确的结论。

《记事》本应于2022年底出版，但受各种因素影响，推迟至2025年出版。因此，《记事》内容也延续至2024年，相较于70年增加了2年。由于撰写水平及资料所限，书中不完善或遗漏之处在所难免，诚望读者提出宝贵意见，以便有机会另行出版时更正。谨对所有帮助、支持撰写本书的人员表示最诚挚、衷心的感谢。

本书黑白照片未注明提供者，均为本馆保管部提供。

李 甫　龚正英

2025年3月9日